cahiers libres

Du même auteur

La Révolte contre le père. Une introduction à la sociopsychanalyse, Payot, Paris, 1968.

La Crise de générations. Étude sociopsychanalytique, Payot, Paris, 1969.

Pour décoloniser l'enfant. Sociopsychanalyse de l'autorité, Payot, Paris, 1971.

L'Angoisse atomique et les angoisses nucléaires (avec C. Guedeney), Payot, Paris, 1973.

Le Manifeste éducatif. Contestation et socialisme (en collab.), Payot, Paris, 1973.

L'Homme de pouvoir. — I. *La chasse structurale. Une interprétation du devenir humain*, Payot, Paris, 1967 ; II. *Anthropologie différentielle. Le plaisir et le déplaisir*, Payot, Paris, 1972 ; III. *Pour une autre société. Après les rapports sociaux du capital*, Payot, Paris, 1975.

Quand plus rien ne va de soi, Robert Laffont, Paris, 1979.

L'Intervention institutionnelle (avec J. Ardoino, J. Dubost, A. Lévy, F. Guattari, G. Lapassade, R. Lourau), Payot, Paris, 1980.

Enquête par un psychanalyste sur lui-même, Stock, Paris, 1981.

54 millions d'individus sans appartenance, Robert Laffont, Paris, 1983.

La Crise est politique, la politique est en crise, Payot, Paris, 1985.

On est toujours l'enfant de son siècle. Le XXe siècle : un regard psycho-politique, Robert Laffont, Paris, 1986.

La Psychanalyse revisitée, La Découverte, Paris, 1988 (rééd. en poche : La Découverte, 1988).

La Conduite des tranches nucléaires. La dimension du facteur humain et son incidence sur la sûreté, rapport EDF, 1989.

La Société n'est pas une famille. De la psychanalyse à la sociopsychanalyse, La Découverte, Paris, 1992.

Vers l'entreprise démocratique. Le récit d'une expérience pionnière (avec Mireille Weiszfeld et Philippe Roman), La Découverte, Paris, 1993.

Sociopsicoanalisis y educación, Ediciones novedoras educativas, Buenos Aires, 1996.

De Faust à Ubu. L'invention de l'individu, L'Aube poche, La Tour d'Aigues, 1996.

Changement et participation à l'université. Modernisation administrative, l'exemple de Paris-XII (avec S. Bonnafous, B. Dizambourg, J.-F. Moreau), Presses universitaires de Grenoble, 1997.

La Mouvance des communistes critiques. Enquête sur le désarroi militant, une écoute sociopsychanalytique (avec J.-L. Prades et D. Saba), L'Harmattan, Paris, 1997.

Le Vouloir de création, auto-histoire d'une œuvre (avec R. Dosse), L'Aube, La Tour d'Aigues, 1999.

Trois Textes sociopsychanalytiques, Impatiences démocratiques, Arles, 2000.

L'Acte est une aventure, La Découverte, Paris, 2000.

Une histoire de l'autorité. Permanences et variations, La Découverte, Paris, 2002 (rééd. en poche : La Découverte, 2003).

Les Méthodes de l'intervention psychosociologiques (avec J.-L. Prades), La Découverte, coll. « Repères », Paris, 2002.

Gérard Mendel

Pourquoi la démocratie est en panne

Construire la démocratie participative

ÉDITIONS LA DÉCOUVERTE
9 *bis*, rue Abel-Hovelacque
PARIS XIIIe
2003

Pour en savoir plus sur les travaux
de Gérard Mendel et la sociopsychanalyse :
<www.gerardmendel.com> ou <sociopsychanalyse.com>.

Si vous désirez être tenu régulièrement informé de nos parutions, il vous suffit d'envoyer vos nom et adresse aux Éditions La Découverte, 9 *bis*, rue Abel-Hovelacque, 75013 Paris. Vous recevrez gratuitement notre bulletin trimestriel ***À La Découverte***. Vous pouvez également consulter notre catalogue et nous contacter sur notre site **www.editionsladecouverte.fr.**

ISBN : 2-7071-4101-1

Introduction

Crise de la démocratie, non. Crise de la politique, certainement. Et de plus longue date qu'il n'est habituellement dit [1]. Les enquêtes sociologiques, les sondages répétés manifestent que les Français n'entendent nullement renoncer à la démocratie, c'est-à-dire à l'égalité politique, au suffrage universel, au pluralisme des opinions, à l'État de droit, aux libertés publiques [2].

La crise de la politique, quant à elle, est évidente : « La crise [...] concerne essentiellement les rapports entre les représentés et leurs représentants [...]. Nos résultats confortent [la] perception d'un clivage fondamental entre élites politiques et public de masse [3]. » Les élections présidentielles de 2002 ne permettent plus de masquer cette crise, quand le futur président recueille au premier tour moins de 12 % de la population électorale et que le Premier ministre socialiste se voit éliminé sur un vote protestataire en faveur du candidat d'extrême droite. Plus encore qu'une possible corruption du personnel politique (pour 59 % des sondés), il lui est reproché (par 83 %) une « non-préoccupation de ce que pensent les gens, une indifférence aux problèmes

1. Gérard Mendel, *La Crise est politique, la politique est en crise*, Payot, Paris, 1985.

2. Gérard Grunberg, Nonna Mayer, Paul M. Sniderman (sous la direction de), *La Démocratie à l'épreuve*, Presses des Sciences Po, Paris, 2002.

3. *Ibid.*, p. 63 et 267.

quotidiens[4] ». À la veille du vote, 15 % seulement des Français pensaient que le résultat de l'élection présidentielle permettrait d'« améliorer les choses en France ». Dans un sondage plus récent, à peine 8 % estimaient que leur vote, au niveau national, pourrait améliorer leur vie quotidienne[5]. D'où la montée spectaculaire de l'abstention, la progression des votes blancs.

Il s'agit dans tous les pays démocratiques d'une tendance de fond, où s'additionnent la désacralisation de l'autorité (celle des politiques y compris), une perte de foi dans les idéologies globalistes, la convergence gestionnaire des grands partis, le sentiment diffus que les forces économiques sont les plus puissantes[6]. Il faut ajouter que le clivage entre dirigeants et dirigés ne concerne pas seulement la dimension politique : « La distance s'accroît inexorablement entre la base et le sommet[7]. »

L'avènement de l'individu critique et la cécité des dirigeants politiques

Pour autant, il serait erroné de croire que les individus soient devenus indifférents à leur environnement social et politique. À défaut de « changer la vie », la volonté de changer sa vie pour l'améliorer est manifeste. Elle s'exprime d'abord au niveau privé et dans la sphère de la culture et des mœurs : « La croissance économique, la diffusion de l'information et la formidable augmentation du niveau scolaire — 1 % de bacheliers dans les classes jeunes d'avant-guerre, 60 % aujourd'hui — [...] ont favorisé [...] l'épanouissement de l'individu[8]. »

Dans le même temps, le sentiment des individus qu'ils ont la capacité de prendre en charge eux-mêmes les affaires sociales et politiques — pour autant qu'elles font partie de leur

4. CEVIPOF, CIDPS, CECOP, *Le Vote de tous les refus*, Presses de Sciences Po, Paris, 2003.

5. Enquête SOFRES, 12-13 janvier 2003.

6. Aux États-Unis, dont la France suit, sur un nombre de points, les grandes évolutions politiques, « l'idée que les États-Unis sont dirigés par quelques grandes forces économiques soucieuses de leurs seuls intérêts, est passée de 1960 à aujourd'hui de 29 % à 76 % » (Gérard GRUNBERG *et alii*, *La Démocratie à l'épreuve*, *op. cit.*)

7. Marcel GAUCHET, *La Religion dans la démocratie*, Gallimard, Paris (1988), 1991, p. 172.

8. Gérard GRUNBERG *et alii*, *La Démocratie à l'épreuve*, *op. cit.*, p. 67.

environnement immédiat — s'est accru. Les pratiques de participation ne passant pas par la médiation des partis politiques se multiplient. Des associations se créent, de protection de l'environnement, de quartier. Des collectifs de défense se développent, informant l'opinion publique (sang contaminé, pédophilie à l'école et dans l'Église, épidémie de « vache folle », amiante…). Des groupes de pression font aboutir des réformes (PACS, parité en politique…). Les engagements dans les organisations politiques et syndicales ne sont pas taris, même si les militants, qui se sentent souvent instrumentalisés, sont gagnés par le découragement et la contestation interne.

Les directions politiques ne sont pas aveugles au point de ne pas percevoir le discrédit qui les touche, la perte de leur crédibilité, la crise de la représentation : « En cette fin de siècle, un sentiment de fatalité pèse sur les épaules de millions de femmes et d'hommes qui ne croient plus à la capacité des gouvernants d'améliorer leur existence [9]. »

Pourtant, les réponses proposées après les présidentielles de 2002 montrent une particulière cécité. Les dirigeants politiques ne voient de solution qu'à leur niveau de responsabilité : réforme constitutionnelle, passage à la VIe République, primaires à l'américaine où les sympathisants des grands partis choisiraient leur candidat à la présidentielle… Vivant en endogamie, soumis à une concurrence effrénée à la fois électorale et à l'intérieur de leurs organisations, victimes d'une quotidienne course contre la montre qui les coupe de la vie ordinaire et de la culture, ils manifestent une incapacité de percevoir d'autres solutions à la crise politique que celles qui passent par eux. Engagés dans des postures paternalistes ou d'experts, pour eux, le citoyen n'est jamais un égal.

Certes, le terme de « participation » est présent dans tous les discours, à gauche et à droite, mais il n'est qu'un mot fétiche auquel on ne croit pas réellement. Preuve s'il en fallait, aucune réflexion n'a été menée sur l'échec patent depuis vingt ans de la participation des populations à la politique de la ville, participation hautement réclamée pourtant par les textes de loi successifs.

---

9. Lionel JOSPIN, *Propositions pour la France*, 1995.

Qu'est-ce que la démocratie participative ?

La demande de participation à ce qui concerne sa vie sociale concrète, immédiate est forte chez l'individu contemporain. Celui-ci, on vient de le rappeler, est plus instruit, mieux informé. Et pourtant, la participation effective demeure si faible, les tentatives ont conduit si souvent à l'échec, que le terme même de démocratie participative demeure imprécis, flou. On range dans le même cadre « fourre-tout » la participation gaullienne (l'intéressement économique dans l'entreprise), la « voix de la rue » (manifestations, grèves), le référendum d'initiative citoyenne, les pétitions, les sondages, les associations citées plus haut, les conseils de quartier...

Il est vrai que la démocratie participative pose de nombreux et très difficiles problèmes. Est-elle concurrente ou complémentaire de la démocratie représentative ? Quelles pourraient être des procédures efficaces ? Quel type de rapports avec les élus ?... L'absence d'une réflexion de fond, d'un cadre de référence précis, et même d'une culture du groupe au siècle de l'individu fait que les gens qui s'engagent sont contraints d'improviser dans un perpétuel recommencement. Les expériences menées ne se cumulent pas et ne sont pas théorisées. D'où les plus ou moins rapides désillusions, les découragements, les tensions parmi les participants, le « ça ne sert à rien » et, très souvent en effet, les échecs. D'où, pour une très grande part certainement, la panne de la démocratie à laquelle nous assistons depuis des décennies.

Car le cœur du problème n'est pas là où les politiques le situent. Il se trouve à l'articulation individu-collectif-société, un difficile passage de l'individu de masse à l'individu social. C'est seulement si les problèmes sont envisagés et traités à ce niveau que peuvent être dépassés les obstacles. Ceux-ci sont de deux sortes. Tout d'abord, une résistance latente ou explicite des directions, quel que soit le champ couvert. Mais aussi et surtout la grande difficulté d'affronter collectivement les problèmes concrets du quotidien.

C'est à l'ensemble de ces questions et de ces obstacles que ce livre entend s'affronter. Il s'appuie sur plus de trente ans de travail de terrain et sur l'expérience de plusieurs centaines d'interventions, avec des groupes de praticiens qui s'inspirent de la même recherche en France et à l'étranger.

Toute la dimension sociale se trouve concernée. Car la démocratie participative apparaît à la fois limitée dans ses objectifs immédiats et très étendue quant au champ à couvrir. Elle sera étudiée ici comme le complément de la démocratie représentative, elle trouve sa place aussi bien dans les organisations politiques et syndicales — longuement observées de l'intérieur — que dans les entreprises économiques et les diverses associations.

Ce livre, qui ne couvre qu'une partie de la dimension participative, s'adresse avant tout à ceux qui s'engagent dans un processus suivi, dans une démarche au-delà du ponctuel. Il leur fournira des outils, leur montrera les pièges qui les guettent, la manière souvent de les éviter. Dès aujourd'hui, toute une dimension du possible leur est ouverte, s'ils le veulent. La fonction consultative seulement mise ici en avant ne doit pas conduire à une sous-estimation de son rôle. C'est une nouvelle étape de la démocratie qui débute avec la démarche participative et le passage d'une culture de la protestation à celle de la proposition. De proche en proche, l'expérience le montre déjà pour les réalisations qui seront ici données à voir, cette démarche conduit à une évolution des mentalités, des comportements, à un réexamen des formes de coopération. Elle annonce des formes de socialisation mieux adaptées à notre époque. L'école et la psychologie de l'enfant et de l'adolescent sont concernées au premier chef. Car l'intégration par chacun du rapport individu-collectif-société, dans l'ancrage à la réalité qu'il permet, peut aujourd'hui renforcer la personnalité psychologique et renouer du lien social.

I

Les organisations de la gauche vues de l'intérieur

1

Le mouvement des Verts, par deux fois

Dans cette première partie, nous irons sur le terrain observer les insuffisances actuelles du fonctionnement des organisations de la gauche politique et syndicale française par rapport aux attentes de leurs membres. Nous montrerons comment, venant s'ajouter au processus délégatif, une certaine participation permettrait de répondre à ces attentes. Le deuxième chapitre apportera des précisions théoriques. Tout d'abord, allons sur le terrain.

Dans les années 1970 et 1980, certains des membres du Groupe Desgenettes [1] étaient inscrits dans différents partis politiques classés à gauche, et dans plusieurs syndicats. Au-delà de ces engagements, et indépendamment d'eux la plupart du temps, une vingtaine de demandes venant de ces deux secteurs se sont adressées à nous durant les trois dernières décennies, suivies souvent de longues phases d'exploration de la demande. Celle-ci, selon les cas, provenait de l'intérieur du Parti socialiste ; du mouvement écologique ; des « communistes critiques » se situant à l'intérieur ou à l'extérieur du PCF, et de la LCR ; de certaines fédérations de la CFDT. Par ailleurs, à partir de 1981, j'ai été amené à présenter des propositions à plusieurs ministres, socialistes ou écologistes, auprès desquels je me

1. Le Groupe Desgenettes a été fondé en 1971. Il a mené depuis cette date des interventions psychosociologiques dans le champ social selon une méthode d'expression et de communication. *Cf.* <www.gerardmendel.com>.

trouvais être introduit. Ces propositions qui venaient de notre groupe, précises et argumentées, ont, au moins dans trois cas, été suivies de démarches longues, assidues, astreignantes, auprès des administrations centrales. La lenteur, les avancées, les reculs, les complications de ces démarches évoquaient chaque fois *Le Procès* de Kafka. Il était manifeste qu'*on* (l'administration) voulait nous décourager, nous avoir à l'usure.

Je ne repense jamais sans tristesse à ces démarches, à ces activités, presque toujours bénévoles, si coûteuses en énergie et en temps et où l'espoir était chaque fois déçu. Toujours, elles ont conduit à une impasse. Le phénomène apparaît d'autant plus significatif que c'est là uniquement, pour ce seul secteur de la société, qu'un échec s'est produit. Depuis 1971, nous avons pratiqué — nous : le Groupe Desgenettes principalement, mais aussi d'autres groupes associés à lui, en France et à l'étranger — des interventions qui se comptent par centaines et dans tout le champ social : l'éducatif, l'associatif, le médico-social, les collectivités locales, les entreprises d'économie mixte, deux grandes entreprises privées. Chaque fois, après enquête préliminaire, l'indication une fois posée par nous et les objectifs définis avec les intéressés, le passage s'est toujours opéré à la phase de réalisation et, sauf très rares exceptions [2], l'intervention a atteint ses objectifs. J'essaierai de dire plus avant les raisons de cette résistance constante dans le champ politique et syndical.

Quant aux demandes d'intervention des partis et des syndicats, leur raison d'être ne variait guère. La hiérarchie se montrait toujours à la recherche d'une participation accrue des adhérents, trop souvent enclins à l'absentéisme ou à la passivité. L'enquête préliminaire retrouvait chaque fois une cause identique. La délégation en cascade, bloquant la communication entre bas et haut de l'organisation, entraînait un dépérissement de l'implication et du dynamisme des individus à la base, qui se bornaient finalement à régler leurs cotisations, quand ils ne s'esquivaient pas sur la pointe des pieds. C'est à propos des scénarios que nous proposions, chaque fois adaptés à des situations concrètes différentes, que le refus intervenait. Je vais dans

2. Je pense à un travail avec une association de psychologues et à une intervention en coopération avec le personnel administratif de l'université Paris-XII, dans lequel la part d'échec et de réussite s'équivalent.

ce chapitre et les suivants présenter plusieurs cas de figure choisis en raison des documents dont je dispose, mais qui me paraissent, dans leur diversité, représentatifs de l'ensemble des cas. J'irai en progressant, du moins structuré à la fois politiquement et organisationnellement — un séminaire et un atelier des Verts, la préparation d'un colloque par des communistes critiques — au plus structuré, qui concernera un travail avec une section d'entreprise du Parti socialiste et deux collaborations avec la CFDT, au niveau d'une branche syndicale et d'une fédération.

Un séminaire « pluricatégoriel »

À l'été 1992, l'un des courants des Verts me demande d'animer la première journée de son séminaire d'été, qui se tient près d'Antibes. À mon arrivée, le matin, une soixantaine de personnes se trouvent réunies, jeunes pour la plupart, autour de vingt-cinq ans, et les trois quarts étant des hommes. Je comprends assez rapidement qu'ils attendent que j'applique l'une des deux formules qu'ils connaissent déjà. Soit une grande assemblée générale. Soit, au moins durant la matinée, des ateliers thématiques dans lesquels chacun pourra librement s'inscrire ; l'assemblée générale étant alors renvoyée à l'après-midi. C'est une tout autre formule que je propose et que j'aurai à faire accepter, si j'ose dire, à la force du poignet.

Un rapide tour de table m'avait permis de reconnaître la présence de plusieurs « catégories » de membres par rapport à l'institution-parti. Deux hommes, les plus âgés, exerçaient des fonctions de responsabilité à l'échelon national, et cinq autres à un niveau local en tant qu'élus. Les autres participants se partageaient à peu près également en militants et en simples sympathisants. Ma proposition fut alors fidèle à la façon d'opérer de notre groupe de travail. Un collectif réunirait les responsables. Trois autres groupes se constitueraient : le premier avec les militants, le second avec les sympathisants, et enfin le dernier avec les femmes indifféremment de leur situation. Il me semblait en effet instructif pour l'ensemble des participants de dresser un bilan, quant à son application dans la pratique, du projet d'un mouvement qui prônait dans son fonctionnement l'égalité entre les sexes.

Il s'ensuivit une heure et demie de tractations désagréables. Ma proposition ne fut pas vraiment acceptée mais, de guerre lasse et le temps passant, ne continua pas d'être refusée par les trois ou quatre individualités qui campaient sur leurs positions. J'avais été invité par le comité d'organisation du séminaire *ès qualités*, du moins pouvais-je le penser, ma manière d'opérer n'ayant rien de secret. Il ne pouvait être question pour moi de travailler selon des formes pour lesquelles je ne m'estimais pas compétent. J'expliquai aussi combien il me semblait que la procédure proposée permettrait à chaque groupe, et à chacun dans son groupe, de tirer au clair les problèmes liés à sa situation à l'intérieur du mouvement, d'élaborer collectivement des souhaits et des aspirations en réfléchissant activement quant aux propositions susceptibles de les faire aboutir. Chacun des groupes se réunirait séparément pendant deux heures. L'après-midi serait consacré à une restitution en grand groupe par chaque collectif, sans rapporteur, de son travail de la matinée et cela dans un ordre défini : les sympathisants, les militants, les femmes, les responsables. En finale, je présenterai une synthèse du travail de la journée. Avant de nous séparer, une évaluation sous forme écrite et anonyme permettrait à chacun de faire part de son jugement, selon trois notations : insatisfaisant, satisfaisant, très satisfaisant, jugement qui pourrait éventuellement être assorti de commentaires.

Comme toujours avec cette procédure, de nombreux thèmes furent abordés et sérieusement travaillés. Dans le groupe des femmes s'exprima une grande frustration à être perpétuellement reléguées dans des rôles mineurs, ce que favorisait évidemment leur vie de travail sur plusieurs fronts. Mais également la forme collective de restitution de l'après-midi permit qu'apparaissent toute la richesse et l'animation des discussions de la matinée, que la procédure habituelle par rapporteur réduit toujours, au mieux, à un résumé peu nourri dans lequel les arguments des uns et des autres disparaissent.

Le groupe des leaders, quant à lui, se singularisa par le fait que seuls les deux responsables nationaux prirent la parole et la gardèrent. Non pas pour faire part des problèmes, certainement bien réels, que leur propre courant pouvait avoir à connaître au niveau national dans la lutte entre tendances, et pas non plus pour informer des difficultés que l'ensemble de ce niveau affrontait pour faire avancer ses idées dans le contexte politique. Non, ce furent deux longs discours solidement charpentés et articulés, manifestement construits à l'avance pour justifier l'existence du courant ici réuni et montrer quelle indubitable vérité était la sienne. Il était manifeste que, vue par le haut, la raison d'être du séminaire n'était certainement pas de favoriser l'échange mutuel et la réflexion en commun, mais de mobiliser, de dynamiser la base, sur des mots d'ordre à diffuser ensuite par elle dans l'environnement social.

Les responsables avaient été pris à contre-pied par mon dispositif. D'habitude, dans ce genre de réunion, très peu de voix se font entendre, les participants se bornant alors à offrir une caisse de résonance au discours des leaders. Au contraire, durant toute la journée de ce samedi, une grande animation avait régné, tous et toutes avaient parlé, chacun avec sa voix propre, des idées étaient nées, jamais encore exprimées. Bref, une vraie création collective s'était produite. L'évaluation finale refléta le contentement vif d'une très forte majorité de présents. Mais les invitations provenant toujours du haut de l'appareil, jamais plus par la suite je ne serais invité. D'ailleurs, au moment de nous quitter, les responsables nationaux me serrèrent à peine la main et en regardant ailleurs. J'avais enfreint le code tacite : l'intervenant est l'allié de qui l'invite. Quant à nous, dans notre travail, nous nous considérons au service de l'institution tout entière, organisation ou établissement. Il restait quand même aux dirigeants encore le dimanche pour reprendre en main la troupe, et je ne doute pas qu'ils aient réussi, leur expérience étant manifestement grande.

Avais-je vraiment porté tort à ceux qui m'avaient invité, je ne le pense pas. À aucun moment, leur poste, leur action ne s'étaient trouvés mis en cause, critiqués. Simplement, dans l'esprit de ceux qui étaient à la tête de ce courant — si minime que puisse être le pouvoir dans le contexte d'un courant minoritaire d'un mouvement politique lui-même très minoritaire —, ils étaient la « tête » et les militants représentaient le « corps ». A-t-on jamais vu le corps, avec ses borborygmes et ses reniflements, exprimer des idées méritant d'être écoutées et prises en compte ? La « tête » feint de prêter l'oreille, attendant de placer le mot bien ciselé qui tranchera le débat — un débat qui n'a jamais lieu, parce qu'il est toujours, à écouter le haut de l'appareil, ou trop tôt ou trop tard pour débattre quant au fond.

On peut raisonnablement penser que l'insupportable pour les deux responsables nationaux présents n'est pas que les participants aient pris la parole. À un moment ou à un autre de ces journées, des expressions se seraient manifestées. Certains individus, plus déterminés ou mieux outillés pour la parole de par leur profession, auraient placé leur mot, *mais à titre individuel*. L'inacceptable venait du dispositif mis en place, qui permettait un regroupement « catégoriel » en militants, sympathisants, femmes. Cette dernière formation n'étant ici que circonstancielle et seulement liée au temps du séminaire, dont il avait d'ailleurs grandement nourri la réflexion. Le dispositif avait permis que chacun s'exprime (je rappelle que tous avaient parlé, ce qui est exceptionnel dans un cas semblable), et non pas seulement à partir de sa subjectivité et de ses désirs particuliers — qui avaient su eux aussi se faire jour — mais surtout depuis sa position hiérarchique ou fonctionnelle dans le mouvement.

C'était, ici comme ailleurs, le type de fractionnement, en particulier dans l'information, qu'induisait la forme d'organisation hiérarchique qui donnait sa raison d'être antithétique au dispositif. Grâce à lui, à partir des réflexions individuelles, une élaboration collective s'était produite, conduisant à des idées neuves, à des propositions originales, auxquelles aucun des individus présents ne serait à lui seul parvenu. Pourquoi alors, les responsables s'étaient-ils braqués contre un mode de faire qui avait satisfait tout un chacun — sauf eux — et qui avait, de manière visible pour tous, fourni l'occasion d'une véritable création collective et permis l'émergence de thèmes intéressant l'avenir du mouvement ? Je le répète : aucune critique ne s'était élevée contre les responsables. D'où alors venait leur résistance opiniâtre ? Il me semble que c'est avant tout la situation d'*égalité* qu'ils refusaient, cette inhabituelle égalité de droits et de devoirs, de possibilités et de contraintes. Et il est vrai qu'elle mettait en cause ce qu'il faut bien nommer leur autorité. Ici, s'ouvre la dimension de l'autorité dans son antagonisme avec la démocratie. Voyons ce qu'il en est.

De par l'égalité entre tous les participants rendue possible par le dispositif, les responsables cessaient en effet d'apparaître comme des augures dont la parole avait du poids par la place occupée et non pas en raison de la valeur de l'argumentation développée. D'habitude, et parce que c'était eux qui parlaient, la vérité de leur discours venait d'un autre monde, d'une sphère sacrée dont ils étaient les représentants légitimes. J'ai dit combien ils s'étaient démarqués en ne jouant pas le jeu consistant, de par la logique de la procédure mise en place, à évoquer les problèmes « catégoriels » de leur propre niveau hiérarchique et les besoins et aspirations de ce niveau. Ils avaient utilisé la langue de bois et le ton particulier qui l'accompagne, l'une et l'autre si proches du prêche confessionnel. À bien écouter, il y a toujours, dans notre culture, quelque chose du prêtre chez celui qui se trouve en position d'autorité. C'est la question de l'autorité qui est ainsi posée, question centrale dans les partis politiques en France, pays où, plus qu'ailleurs, la question du pouvoir est lente à se démêler de l'autorité et des profondeurs psychologiques et théologiques où elle plonge ses racines. Un leader politique sans autorité est-il concevable ? La réponse ne peut être que circonstancielle, les parts respectives de l'autorité et de la démocratie devant chaque fois être mesurées à l'aune des circonstances historiques et du moment.

Dès lors aussi, je m'en rends compte aujourd'hui, il a manqué à cette journée, dans la conclusion que j'en ai tirée en fin d'après-midi, une réflexion sur la contradiction entre les deux réalités inéliminables que représentent l'autorité et la démocratie, sur leur complémentarité nécessaire à prendre en compte et surtout à bien gérer. J'aurais alors cherché à expliquer pourquoi les deux responsables nationaux se sentaient offensés, et indiqué que l'un des problèmes actuels du mouvement des Verts était, sans doute aucun, compte tenu de son idéologie, d'introduire dans son fonctionnement un peu plus de démocratie que les autres partis politiques, un peu moins d'autorité. Mais cela à l'intérieur de procédures formelles précises qui rendraient impossibles le chaos et la confusion contre lesquels se lève l'autorité traditionnelle, que se sentaient ici, pour le bien général, devoir incarner les responsables. Faute de telles procédures précises, certes difficiles à concevoir et à mettre en place, toute ouverture vers une plus grande liberté d'expression risque de mener à l'affirmation brouillonne des subjectivités et au jeu accru des ambitions personnelles.

De nos jours, une part supplémentaire de démocratie bien comprise, un peu plus de démocratie participative sont, à la condition d'être régulées, la réponse aux aspirations de l'individu. J'aurais dû parler ainsi… Il est vrai que je ne disposais pas, en ces années, de concepts aussi clairs en mon esprit. Ce jour d'été dans la pinède d'Antibes, j'avais donc laissé les responsables seuls, avec le sentiment de leur autorité bafouée ; ce qu'ils avaient ressenti comme une menace pour un mouvement encore jeune, divisé et fragile.

Allons jusqu'au bout de notre logique. Aujourd'hui, une partie de l'autorité, avec sa part de mystère et de sacré datant de l'enfance, peut et doit se transformer. Ces responsables, s'ils avaient évoqué les problèmes qu'ils affrontaient à leur niveau, auraient sans doute perdu en autorité mais gagné en reconnaissance de leur compétence et expérience, en respect, dû en toute justice à la difficulté de leur situation. De la subjectivité, de l'affectivité chez les militants se seraient transmuées en évaluation objective ; ce qui aurait évité que la subjectivité prenne en d'autres occasions la forme d'une agressivité de frustration.

Un point encore doit être relevé. Seuls les responsables se trouvaient dans la position de rendre compte du déroulement de cette journée à leurs égaux du même courant. Le souhait collectif qu'une telle procédure puisse, en certaines occasions, se répéter, ce souhait a été probablement tu. On retrouve ici l'insuffisance des filières de communication qui vont toujours du haut vers le bas. Dans les organisations, l'information prend l'ascenseur pour descendre, elle doit se contenter de l'escalier de service pour monter.

Un atelier « unicatégoriel »

Déjà, une première rencontre avec les Verts s'était produite trois ans plus tôt, durant l'été 1989, lors du séminaire national de ce mouvement, à l'occasion de l'animation d'un atelier, sur le thème largement ouvert des « changements culturels ».

Première surprise : soixante-dix participants, chiffre inattendu (la moyenne était d'une vingtaine par atelier). Qui sont-ils, ces hommes et ces femmes, à peu près égaux en nombre, et dont l'âge tourne autour des trente-cinq ans ?

Je propose un tour de table informatif, après quoi nous pourrons ensemble dégager des thèmes de réflexion. Il va, ce tour de table, et ce sera la seconde surprise, durer quelque sept heures en continu. Aucun responsable n'est présent car, me dit-on avec des sourires entendus et un peu aigres : « Ici, ce n'est pas un lieu de pouvoir. »

Sept heures d'un psychodrame à forte tonalité émotionnelle, mais sans dérive vers un désordre qui m'aurait contraint à me montrer directif. Mon rôle va se borner à accompagner les discours individuels, qui dureront chacun de cinq à dix minutes selon les cas. Compte tenu des impératifs de temps, chacun a compris que, dans la prise de parole, il fallait aller à l'essentiel, lequel va consister à dire ce qui, au travers d'un parcours chaque fois original, a conduit les participants à se retrouver ensemble aujourd'hui. Un double besoin se fait jour, celui de raconter son histoire personnelle, celui, tout aussi fort, d'écouter l'histoire des autres. Une des bizarreries de la situation tient à ce que les personnes présentes, venues d'un peu partout en France et qui représentent manifestement un noyau dur de militants très engagés, se connaissent toutes de vue, elles ont parfois même travaillé ensemble, mais elles ignorent qui elles sont au plan humain. Ce qu'elles vont découvrir, et qui les fascinera au long de la journée sans qu'elles marquent jamais de lassitude, c'est une même atypie biographique.

En effet, sur les soixante-dix participants, une soixantaine d'entre eux ont connu déjà deux ou trois ruptures professionnelles, des ruptures volontaires. Je les écoute, et le thème du métier à vie qui a nourri ma génération prend un rude coup ! Un enseignant, un postier, un cheminot, un ingénieur deviennent un beau matin animateur de MJC, coopérant en Afrique, agriculteur, commerçant, créateur de PME. Puis, de nouveau, ils cassent ce morceau d'existence, s'arrêtent un an, deux ans, pour élever leurs enfants, ou vivre un violon d'Ingres, ou reprendre des études, jonglant avec leurs économies, les stages auxquels ils ont droit, les allocations de chômage… À écouter ceux qui parlent, on peut comprendre ces successions de ruptures et d'engagements comme des étapes dans un parcours avant tout psychologique ; des étapes qui pourraient être comme des tranches de psychanalyse en acte, permettant d'essayer ses forces dans un autre contexte, de chercher à mettre au jour des capacités restées potentielles, de vivre de vieux désirs.

Ce que chacun, chacune, exprime, c'est la notion d'une recherche personnelle, d'un chemin frayé dans l'inconnu, avec l'appui d'une motivation psychologique forte : « On veut se frotter à la vie. » J'aurais tendance aujourd'hui à interpréter cet élan qui les pousse comme l'expression de potentialités anthropologiques qui demandent à se réaliser — ces universels empiriques que j'utilise comme grille de lecture. Dans la société présente, ces réalisations peuvent seulement s'effectuer à titre individuel et en dehors des sentiers battus, aux risques et périls de l'intéressé. Ici, l'acte de vivre devient véritablement une aventure, au plein sens du mot. Par ailleurs, ce cheminement a été conduit au travers d'inscriptions professionnelles précises et dans des contextes sociaux définis ; il ne s'agit ni de dilettantisme ni d'une répétition nostalgique de l'enfance, qui comporterait alors la recherche d'une sécurité à l'ombre de certitudes idéologiques ou d'une autorité se présentant comme protectrice. Pas non plus ici d'individus vivant en communauté ou élevant des moutons sur le Larzac.

Ceux qui parlent se sont, à partir de leurs capacités, de leurs goûts, « bricolé » une personnalité originale qui leur permet, semble-t-il, de donner du sens à leur vie et de situer ce sens dans la réalité du monde actuel. Ce sont des originaux individualistes, mais à la recherche de solidarités nouvelles. Se trouvent réunis dans cette salle des individus d'un type relativement nouveau, me paraît-il, individualisés à l'extrême certes, mais qui ne séparent pourtant pas leur existence de la marche de la société ni même de celle du monde, tout en restant lucides à propos de la formidable différence d'échelle entre ces ordres de réalité. On conçoit alors avec quelle attention passionnée chacun en vient, au cours de ce tour de table improvisé, à réaliser que sa trajectoire leur est commune, alors qu'on croyait jusqu'à présent celle-ci relativement unique, insolite, et donc, qu'on se l'avoue ou pas, qu'on le sache ou pas, quelque peu inquiétante et culpabilisante (avec une dizaine d'années d'écart, d'autres évolutions ont marqué aujourd'hui la nouvelle génération d'« individus-militants » qui contestent la mondialisation économique et culturelle).

Le problème, alors, ils en sont tous conscients, devient celui d'un mode d'association qui respecterait l'originalité de chacun et son possible devenir, tout en autorisant une coopération efficace qui élargirait leur sphère d'influence. Il est clair que l'objectif n'est pas avant tout de se tenir chaud à être ensemble, comme souvent dans les partis traditionnels. Cette tendance existe pourtant, ici comme partout et de tout temps ; des participants raconteront que, l'an passé, lors d'un atelier tenu par Albert Jacquard, à la fin de son monologue inspiré, bouleversés tous par l'émotion, ils se sont levés « comme un seul homme » et ont applaudi longuement, très longuement, certains même pleuraient. Avec moi, ils ne connaîtront pas cette chaleureuse régression fusionnelle.

Déjà à l'époque de cet atelier, je l'avais écrit, il me paraissait qu'il existait une place spécifique à prendre, ou plutôt à gagner, pour les Verts [3]. Que le parti des Verts s'installe sous des formes traditionnelles dans la société politique, et il y perdrait son âme, dévoré qu'il serait par les grands partis crocodiliens, et non rejoint alors par les jeunes générations qui ne se retrouveraient pas dans les inévitables ambitions personnelles et les luttes intestines. Comment alors, pour un mouvement politique, devenir, hors la forme partidaire classique, le porte-parole efficace de certaines aspirations de la société civile et économique ? Quadrature du cercle…

Autrement dit, en effet, comment, sans que les individualités se nivellent, la concertation collective pourrait-elle avancer d'un même pas sur des questions aussi différentes et complexes que le travail en entreprise, la socialisation à l'école, la protection de l'environnement, la démocratie dans les organisations et associations, une « politique de la ville » qui soit participative dans les faits et non seulement dans les mots, l'intégration des jeunes immigrés, la civilité urbaine, la prévention du sida, la solitude dans les villes (un logement sur deux à Paris occupé par une personne seule), la priorité donnée aux transports collectifs, le ferroutage, le changement du mode de conduite automobile ? Et encore : des expériences de coopération locale multipliées avec le tiers monde, la formation des policiers, le recyclage des

3. Gérard Mendel, « Le personnalisme vert », *Politis*, février 1990.

travailleurs sociaux, des passerelles jetées entre la recherche institutionnelle et les praticiens de terrain…

La liste pourrait encore s'allonger dans une énumération à la Prévert. Sur toutes ces questions qui concernent la société en général, une avancée ne paraît possible qu'avec le renforcement psychologique de l'individu, lequel dépend — et c'est bien là le problème — d'un pouvoir plus assuré de chacun dans sa vie sociale immédiate. Immédiate, et pas seulement délégative. Plus de pouvoir social sur ses actes individuels et collectifs, mieux voir le « bout de ses actes ». On voit que, parlant de l'individu en termes généraux, de ses choix sociaux, de son pouvoir sur ses actes, nous voici revenus au cœur de cet atelier chargé d'émotion profonde du séminaire des Verts, avec ses personnalités chacune singulière, chacune jalouse de sa singularité, et chacune aussi à la recherche de formes collectives d'action.

Dans le texte publié à propos de cet atelier, j'abordais un problème qui déborde ma compétence. Celle-ci intéresse, à propos de l'individu, sa psychologie et l'interface avec le groupe et l'institution (l'établissement, l'organisation). Ce texte concernait hasardeusement une troisième interface, celle entre l'organisation et la société globale. Il ne me semble pas que les faits m'aient contredit. J'écrivais que les Verts expriment une sensibilité sociale et culturelle pour laquelle ils n'ont pas encore su inventer des formes politiques adaptées. Une partie du problème peut se formuler ainsi : s'ils ne jouent pas le jeu traditionnel, comment développer une influence politique ? La chose pourtant paraît possible en se limitant à agir, à court terme tout au moins, sur deux plans seulement, le local et l'international, et en excluant la dimension nationale proprement dite. Une fois, à l'intérieur de leur mouvement, la concertation collective avancée sur les grands problèmes où se porte leur compétence et synthèse faite, une fois l'opinion publique sensibilisée et les solutions mieux cernées, les Verts, lors des périodes électorales, pourraient négocier avec les partis de leur choix, forts qu'ils seraient du comptage préalable de leurs bataillons d'électeurs au moment des élections municipales (peut-être même régionales) et européennes. Une négociation à partir de plates-formes qui seraient communes aux Verts en Europe. Aux plans national et international, ce mouvement pourrait ainsi expérimenter progressivement, patiemment, des formes d'organisation novatrices qui puissent se montrer à la fois efficaces et satisfaisantes pour tous, sympathisants, militants, élus, coordinateurs.

Deux réflexions sur l'atelier « unicatégoriel »

Cet épisode paraît également intéressant à deux autres points de vue, l'un au plan de la technique et l'autre de portée générale.

Techniquement, cet atelier réunissait une seule catégorie du mouvement des Verts, c'est-à-dire un « groupe homogène ». En effet, je l'ai dit, aucun responsable hiérarchique n'était présent dans ce lieu qui ne comportait pas d'enjeu de pouvoir. Dans une telle situation, ce qui apparaît alors, et que nous retrouvons constamment depuis plus de trente ans, c'est la dynamique qui se développe dans un tel groupe homogène, entité que nous avons introduite dans la théorie et la pratique des groupes. L'activité institutionnelle — c'est-à-dire dans l'établissement, l'organisation — étant alors la même pour tous, la base commune d'expérience permet une réflexion collective portant sur des éléments matériels concrets, précis. Elle mène à une élaboration elle-même collective et à une réflexion d'ordre général où les éléments objectifs l'emportent sur la subjectivité individuelle. C'est seulement si le groupe homogène se coupait du reste de l'institution, s'enfermait dans le huis clos, que naîtrait alors l'« illusion groupale » décrite par Didier Anzieu.

La seconde réflexion concerne le rapport aujourd'hui nouveau entre individu et politique, et non pris en compte par cette dernière. Dans un livre récent, j'écrivais que « la légitimité de la politique ne sera sans doute désormais reconnue par l'individu moderne que si elle lui permet de développer ses ressources personnelles et d'investir ainsi les divers champs du possible [4] ». Nous sommes au cœur même du présent livre, qui affirme l'existence de ressources anthropologiques en l'individu contemporain dont ne permettent le développement ni l'école, ni le fonctionnement social quotidien, ni les organisations politiques et syndicales actuelles.

De manière plus générale, il me faut utiliser ici un concept intégrateur, celui d'« actepouvoir » ; il permet de reprendre au

4. Gérard MENDEL, *Une histoire de l'autorité*, *op. cit.*, p. 278.

niveau théorique une grande partie de ce qui vient d'être dit. L'actepouvoir concerne le pouvoir sur ses propres actes. Bien entendu, il rencontre très vite sa limite dans le pouvoir tel qu'il est généralement entendu, celui des uns sur les autres. Il a trait pourtant à une dimension particulière et essentielle. Les participants au séminaire ou à l'atelier avaient en commun le désir d'échapper à la répétition, de prendre du pouvoir sur leur acte militant ou sur leur vie, de développer ainsi leur personnalité à partir de la sphère sociale. Tout acte exerce un pouvoir sur la part de réalité où il intervient : c'est le pouvoir *de* l'acte. Selon le cas, l'acteur possède sur cet acte plus ou moins de pouvoir : c'est le pouvoir *sur* l'acte. Enfin, selon le degré de pouvoir sur l'acte, des mouvements psychologiques fort différents se développent chez le sujet : plaisir, motivation, sentiment d'une responsabilité, créativité ; ou bien, à l'inverse, en cas de non-pouvoir, désintérêt, démotivation, absence de plaisir, voire souffrance. À leur manière et sans conceptualiser leur conduite, les participants à ces journées avaient manifesté le désir et la capacité de développer leurs ressources psychologiques, et cela en acquérant un plus grand pouvoir sur leurs actes et sur leur vie. Un tel désir nous paraît se situer à la racine même du processus démocratique chez l'individu. À la condition que, comme ici, il cherche à s'inscrire non seulement dans la sphère privée mais aussi dans la société. Les États de droit n'ont pas tenu compte de ce désir au XXe siècle [5].

5. Gérard MENDEL, *De Faust à Ubu*, L'Aube, La Tour d'Aigues, 1996 (troisième partie : « À propos de l'individu au XXe siècle »).

2

Démocratie(s) : balisage

Commençons simple. Observons ce qui, ici et là, existe réellement : l'État de droit, la démocratie politique, la culture démocratique. On essaiera de définir ces notions avant d'examiner comment certains auteurs contemporains ont pu en parler.

État de droit et démocratie politique

Le concept d'État de droit appartient à la dimension de la philosophie politique et couvre deux champs, selon qu'on tourne son regard vers le fonctionnement de la société ou bien vers l'acteur social, le citoyen.

Du côté de la société, on parlera d'un État de droit à chaque fois que certaines conditions se trouvent réunies. Une Constitution écrite et appliquée ; la séparation des trois pouvoirs (législatif, exécutif, judiciaire) ; l'espace public (Jürgen Habermas), c'est-à-dire, à partir du XVIIIe siècle, la médiation d'une opinion entre la société et l'État [1] ; des élections générales soumises au suffrage universel, qui reviennent périodiquement et permettent

1. Jürgen HABERMAS, *L'Espace public* (1962), Payot, Paris, 1978. On lira avec intérêt la préface rédigée par Habermas pour la 17e édition allemande de ce livre : « L'espace public, trente ans après » (1990), tr. fr. dans la revue *Quaderni*, n° 18, automne 1992.

l'application du principe représentatif ; le pluralisme partidaire et de l'information.

Le second champ de l'État de droit, qui recoupe en grande partie le premier, intéresse la micropolitique de l'individu en société. Au citoyen, qui est aussi un électeur, seront garanties les libertés fondamentales, celles de conscience, d'opinion, d'expression, de réunion, de déplacement. À ces libertés s'ajoutent des droits juridiques : l'égalité devant la loi, le respect légaliste de la personne, en particulier durant la garde à vue, l'assistance d'un avocat, l'approche contradictoire des faits devant le juge ou un jury. Le droit au travail figure dans l'actuelle Constitution française.

Cet État de droit peut exister dans une République, mais également dans une monarchie comme dans l'Angleterre et l'Espagne contemporaines. Il fixe les règles de la démocratie politique, laquelle fonctionne actuellement selon la *verticalité* de la représentation et de la délégation. Les dépositaires du pouvoir sont désignés de bas en haut lors d'élections libres ; et le pouvoir est administré de haut en bas. La démocratie politique actuelle est le produit d'une addition multiséculaire : franchises communales, droit des Parlements, Assemblée constituante et Déclaration des droits de l'homme (1789), vote censitaire, liberté de la presse, droit d'association, suffrage universel. Tout est à garder, mais aussi à approfondir et à développer, en particulier — c'est le thème de ce livre — à propos du développement social de l'individu.

A contrario, l'Église se définit elle-même comme non régie par la démocratie politique : « Toute une génération semble avoir compris Vatican II comme une innovation absolue dans la tradition et le comportement de l'Église [...]. On a abusé dans l'estimation du changement [...]. Les réflexions et les paroles de Paul VI sur ce sujet remontent à 1968. L'Église n'est pas une démocratie, disait-il en substance. Pas plus une démocratie chrétienne qu'une démocratie libérale ou une démocratie populaire [2]. » Qu'est-ce qui la rend non démocratique ? De manière explicite, c'est son fonctionnement hiérarchique selon le principe d'autorité. Nous retrouvons, en effet, tous les éléments concernant l'autorité : une transcendance originelle (Dieu), et la

2. Entretien avec le cardinal Pierre Ey, *Le Monde*, 3 novembre 1995.

distribution de l'autorité du haut vers le bas : pape, cardinaux, évêques, prêtres [3]. Le *perinde ac cadaver* (l'obéissance sans discussion et jusqu'au cadavre) des jésuites ou le dogme de l'infaillibilité papale (« C'est comme ça parce que je le dis ») rappellent que l'autorité fut autrefois absolue. Il existe pourtant de longue date un élément démocratique et qui n'est pas mineur dans le fonctionnement traditionnel de l'Église, l'élection du pape au bulletin secret. Certains ordres religieux (dominicains, jésuites...) élisent également leur supérieur. Qu'on songe, par contraste, à ce qu'a été l'organisation de l'Internationale communiste. Avec l'Église, nous retrouvons une vieille connaissance : l'opposition dynamique « autorité-démocratie » dans son organisation même, avec certes la prévalence accordée à l'autorité [4].

Où se situerait, dans la société, le noyau productif qui, à partir des sujets psychologiques et de leurs représentations, serait susceptible de mener à la création de forces neuves politiques — de celles que les États de droit du XXe siècle n'ont pas cherché à favoriser ? Le terreau où s'enracinent ces formes et à partir duquel, sous certaines conditions, elles se développent, pourrait se situer au plan de ce qu'on nomme assez vaguement la culture démocratique. Il faut, d'une part, que les modalités de la « vie ensemble » et, d'autre part, les besoins psychologiques et sociaux des individus et des groupes soient parvenus à un certain niveau qualitatif. Tel est le cas dans les deux exemples du chapitre précédent. À l'intérieur d'une telle dimension, on pourrait distinguer des strates, des niveaux, des ordres de grandeur, selon les époques et les sociétés. Si nous avions à mesurer actuellement ces grandeurs, nous choisirions quatre lieux d'observation : les prisons, les hôpitaux psychiatriques, les maisons de retraite du bas de l'échelle économique, les écoles de formation des fonctionnaires de police. Rien que par les choix de ces exemples, on voit que la sphère d'influence d'une telle culture déborde le champ politique.

---

3. Gérard MENDEL, *Une histoire de l'autorité*, *op. cit.*
4. *Ibid.*

La culture démocratique

On connaît la phrase de Michel Debré, selon laquelle le citoyen élit librement ses représentants et ne doit plus se préoccuper de politique jusqu'aux prochaines élections. Michel Debré se serait lui-même défini, à juste titre certainement, comme un bon républicain et respectueux de l'État de droit. Mais féru qu'il était d'autorité et de hiérarchie, personne ne songerait à le considérer comme la figure emblématique du démocrate, comme le parangon de la culture démocratique telle qu'elle s'observe actuellement dans nos sociétés.

Citons certains des éléments qui, à des degrés divers, participent aujourd'hui de cette culture : le respect de l'autre et l'écoute de sa parole ; une tolérance large envers l'expression des opinions et des croyances ; la recherche d'une solution négociée quant aux problèmes et conflits de la vie quotidienne ; la volonté de transparence de l'information ; des garanties reconnues à la minorité. Étant entendu qu'il n'est pas de droits sans devoirs. Il paraîtrait peu raisonnable d'élever trop haut le niveau des exigences quant aux devoirs réclamés à l'individu, tant que la société n'a pas mis en place pour tous les conditions permettant l'apprentissage des outils de la vie démocratique. Une des différences entre simples républicains et démocrates tiendrait alors à ce que les premiers souhaitent réserver aux « meilleurs », à une méritocratie politique, l'apprentissage des outils sociaux intéressant la problématique du pouvoir. Tout au contraire, l'idée centrale de ce livre est que l'individu de masse ne peut devenir individu social que s'il acquiert ces outils, et d'abord à l'école.

La culture démocratique, quand elle s'exprime de manière organisée dans la société, donne naissance aux formes d'une démocratie qu'on pourrait dire économique et civile, dans les organisations, entreprises, établissements, associations. Telles sont les instances représentatives (comité d'entreprise, délégués syndicaux, etc.) dans les entreprises économiques.

Revenons à la démocratie politique. D'où vient-elle ? Sur quoi se fonde-t-elle ? Trois séries d'études vont nous permettre d'avancer. Nous nous tournerons vers un sociologue, Jean Baechler, puis vers deux auteurs appartenant à un même courant de pensée, le MAUSS[5]. Nous nous attacherons surtout à Claude Lefort et à ses thèses sur le politique et la démocratie. Les travaux de ces auteurs, nous allons le voir, divergent grandement.

Jean Baechler ou l'universel démocratique

Jean Baechler, dans la perspective la plus maximaliste qui soit, défend la thèse que, pendant vingt-cinq mille ans au moins, *Homo sapiens* a connu et pratiqué la démocratie, avant que la colonisation n'y mette fin[6]. Une grande partie de la planète, en dehors des zones colonisées, aurait continué à s'administrer démocratiquement jusqu'au XIXe siècle. Citons la quatrième de couverture manifestement écrite par l'auteur : « La nature de la démocratie est dévoilée dans une déduction rationnelle en faisant l'hypothèse réaliste d'un acteur indépendant, égoïste et calculateur, et en lui faisant fonder le régime politique qui satisfasse son naturel et ses fins, sans négliger les contraintes imposées à son groupe [...]. En tant que régime naturel, la démocratie est la vérité du politique et sert d'étalon pour évaluer d'autres régimes. Bref, l'obéissance d'un sujet ne résulte ni de la violence ni de l'autorité, mais du consentement rationnel guidé par des considérations d'intérêt personnel. » Thèse radicale, et qu'on peut juger d'un optimisme à tous crins puisque, sans effort, l'égoïsme utilitariste de chacun concourt à l'intérêt et à la liberté de tous sous la régulation d'une « main invisible », ici de nature politique et non plus économique seulement comme chez Adam Smith.

On aura reconnu, appliquée à la démocratie, l'idéologie de l'individualisme méthodologique : Raymond Boudon est l'auteur de référence. Oserons-nous dire que de toutes les pensées sociologiques, celle-ci, même dans sa forme dite « réduite[7] », nous paraît la moins soutenable ? Ne nous attardons pas sur la question, non futile pourtant, de savoir si cet « acteur indépendant, égoïste et calculateur » que représente le démocrate, serait un individu ou bien un collectif. Une critique,

5. Mouvement antiutilitariste dans les sciences sociales.
6. Jean BAECHLER, *Démocraties*, Calmann-Lévy, Paris, 1985.
7. Raymond BOUDON, *Le Sens des valeurs*, PUF, Paris, 1991.

plus générale, porte sur l'hallucinante réduction anthropologique qui s'y manifeste. L'individu, tout à l'opposé des « machines désirantes » de Deleuze et Guattari mais aussi peu libre, se trouve défini comme une machine calculatrice opérant des choix dits « rationnels » qui obéissent à un seul critère, celui de la rationalité instrumentale la plus étroite qui soit. L'individualisme méthodologique apparaît ainsi comme la parfaite adaptation idéologique à l'économie actuelle [8].

Récemment, un philosophe a développé deux critiques contre l'utilitarisme, dont l'individualisme méthodologique représente la mouture moderniste [9]. Celui-ci se montre tout d'abord parfaitement réducteur en assimilant l'homme à un *Homo œconomicus* évoluant dans le seul champ économique et dont l'unique préoccupation existentielle consiste à économiser l'usage des moyens par rapport aux fins visées. La seconde critique porte sur une faille logique dans le raisonnement, puisque, avec l'utilitarisme, c'est une tautologie qui s'exprime. En effet, il n'est pas d'action qui ne présuppose chez l'acteur la recherche d'un avantage ou l'évitement d'un désavantage, sinon pourquoi l'entreprendre ? L'utilité, indépendamment de la rationalité ou de l'irrationalité des fins, fait partie de la définition même du projet d'action, qui comporte nécessairement et, pourrait-on dire, organiquement une motivation et des calculs. Ajoutons que le XXe siècle européen a montré, en des occasions majeures, à quel point les individus et les groupes pouvaient sacrifier leurs intérêts les plus manifestes, et jusqu'à leur existence, pour des passions sans calcul, sans égoïsme et sans rationalité.

« Les sauvages étaient-ils démocrates ? »

La lecture de *Démocraties* peut facilement se prolonger par celle d'un numéro de la revue du MAUSS [10] dans lequel les auteurs, s'interrogeant sur l'extension historique prise par la démocratie politique, accordent une large place à l'examen critique des thèses de Baechler.

---

8. Pour une critique de fond de l'individualisme méthodologique, *cf.* Tony ANDREANI, *Un être de raison. Critique de l'Homo œconomicus*, Syllepse, Paris, 2000.

9. Pierre DELEULENAERE, *Homo œconomicus. Enquête sur la constitution d'un paradigme*, PUF, Paris, 1997.

10. « Les sauvages étaient-ils démocrates ? », *La Revue du MAUSS*, n° 7, 1990.

Alain Caillé, dans un texte introductif, affronte la question difficile de savoir si, hors la modernité, l'on peut parler de démocratie. Il définit celle-ci par l'existence d'un État de droit et la reconnaissance des droits de l'homme. Qu'en est-il alors de la démocratie athénienne, du mouvement des communes dans l'Europe du XIIe siècle, du mir slave, de ces nombreuses sociétés sans État, telle celle des Nuers dont Evans-Pritchard avait analysé le fonctionnement politique égalitaire, ou bien celle des Guayakis d'Amérique du Sud dont Pierre Clastres affirmait qu'ils luttaient très consciemment pour conjurer l'apparition d'un pouvoir de contrainte ? Dans une autre perspective, l'exploitation de l'homme par l'homme a-t-elle commencé avec la révolution néolithique qui mit fin à l'égalitarisme des bandes de chasseurs paléolithiques ? Ou bien, à suivre Alain Testart, l'inégalité débuta-t-elle au sein même des sociétés de chasseurs-cueilleurs au moment de la sédentarisation ?

Pour faire avancer ces questions, Alain Caillé distingue trois lignes de réflexion à propos de ce qu'il nomme le « pouvoir du peuple ». Dans la première, l'accent est mis sur les modes de défense du citoyen et de la société civile par rapport à l'État : *habeas corpus*, droits de l'homme, extension du droit à l'intérieur des rapports sociaux. Une deuxième ligne de réflexion, inspirée de Tocqueville, met l'accent sur la progressive égalisation des conditions sociales. Enfin, le troisième mode d'approche est celui-là même de Claude Lefort lorsqu'il définit la démocratie par l'incertitude quant aux fondements ultimes du pouvoir qui fonde le rapport social et par l'acceptation de se confronter à cette incertitude. L'une des conclusions de Caillé — et qui s'oppose absolument à nos thèses — est que la démocratie implique la communauté.

Dans le même numéro, Jacques T. Godbout, dans un texte sur « Démocratie directe et démocratie représentative », dialogue explicitement avec Baechler. Il souligne la pertinence de son observation selon laquelle les sociétés modernes ont, quant à l'usage de leur temps, donné le pas à la production marchande (et à la consommation) sur la discussion politique. Puis il développe la thèse, qui paraît convaincante, que la démocratie directe consensuelle régie par la règle de l'unanimité — le palabre africain, la démocratie de l'agora athénienne — n'est possible que dans les très petites sociétés. Sa fonction serait de permettre la discussion *avant* la prise de décision, pour éliminer une opposition qui se prolongerait après celle-ci : une fois prise la décision, tous doivent coopérer sans arrière-pensée à l'objectif visé. La démocratie indirecte et non consensuelle, celle de nos sociétés, est fondée sur l'existence d'une opposition formalisée et qui persiste après la prise de décision majoritaire. Dans les sociétés numériquement nombreuses, cette dernière est seule viable. D'où, outre son impossibilité matérielle, le grand danger à préconiser la démocratie directe — Castoriadis est pris à partie — qui, éliminant l'opposition, ne peut conduire, à terme, qu'au totalitarisme.

Claude Lefort et l'« invention démocratique »

Après des écrits très engagés politiquement dans les années 1950, le philosophe Claude Lefort poursuit depuis le début des années 1970 une interrogation théorique qui porte sur l'essence de la démocratie. Il inscrit cette problématique dans le cadre qu'il nomme la dimension *du* politique. Le conflit social, intrasocial, présent dans toute société, apparaît pour Lefort constitutif de l'espace politique. Cet espace du conflit, de virtuel devient réel à partir du moment où — c'est le cas en démocratie — il est assumé par la société. En distinguant entre le politique et la politique, Claude Lefort entend affirmer, au-delà de la positivité des faits observables, l'activité d'un signifiant symbolique présent sous des formes différentes dans chaque société et qui, par-delà le conflit, assure l'unité et la cohérence de celle-ci.

Avec ce signifiant se trouve désigné un lieu central du pouvoir, pôle de croyances et de représentations, d'où émanent les institutions et leurs sanctions. Ce lieu, ou plutôt son contenu, agit sur la société depuis l'en-dehors, et c'est à partir de lui qu'une forme sera donnée aux rapports sociaux. Cette matrice symbolique est l'instituant fondamental du politique. De ce lieu du pouvoir naîtrait le lien social. Par exemple dans la société médiévale, le lieu du pouvoir trouvait à s'incarner dans le corps du roi qui devenait ainsi l'intercesseur entre Dieu et la communauté. L'érosion, l'affaiblissement de l'ordre symbolique seraient à l'origine des transformations socio-politiques. Cette matrice symbolique, sans laquelle aucune société ne pourrait survivre, exerce une domination absolue sur ses membres ;

personne ne peut se soustraire à ce qui participe à son identité la plus personnelle et le rend incapable de seulement imaginer ce que pourrait être un autre ordre symbolique.

Phénomène tout nouveau dans l'histoire, pour la première fois avec la démocratie le lieu du pouvoir devient un lieu vide. Non pas, certes, vide de pouvoir réel, mais privé à la fois d'une figuration symbolique et d'une incarnation sociale. La démocratie est fondamentalement « irreprésentable ». Elle obéit à un principe d'indétermination dans la mesure où, gardant un caractère « sauvage », personne jamais, à moins de la détruire, ne peut en prévoir l'évolution ni espérer en maîtriser la dynamique. La légitimité en démocratie se manifeste, alors, par le respect de l'irréductible division sociale. Le principe génératif du social, loin de tout consensus et opposé à celui-ci, s'exprime par le conflit et la contradiction. À l'époque moderne, la non-reconnaissance de la division conflictuelle de la société a chaque fois mené au totalitarisme.

Il découle de ce schéma que la démocratie naît à partir de la société et qu'elle ne procède nullement du citoyen, même si celui-ci aura à la nourrir sans cesse de son civisme et de ses revendications dans la sphère du droit. C'est la société démocratique qui fait le citoyen, non l'inverse. La source du droit démocratique réside dans le « lieu du pouvoir », mais ce lieu restant vide, infigurable, indéterminé, le non-savoir est la règle à propos du partage entre le légitime et l'illégitime. La justice, devenue l'instrument de la visibilité du pouvoir, règle dans la pratique la mise en rapport des individus. Dans la procédure judiciaire, l'égalité des adversaires recrée du lien symbolique. « La justice est désormais gardienne de la démocratie. » On voit ainsi que la problématique du droit devient centrale, palliant le défaut d'un instituant symbolique ; mais ce droit est lui-même évolutif.

La pensée de Lefort forme système dans la mesure où elle fait dépendre de la même matrice symbolique le fonctionnement de la société et la psychologie politique de ses membres. La netteté de sa formulation permet de reconnaître aisément nos points de convergence et de divergence. Notons les analogies au moins formelles entre cette « matrice symbolique » et ce que Castoriadis nomme l'« imaginaire social » dont les mutations vont modifier — il n'existe pas de véritable sujet-acteur chez Castoriadis — le projet de société que les individus portent en eux plus ou moins consciemment [11]. Chez Lefort, les individus interviennent dans le champ social, mais, nous l'avons vu, de manière indirecte ; soit que, la croyance une fois érodée qui concernait le signifiant symbolique, ils deviennent disponibles pour de nouveaux investissements ; soit que, en démocratie, la défense active de leurs droits particuliers oblige la société à évoluer. Le réformisme explicite de Lefort s'oppose au romantisme révolutionnaire de Castoriadis. Lefort ne croit plus en une société idéale où le conflit aurait disparu entre les « Grands » et le « peuple » ; il fait au contraire du conflit le seul élément dont la permanence est susceptible de protéger la société du totalitarisme.

Depuis *La Révolte contre le père* (1968), nous avons défendu la thèse d'une société en proie à l'irréductible conflit social et politique. Nous partageons par ailleurs la perspective non évolutionniste de Lefort — celle d'un non-délibéré à toute philosophie de l'histoire — et son insistance à affirmer que, à l'époque moderne, c'est le fait de reconnaître et d'assumer le conflit qui ouvre le champ politique de la démocratie.

Où situer nos différences, voire nos divergences ? Elles sont de plusieurs ordres.

En premier lieu, notre point de départ se situe en amont, en deçà, de celui choisi par Lefort. Nous ne limitons pas notre recherche au champ de l'anthropologique politique — ce qui représente déjà une ouverture exceptionnelle —, mais nous souhaitons l'élargir à la dimension d'une anthropologie générale. Certes, il n'existe pas de société sans conflit. Mais aussi et d'évidence, il n'est pas de société « politique », telle que Lefort la définit et la décrit, sans l'existence elle-même de l'espèce humaine dotée de caractères propres. Ces caractères, nous essayons de les prendre en charge conceptuellement avec ce que nous nommons des universels empiriques, lesquels, dans la modernité occidentale, s'expriment toujours plus à l'intérieur de la problématique du sujet, de la subjectivité. Dès lors, si la dimension politique est spécifique, elle ne possède pourtant pas

11. Isabelle BILLIARD, « La notion d'imaginaire social », texte ronéoté, 155 p., chap. 2, « L'imaginaire social selon Jacques Le Goff et Cornelius Castoriadis ». Il faudrait aussi noter tout ce que Lefort doit à Hannah Arendt et à ses grandes études sur le totalitarisme, et également à Habermas, en particulier à son livre sur l'espace public.

l'autonomie complète qu'affirme Lefort, mais elle se trouve prise dans le réseau complexe des interactions qui se nouent entre subjectivité et formes sociales ; et entre ces dernières et le sujet, ses représentations, les collectifs auxquels il appartient. Par ailleurs, la démocratie nous paraît être née bien avant l'effondrement du principe monarchique, moment où Lefort la fait débuter. Déjà, avec les formes politiques de la démocratie grecque, on retrouve les caractères qui, pour Lefort lui-même, spécifient le politique.

De plus, toujours dans la perspective d'une anthropologie générale, nous poursuivons très au-delà de ce seul champ — auquel Lefort réduit sa réflexion — notre questionnement sur la démocratie. La démocratie a vocation à s'appliquer à l'ensemble des activités sociales et humaines.

Autre divergence, nous situons l'instituant, et cela d'une manière qui est pour nous devenue évidente à l'époque moderne, moins dans une matrice symbolique — plutôt alors effet que cause — que dans la dimension socio-économique. La société est chez Lefort un moulin qui tourne, mais sans qu'on voie jamais l'énergie matérielle qui la meut. Ce qu'on a pu observer depuis un siècle paraît confirmer les analyses de Marx selon lesquelles la socio-économie, la façon de produire, la nature des forces productives et des rapports de production, représentent de puissants facteurs d'évolution des rapports sociaux. Si le champ culturel se transforme sous nos yeux avec une telle rapidité, c'est aussi que les nouvelles technologies utilisées d'abord dans l'économie (microprocesseurs, informatique, ordinateurs...), l'idéologie individualiste (économiste) du « chacun pour soi », l'accélération de la mondialisation économique et les transformations du travail et de son organisation agissent directement ou indirectement aussi bien sur la culture que sur les rapports sociaux. Avec le domaine de la culture, nous retrouvons le sujet et la problématique anthropologique. Les « Grands » et le « peuple », comme le dit Lefort, interviennent certainement en politique, mais une analyse selon les classes sociales ouvre sur une lecture du champ social qui inclut alors l'économie, même si les classes restent fort difficiles à repérer aujourd'hui.

Quant au lieu symbolique (« vide » ou « plein ») que Lefort situe au centre de la société, nous lui prêtons un contenu précis, qui est l'autorité. Nous avons montré ailleurs qu'elle peut emprunter différentes formes [12]. Ce que Lefort considère comme la matrice symbolique (transhistorique dans le sens où elle serait présente en toute société) nous paraît se construire toujours à partir d'un schéma psycho-familial. Un schéma non conscient si l'autorité s'inscrit dans les institutions sociales (dans la Rome antique par exemple), un schéma inconscient (au sens psychanalytique) s'il s'exprime dans l'intime de la psychologie individuelle. Dans les deux cas, nous attendons d'une anthropologie générale qu'elle nous permette de nous interroger sur les origines mêmes du processus démocratique.

Par ailleurs, la notion d'un « lieu vide » gagnerait à être tempérée. Aux États-Unis, la Constitution paraît bien occuper, avec un caractère quasi sacré, ce lieu censé être vide. Complétée par le rappel insistant des Grands Ancêtres, avec elle s'incarne une matrice symbolique qui, avec la personnalisation très médiatisée de la figure du président, produit des représentations idéologiques. Le concept de « lieu vide », si on lui ôte le caractère absolu que lui prête Lefort, si l'on accepte de parler d'un « lieu (relativement) vide », se révèle en revanche intéressant à faire travailler. Il permet, pour la France, de comprendre la difficulté à sortir, au plus haut niveau du pouvoir, de la personnalisation monarchique. Le lieu vide se révèle encore trop au « plein » de la royauté d'Ancien Régime.

On notera que le pouvoir est constamment entendu par Lefort sur le mode traditionnel : le pouvoir des uns sur les autres ; il ne sera jamais fait mention du pouvoir de l'individu sur ses actes, d'un actepouvoir que libérerait le processus démocratique. On ne peut guère lui en faire reproche, puisque telle est la conception réductrice actuelle du pouvoir.

Dans la grille de lecture que nous proposons, c'est le déclin du principe d'autorité, de l'autorité patriarcale, qui provoque ce sur quoi Lefort insiste à juste titre : une indétermination quant aux fondements du pouvoir. Dit avec nos mots à nous, le lieu central du pouvoir — ce pouvoir qui régule l'inévitable conflit social — n'est pas vacant, puisque l'État l'occupe. Mais ce pouvoir a, en effet, en démocratie, perdu une légitimité absolue, dans la mesure où il ne se trouve plus fondé sur une transcendance intemporelle, transhistorique, où l'autorité trouverait

12. Gérard MENDEL, *Une histoire de l'autorité, op. cit.*

appui. Dans une telle perspective, il convient alors de faire jouer à plein la dialectique pouvoir-autorité, légalité-légitimité.

Après ces grandes généralités sur la démocratie, il nous faut maintenant passer à une tout autre dimension, celle de la démocratie participative. Les problèmes théoriques et pratiques qu'elle pose sont d'une nature différente.

3

Qu'est-ce que la démocratie participative ?

« Dans les pays démocratiques, la science de l'association est la science-mère. »

Alexis DE TOCQUEVILLE.

La logique de ce livre ne conduit pas vers le basisme ou l'auto-organisation ou le spontanéisme, et non plus vers la démocratie directe qui se voudrait l'alternative à la démocratie délégative. Elle privilégie une avancée vers la démocratie participative, comme palier supplémentaire dans le fonctionnement de la démocratie.

Dans le sens que je lui donne, la démocratie participative met l'accent sur l'individu. Elle cherche à favoriser un pouvoir des individus sur leurs actes sociaux quotidiens, en particulier dans le travail. Elle vise au passage de la société de masse, celle d'aujourd'hui, à une société d'individus sociaux qui développeraient leurs ressources psychologiques dans la dimension privée — qui ne regarde qu'eux — mais aussi dans la sphère sociale. Il est évident que, au niveau individuel, dimension privée et sphère sociale s'influencent. La démocratie participative tient le pari que, dans les pays occidentaux, un potentiel démocratique existe aujourd'hui chez les individus, mais qu'il ne peut se développer en l'absence des formes d'organisation, de coopération, d'association, le favorisant.

Nul besoin ici de citer des auteurs révolutionnaires. Adam Smith, en 1786, mettait déjà en garde contre les mutilations psychologiques de la division du travail nouvellement née. « Un homme qui passe toute sa vie à remplir un nombre d'opérations simples [...] perd donc naturellement l'habitude de déployer ses facultés et devient en général aussi stupide et ignorant qu'il soit possible à une créature humaine de le devenir. » Les facultés qui disparaissent sont, écrit-il, l'intelligence, l'imagination, la capacité d'initiative ou d'affrontement de situations nouvelles, la sociabilité, la conscience sociale, le sens de l'intérêt général. Il conclut : « L'intelligence de la plupart des hommes se forme nécessairement par leurs occupations ordinaires [1]. » Et Tocqueville, le conservateur Tocqueville, écrivait en 1840 ces phrases prémonitoires : « Dans les pays démocratiques, la science de l'association est la science-mère ; le progrès de toutes les autres dépend des progrès de celle-là [...]. Parmi les lois qui régissent les sociétés humaines, il y en a une qui semble plus précise et plus claire que toutes les autres. Pour que les hommes restent civilisés ou le deviennent, il faut que, parmi eux, l'art de s'associer se développe et se perfectionne dans le même rapport que l'égalité des conditions s'accroît [2]. »

Nous sommes très loin d'un tel programme. Avant d'essayer de relier à la problématique de l'individu les deux points évoqués par Smith et Tocqueville, division du travail et science de l'association, considérés dans leur rapport à la démocratie participative, essayons d'abord de schématiser ce que possèdent en commun la démocratie appliquée au champ politique et son extension à la société civile et économique. C'est en effet seulement sur cette base déjà constituée que peut se développer la démocratie participative.

Des points communs à la démocratie non participative

À examiner la démocratie politique actuelle et les extensions à la société civile et économique, on leur découvre, dans la

1. Adam Smith, *La Richesse des nations*, t. 2, p. 341, Guillaumin, Paris, 1881.
2. Alexis de Tocqueville, *De la démocratie en Amérique*, II, p. 117, Garnier-Flammarion, Paris, 1981.

perspective d'une anthropologie générale, plusieurs éléments en commun, qui, à des degrés divers, sont toujours présents. La somme de ces éléments donne naissance à un processus dynamique, qu'on peut nommer le *processus démocratique*. Il est soumis à une condition préalable ; il repose sur deux principes généraux ; il se présente avec quatre facettes. Voyons ces éléments un à un.

La volonté d'objectivation des problèmes

La condition, c'est l'existence d'un État de droit. Les deux principes généraux qui guident ce processus sont la poursuite d'une égalité (au moins formelle) entre les individus et la volonté d'une objectivation des problèmes en cause. Attardons-nous un instant sur le second principe, moins évident que le premier. La recherche d'une objectivation répond à un mouvement volontaire et systématique pour échapper à tout ce qui spontanément nous pousse à refuser la conscience de la réalité. Bien entendu le degré d'objectivation atteignable est historiquement déterminé. L'état du savoir joue ici le rôle important, en particulier pour ce qui a trait aux sciences sociales et humaines. Mais c'est surtout la subjectivité humaine qui s'oppose au mouvement d'objectivation. Des jugements erronés dus aux intérêts en jeu peuvent être en cause, et l'idéologie économiste vise très souvent à masquer ces différences d'intérêt. Mais, dans le refus (non conscient) de la conscience du réel, interviennent également, et peut-être surtout, des méconnaissances de la subjectivité, qu'on peut dire anthropologiques. L'essentiel de la troisième partie de ce livre sera consacré à ces « fantômes de l'espèce » qui, à la fois, nous protègent et nous égarent.

La dimension de la subjectivité a toujours été au centre de la problématique démocratique. Je viens de dire qu'une subjectivité méconnaissante, d'origine anthropologique, représente sans doute le principal obstacle au développement du processus démocratique. Mais, par ailleurs, c'est bien la subjectivité individuelle qui est le principal moteur ou la principale ressource en jeu dans ce processus : qu'on pense par exemple à l'importance dans les esprits du thème de la liberté. L'objectivation du réel face à un problème se produit quand les autres solutions — satisfaisant les fantasmes, les passions, ou les intérêts d'une des parties — ont échoué. Mais si anthropologiquement certaines ressources n'étaient pas présentes potentiellement en l'individu, avec une capacité de développement dans la personnalité et d'expression au sein de la subjectivité, le processus démocratique n'aurait jamais existé. Il ne suffit pas que l'objectivation soit nécessaire pour qu'elle survienne, il faut également que des moyens existent pour la faire désirer consciemment et la rendre possible. Les phénomènes liés à l'actepouvoir, le mouvement d'appropriation de l'acte dont il sera question plus avant, le vouloir de création font partie de la personnalité individuelle et de sa subjectivité. Mais le négatif — la volonté de méconnaissance — est ici plus puissant que les forces qui nous poussent à considérer plus objectivement le monde et à essayer de l'affronter sur ce mode.

Par ailleurs, le principe d'objectivation connaît des limites, en raison précisément de l'incontournable part de subjectivité méconnaissante. Prenons le cas du familialisme social, le type même de la méconnaissance anthropologique. À un certain niveau de la personnalité, la société est vécue consciemment et surtout inconsciemment comme une famille. Cette structure, ce vécu familialiste — à l'origine du nationalisme, de la recherche du Père-sauveur providentiel, etc. — s'opposent par nature à l'objectivation de nombre de problèmes, sociaux, politiques, économiques. La crispation nationaliste est, on le sait, une manière privilégiée d'occulter de tels problèmes. Le processus démocratique comporte alors la prise en charge de cette subjectivité consciente et non consciente.

Non pas seulement afin de chercher à la dévoiler, la faire apparaître au grand jour dans ses manifestations, mais également pour lui donner sa juste place (qui varie selon les cultures et l'histoire) en accompagnement obligé du processus démocratique. Ainsi, le président de la République en France, bien qu'élu légalement — c'est la composante objective de la situation —, devra veiller, s'il ne veut pas apparaître comme illégitime, à ne pas se montrer par trop « partisan » et le représentant d'intérêts particuliers. L'illégitimité renvoie à la dimension subjective. La nécessité de se comporter comme le président « de tous les Français », comme le chef (le père) de la « famille France » connote de toute évidence le schéma psychofamilial inscrit depuis l'enfance dans notre inconscient, et qui reste actif la vie durant.

Ainsi, le processus démocratique comporte non seulement la mise au jour des composantes d'une situation, d'un problème, d'un conflit, mais également la prise en charge d'éléments irrationnels, dans la perspective d'une bonne gestion d'ensemble. Il serait absurde de penser que puisse un jour disparaître la vorace appétence humaine pour l'irrationnel. Cela signifierait entre autres, et pour rester dans le cadre du familialisme social, que le socle même de la personnalité aurait disparu, tel qu'il s'est construit, sur la base mouvante des archaïsmes, à partir de l'identification aux parents, de l'intériorisation de la structure familiale, quelle que soit d'ailleurs la forme que celle-ci peut emprunter. Prendre en compte bien davantage qu'aujourd'hui les méconnaissances anthropologiques signifie que le processus démocratique aura toujours davantage besoin des sciences sociales et humaines.

Les quatre facettes du processus démocratique

On vient de voir que le processus d'objectivation intègre la connaissance la plus complète possible des éléments d'un problème, la mise au jour et à plat des contradictions ou conflits qui le traversent. Ces éléments se présenteront d'ailleurs souvent sous des formes détournées — des « symptômes » sociaux ou bien psychologiques, telle une souffrance latente, expression fréquente aujourd'hui d'un conflit de nature sociale. Par ailleurs, les sciences sociales et humaines qui seraient en mesure, à un moment donné, de fournir les moyens de connaissance peuvent, nous le verrons, en être interdites par les contradictions ou contraintes auxquelles elles sont elles-mêmes soumises.

En deçà du repérage des termes d'un problème, le processus démocratique concerne, deuxième facette, l'analyse des causes en amont. Très souvent celles-ci, au terme de réactions en chaîne, disparaissent en aval derrière des manifestations réactionnelles qui retiennent toute l'attention. Soit un exemple tiré de la psychanalyse : l'« envie du pénis chez la femme » (Freud) et les manifestations psychologiques ou sociales à sa suite sont liées (pour nous) à des causes situées chez le sujet très en amont dans le temps, à savoir l'éducation à l'intérieur d'une culture sexiste, laquelle remonte à la nuit des temps ; il existe aussi ultérieurement d'autres causes : le prestige masculin lié à la place des hommes dans une société encore en grande partie patriarcale.

Troisième facette : l'ouverture des contradictions et conflits doit nécessairement s'opérer à l'intérieur d'un cadre formel protecteur, précis dans ses procédures. Ce « contenant » permettra un jeu d'interactions le plus possible égalitaires et non autoritaires (ce qui est une tautologie), en particulier dans le cas où des groupes s'opposent, mais aussi dans certains rapports duels, comme c'est le cas pour la psychanalyse (avec la relation divan-fauteuil). Enfin, quatrième facette, des régulations doivent permettre l'expression libre des partenaires et la recherche de solutions négociées prenant en compte au plus près les intérêts en cause ; la recherche des compromis doit faire véritablement avancer la solution du problème et ne pas se réduire à un trompe-l'œil ou à des faux-fuyants.

On voit alors, et on l'observera tout au long des deux chapitres qui suivront, consacrés à des « vignettes » — la justice, les sciences de la société —, l'importance de la méthodologie, des procédures formelles et combien le processus démocratique se situe à l'opposé du spontanéisme et qu'il risque même, c'est une de ses pathologies, de tomber dans l'excès de formalisme, pain nourricier et antidémocratique des bureaucraties.

Quelques mots encore sur les interfaces du champ humain et social où le processus démocratique a vocation à fonctionner.

Les interfaces du champ humain et social

Les différentes interfaces de l'intrapsychisme — celles entre la conscience, l'inconscient, l'archaïsme psychologique… — font l'objet depuis un siècle de recherches systématiques auxquelles se sont attachées la psychanalyse, la psychologie cognitive, l'étude du développement du nourrisson et de l'enfant, les neurosciences.

Les dynamiques en jeu dans l'interface entre l'individu et les institutions (établissements, entreprises, organisations…) commencent à être mieux connues depuis quelques dizaines d'années. Intervenir démocratiquement sur l'organisation du travail, élément majeur de cette interface, est toujours difficilement accepté par les directions, et même le plus souvent refusé dans le cas de l'économie privée.

Quant à l'interface entre les institutions et la société globale, économico-sociale, elle représente le champ d'action de la démocratie politique. Celle-ci a, depuis un passé très ancien, introduit des régulations : franchises communales du Moyen Âge ; réclamations des parlements régionaux quant aux exigences financières de la royauté ; droit d'association (syndical) ; droit de grève ; droit du travail. Avec la mondialisation économique, la puissance privée semble avoir regagné une partie du pouvoir qu'elle avait été contrainte de céder au XIXe siècle. Il devrait être redit presque à chaque page de ce livre que le combat actuel ne se joue plus essentiellement entre la démocratie et l'autorité traditionnelle du schéma psychofamilial, mais entre ces deux entités et l'économie néocapitaliste. Aujourd'hui, les reculs de l'autorité se font généralement moins au bénéfice de la démocratie que de la marchandisation générale de rapports sociaux et humains. Dans le monde du travail, par exemple, la démocratie a reculé avec la moindre protection syndicale et la moindre solidarité collective des salariés. Mais l'autorité traditionnelle a elle aussi régressé, au sens psychanalytique de ce terme, avec les nouvelles contraintes dans le travail [3]. Sous peine d'« idylliser » la situation actuelle de l'individu en démocratie, il paraît nécessaire de rappeler ces points.

Premier regard sur la démocratie participative

Ici, les problèmes théoriques sont essentiels à dégager. Nous ferons une première approche schématique. Puis nous reprendrons cette même question de manière approfondie au fur et à mesure des avancées de l'observation de terrain. On peut penser que ce sont avant tout les insuffisances de la réflexion théorique qui sont à l'origine des si nombreux échecs de réalisations qui se voulaient démocratiques et participatives, en particulier dans les

---

3. Gérard MENDEL, *Une histoire de l'autorité, op. cit.*, chap. 17, « Le néomanagement contemporain où l'autorité d'aujourd'hui mise à nu ».

coopératives de production [4]. Cette réflexion théorique nécessite en premier lieu un effort de catégorisation.

Disons au préalable qu'il apparaîtra évident qu'un certain cadre théorique est décrit ici, celui que nous avons progressivement élaboré au long de plusieurs décennies de travail de terrain et de réflexion théorique. Ce cadre comprend une grille de lecture, des méthodologies d'intervention, un ensemble conceptuel. C'est par rapport à ce cadre que, on le verra tout au long des deux premières parties, nous affrontons quotidiennement les réalités de terrain. Une telle approche nécessite, dans certains cas, rares au demeurant, de prendre position à l'encontre du sens commun. Par exemple, on y reviendra, ni le référendum ni l'assemblée générale ne se situent pour nous dans le registre de la démocratie participative. D'autres théorisations sont sans doute possibles ; elles devront alors satisfaire aux conditions que nous nous sommes imposées : une méthodologie précise d'intervention permettant le recueil d'un matériel identifiable.

La démocratie participative ajoute un élément spécifique à la démocratie

Nous venons de rappeler la condition préalable à laquelle doit souscrire la démocratie en général (l'État de droit) et ses principes, ses facettes. Ce sont là les bases, les fondements nécessaires au développement d'une démocratie participative.

Sur ces fondements, la nouveauté que va apporter la démocratie participative est un fonctionnement *non délégatif* et *non hiérarchique*. Sa visée propre est certes un meilleur fonctionnement des institutions. Mais, à notre sens, la visée principale est ailleurs, dans l'établissement d'un lien social particulier entre l'individu et les collectifs auxquels il appartient et, par extension, avec la société. Il y faut un mode de fonctionnement collectif autre, si nous éliminons ainsi d'emblée la délégation et l'organisation hiérarchique, lesquelles certes ouvrent déjà à une certaine « participation » de l'individu mais qui lui permet encore trop peu d'exercer un pouvoir sur ses actes. Ajoutons immédiatement que, à court et à moyen terme, il ne paraît pas

4. Henri DESROCHE, *Le Projet coopératif, ses espérances et ses déconvenues*, Éditions ouvrières, Paris, 1976.

possible qu'un établissement, une organisation, une entreprise, fonctionnent seulement sur la base de la démocratie participative. Il conviendra chaque fois d'apprécier le quotient de participation possible.

À propos des conditions de fonctionnement de la démocratie participative

Tout part de l'individu et tout doit lui revenir. Mais l'entre-deux comprend des temps sociaux qui débordent la situation individuelle.

La psychosocialité de l'individu, liée au développement de son pouvoir sur ses actes sociaux et de sa capacité créative sur eux, ne peut être le fait de l'individu seul pour au moins deux raisons. D'abord, les forces en présence — l'environnement tout entier d'un côté, l'individu isolé de l'autre — sont par trop inégales. Mais également, et ici intervient le regard psychanalytique, l'expérience clinique montre que, chez l'individu seul face à un problème même d'ordre social, l'inconscient familialiste intervient pour recoder les phénomènes sociaux. Par exemple, dans nombre d'incidents classés dans la rubrique du « harcèlement moral [5] » s'exprime le recodage psychologique (« moral ») de tensions appartenant à une tout autre sphère, celle socioprofessionnelle. Aujourd'hui, en raison de l'affaiblissement des solidarités et à cause du repli syndical, ces tensions doivent être affrontées en première ligne par l'individu seul et avec les seuls moyens dont il dispose, ceux de sa personnalité intime, celle que je nomme familialiste et pour laquelle la psychologie psychanalytique se révèle pertinente (agresseur et victime, séduction et violence perverses, humiliation narcissique, dépression, « meurtre » psychique...).

Donc, première condition, l'individu doit être en mesure de parler de ses actes sociaux avec d'autres. Quels autres ? Ceux avec lesquels il partage les mêmes actes, les mêmes problèmes. Tel est, dans notre dispositif, la raison d'être du « groupe homogène de métier » (ou d'une activité de nature sociale). Il est de beaucoup préférable que cette concertation en groupe ne se développe pas dans l'abstrait ou à propos d'établissements

---

5. Marie-France HIRIGOYEN, *Le Harcèlement moral*, Syros, Paris, 1998.

différents, qu'elle porte sur une réalité à la fois actuelle, commune, la plus proche possible du quotidien habituel. D'où, dans le dispositif, des groupes homogènes qui appartiennent à la même institution et qui peuvent dès lors parler d'une expérience et de problèmes absolument semblables, car situés dans le même lieu.

Et, enfin, puisqu'il s'agit d'actes, le discours seul resterait insuffisant, il faut que la concertation du groupe amène des changements dans l'exercice de l'acte, au travers de propositions argumentées et qui seront discutées par la direction. Si ces propositions font l'objet d'un refus de la direction (ou d'un autre groupe), ce refus doit alors lui-même être argumenté ; les raisons avancées apportent ainsi une information supplémentaire sur les contraintes existantes à l'intérieur de l'institution. Cette information va permettre à tout un chacun de situer mieux la place, le rôle de son acte à l'intérieur de l'acte global de l'établissement. Dans d'autres cas, les contraintes viendront du dehors de l'institution (lois, règlements, ou bien dispositions financières...) ; leur connaissance ouvre à une meilleure conscience du fait qu'aucune institution n'est indépendante de la société globale et n'échappe à la pression de l'économie.

À examiner l'ensemble du dispositif, on voit que toutes les conditions habituelles de l'activité se trouvent réunies. Avec pourtant une composante inhabituelle, qui change radicalement les données. En effet, l'homogénéité du groupe et la communication égalitaire et indirecte entre les groupes (par le biais de comptes rendus écrits) allègent, durant les réunions, le poids aujourd'hui écrasant de l'organisation du travail. La communication intergroupes permet, au long du temps, de pallier en partie les effets de déliaison de la division du travail : chacun finit par savoir ce que, aux différents postes de travail et aux différents niveaux, tous les autres font, et il devient capable de relier son acte partiel à l'acte global de l'établissement.

Dans l'évaluation du quotient de participation, il convient de prendre en compte trois composantes. La première a trait au commandement hiérarchique, lequel peut prendre des formes variées — parfois occultes — et s'exerce avec une force variable.

La deuxième composante est souvent insuffisamment appréciée à sa juste valeur. Elle concerne les procédures écrites.

Celles-ci présentent l'intérêt de s'imposer également à toutes les parties présentes, quel que soit le niveau hiérarchique. Il existe une différence essentielle entre les procédures bureaucratiques ou technocratiques, et celles participatives. Dans ce dernier cas, les procédures ne sont entérinées par la direction qu'après une large consultation de la base et de l'encadrement, se déroulant dans des conditions qui permettent une véritable élaboration collective et l'expression libre par chacun des données de son expérience. Selon les cas, plusieurs allers et retours seront ou non nécessaires pour que toutes les données du problème en cause soient abordées [6]. L'application par tous des procédures adoptées fera l'objet d'un suivi attentif. Ce qui implique qu'elles ne doivent être ni excessivement nombreuses ni trop complexes. Quelquefois, il suffira que soit seulement précisé le principe à mettre en œuvre, sans trop entrer dans le détail des formalités.

Enfin, troisième composante, nous venons de voir à l'instant que la forme elle-même des regroupements opérés, c'est-à-dire la structure du groupe — on l'observera dans tous les cas rapportés —, est déterminante. C'est ici que les sciences humaines et sociales sont mises à contribution. Chacune des procédures envisagées doit être étudiée dans son rapport au but particulier recherché et il faudra être capable de prendre en compte les limites, les apports positifs, et éventuellement les composantes négatives. Il n'existe pas de dispositif qui puisse référer à la réalité sociale tout entière. Dans notre cas, il nous paraît que la question des effets de l'organisation du travail sur la personnalité psychologique représente un élément central, au regard de la démocratie participative. Par ailleurs, dans nos sociétés, c'est le même type d'organisation — délégative et hiérarchique — qui existe universellement.

On comprend mieux maintenant pourquoi nous considérons que ni l'assemblée générale (dans une institution) ni le référendum (dans la société globale) ne répondent à l'objectif principal de la démocratie participative, le développement de la psychosocialité de l'individu. Dans les deux cas, l'individu est

---

6. Sur un « projet de service » construit de manière participative, *cf.* Jean-François Moreau, « Un dispositif d'expression et de communication de longue durée en entreprise (1987-1998) », *Revue internationale de psychosociologie*, n° 10-11, Eska, Paris, 1998.

renvoyé à lui-même sans vraie possibilité d'élaboration collective, et il se trouve placé hors du cadre habituel de son activité professionnelle ou sociale. De plus, dans une assemblée générale, un ou des leaders vont monopoliser la parole, et des effets de groupe vont se produire, qui n'ont que peu à voir avec les enjeux sociaux discutés. Le face-à-face de l'individu à son institution ou à la société ne favorise dans le quotidien ni un pouvoir sur l'acte social ni les capacités créatives.

Il est temps à présent de retourner à ce que Freud nommait le « royaume toujours vert de l'expérience ».

4

La mouvance des communistes critiques

À la différence des deux rencontres avec les Verts, limitées chaque fois à une ou deux journées, l'intervention dont il va être question se prolongea sur trois ou quatre mois, même si le travail proprement dit se limita à quelques semaines en raison de la période des vacances. Je vais dire pourquoi cette intervention fut atypique. Je la considère pourtant comme l'une des plus originales et riches d'enseignement qu'il nous ait été donné de réaliser (nous en avons tiré un livre [1]).

À l'été 1995, notre groupe est contacté par des personnalités se situant à l'intérieur ou à l'extérieur du Parti communiste. La demande est celle d'un « état des lieux » qui préparera un colloque prévu en fin d'année, lequel pourrait éventuellement donner lieu à un regroupement des tendances représentées. Nous entrons ainsi en relations avec Guy Hermier et Roger Martelli, du courant des « refondateurs » communistes autour du journal *Futurs*, et avec un proche de ce journal, Anicet Le Pors ; avec Alain Krivine et François Dietrich, de la Ligue communiste révolutionnaire (LCR) ; avec Charles Fiterman, Claude Poperen et Gilbert Wassermann, de la Convention pour une alternative

1. Gérard MENDEL, Jean-Luc PRADES, Debora SADA, *La Mouvance des communistes critiques, enquête sur le désarroi militant, une écoute sociopsychanalytique*, L'Harmattan, Paris, 1997.

progressiste (CAP) ; avec Philippe Herzog et Bernard Marx, du courant « Confrontations ».

Nous avions à respecter deux impératifs. Le « cahier des charges » nous imposait de préciser au mieux les points de convergence et de divergence entre les membres des différentes tendances. Par ailleurs, la logique de notre méthode nous commandait de tenir compte des positions hiérarchiques et fonctionnelles à l'intérieur des courants. Mais aussi, je l'ai dit, la situation était pour nous atypique. En effet, nous n'avions pas à travailler avec une institution. Celle-ci — institution provisoire et même éphémère — était représentée par la journée du colloque à venir, à propos de l'organisation de laquelle on ne nous avait rien demandé. Dès lors, comment procéder ? Dans un premier type de scénario, nous aurions pu tenter de dégager les grandes lignes à l'intérieur de chacun des courants avant d'essayer d'établir des comparaisons. Nous nous décidâmes pour un autre choix. Il nous apparaissait plus fécond de regrouper ensemble des membres de courants différents auxquels les mêmes questions seraient posées. Ce qui ouvrait à deux interrogations. Quelles questions ? Et surtout quelles formes de regroupement, sur quels critères sélectifs composer les groupes ?

Une réflexion préliminaire avec les organisateurs du colloque nous montra qu'une distribution des militants était possible selon six groupes « catégoriels » : élus, intellectuels, syndicalistes, femmes, anciens, jeunes. Soit six groupes auxquels nous pourrions adjoindre quatre groupes composés chacun de militants d'une des quatre formations (LCR, CAP, « Futurs », « Confrontations »). Donc, au total, dix groupes de militants. Restait la première interrogation : quelles questions leur poser ?

Dans un premier temps de l'intervention, nous soumîmes un questionnaire aux dix groupes, composés alors de trois personnes seulement. Ce questionnaire balayait largement la problématique théorique et pratique. Il pouvait s'agir de questions d'ordre général touchant aux raisons personnelles de l'engagement, au fondement scientifique ou non de la politique, au rôle de la classe ouvrière. Ou bien le passé se trouvait interrogé : appréciation sur la révolution bolchevique, raisons de l'échec ou du refus du communisme aujourd'hui. Le plus grand nombre de questions concernait pourtant l'avenir : quel projet de société communiste futur ? Quel type d'organisation privilégier ? Quelles alliances favoriser ? Des questions particulières étaient posées aux syndicalistes et aux élus, à partir de leur expérience, sur les rapports de la théorie et de la pratique. Le groupe des femmes et celui des jeunes étaient invités à ajouter à leur gré des thèmes qu'ils jugeraient spécifiques. L'objectif de cette première phase d'entretiens était, par un large tour d'horizon, de déceler les thèmes pouvant recueillir l'adhésion de tous, et ceux qui suscitaient des blocages ou une opposition entre les participants.

L'ensemble de ces entretiens, et ceux qui allaient suivre, était enregistré sur magnétophone afin de permettre la réécoute et une réflexion de notre groupe. Ce fut là le deuxième temps de l'intervention, une analyse par nous du matériel recueilli. Il mena à un second questionnaire reprenant la plupart des premières questions, mais de manière telle que la discussion entre participants puisse se resserrer autour des trois points qui étaient apparus particulièrement sensibles : l'identité communiste, le type d'organisation, la question des alliances. Le second questionnaire fut testé, comme l'avait été le premier, auprès des organisateurs réunis à cet effet, qui nous demandèrent de nous ajuster à l'objectif du colloque, c'est-à-dire de mettre davantage l'accent sur ce qui rassemblait. Ce que nous fîmes, au moins dans une certaine mesure, veillant pourtant à ce qu'aucun thème ne soit écarté comme tabou. Anticipons : l'une des réflexions souvent entendues à propos de certaines questions, dans les entretiens de groupe qui allaient suivre, fut qu'on n'avait jusque-là jamais osé ni les poser ni même se les poser.

Nous voici donc au temps trois de l'intervention, le plus important. Le second questionnaire est soumis aux dix groupes « catégoriels » de la première phase mais élargis chacun à dix ou douze autres membres. Un onzième groupe est alors constitué, réunissant les leaders des courants.

Enfin, quatrième temps, le matériel très complexe recueilli fut analysé par notre groupe. J'en tirai un rapport que je rédigeai et présentai oralement fin novembre au colloque qui regroupait environ deux cents personnes, dont celles qui avaient participé aux entretiens. Auparavant, une dizaine de jours plus tôt, le rapport avait été lu au groupe des organisateurs. Trois jours avant le colloque, ils nous adressèrent un texte : « Le cadre que vous nous avez présenté semble correspondre à ce que connaissent la plupart des communistes critiques. » S'ensuivait une longue liste de questions que les organisateurs étaient amenés à se poser, à partir de la contradiction évidente et manifeste chez les militants, durant les entretiens, entre la volonté de s'inscrire et de s'investir dans un projet d'avenir et leur difficulté à formuler ce projet.

Plusieurs sortes de conclusions peuvent être tirées de ce travail minutieux à partir de dizaines d'heures d'enregistrement, travail dont le livre rend compte.

La première conclusion réfère à l'exceptionnelle richesse des entretiens. Au travers de la grande diversité des apports, au moins deux thèmes s'affirmaient avec netteté. Tout d'abord, le désarroi, la souffrance étaient le lot commun de ces militants, brisés psychologiquement par les révélations sur le stalinisme et par l'échec de toutes les tentatives communistes du siècle. En même temps, envers et contre tout, s'affirmait, chez la majorité d'entre eux, la volonté de ne pas baisser les bras, de continuer à lutter, avant tout dans une perspective morale, contre les injustices de la société actuelle. Si ce premier thème concernait les positions individuelles, le second thème, lui, avait trait à l'impossibilité aujourd'hui de définir un projet global politique ou bien la forme d'organisation dans laquelle pourraient s'associer les énergies individuelles. À la lumière du passé récent, toute forme d'organisation centralisée faisait peur.

Deuxième conclusion, les effets de notre enquête ont été nuls sur le déroulement du colloque. La lecture de mon rapport fut écoutée avec attention en début d'après-midi. Mais le programme, dressé à l'avance, avait ensuite prévu une liste d'orateurs qui lurent chacun un texte préparé et mettant en avant leur chapelle.

La troisième conclusion concerne les leaders des courants, qui étaient les organisateurs du colloque. Ils se montrèrent manifestement déçus par le contenu du rapport. En réalité, ils attendaient moins un « état des lieux » objectif que des outils pour redynamiser leurs troupes. Un fait me paraît assez grave, au plan de la démocratie interne de ces courants. Il avait été prévu que la liste des participants au colloque nous serait livrée, afin que nous puissions envoyer à chacun — dont ceux qui avaient déjà participé aux groupes et à qui nous en avions fait la promesse — un texte d'annonce au moment de la parution du livre. Il ne fut jamais possible d'obtenir cette liste, ni même qu'un accord se fasse et que chaque courant envoie directement ce texte à ses membres. Les leaders ne souhaitaient manifestement pas que le livre puisse nourrir un débat interne et qui porterait sur le fond. À tort ou à raison, tout se situait pour eux à court terme et dans un souci d'efficacité immédiate. Pour une fois, la parole avait été donnée aux militants dans des conditions telles qu'elle puisse s'élaborer librement et collectivement dans sa richesse. Le dialogue n'eut pas lieu entre haut et bas des appareils politiques concernés par cette intervention, et qui aurait pu peut-être faire avancer les choses. Nous-mêmes étions prêts, dans un temps ultérieur, non pas à proposer des solutions, mais à aider, dans la mesure de nos moyens, au déblocage de certaines situations et à montrer les avantages et les inconvénients de chacune des procédures d'organisation qui auraient été envisagées.

Enfin, et cette dernière conclusion s'imposait à l'écoute des entretiens, les militants étaient quasiment tous devenus des individus semblables aux autres de notre société et tout aussi complexes. Telle est l'époque et personne ne lui échappe. Il avait été dit et répété par eux sur tous les tons que, à l'avenir, en aucun cas, il ne serait question même provisoirement de sacrifier à un projet collectif l'individu, ses aspirations, sa richesse, ses besoins. Chacun avait sa vie personnelle à vivre pleinement. Toute association, toute coopération, toute organisation auraient à tenir compte de cette limite.

Ce thème était relié organiquement par les participants à celui de la démocratie, considérée unanimement comme le poumon qui faisait respirer la société. Il était loin le temps où l'on ironisait sur les « libertés formelles ». Certes, elles étaient considérées comme insuffisantes à elles seules, mais elles représentaient aussi un bien précieux sur lequel chacun avait à veiller. Sans doute aussi, chez la majorité de cette bonne centaine d'individus qui ont participé aux entretiens, l'exigence morale était plus élevée que pour la plupart de nos contemporains. Les raisons en étaient d'ailleurs complexes et diverses et tenaient, dans des proportions variables pour chacun, à la subjectivité personnelle, à l'origine sociale, et très souvent aussi à une tradition familiale de lutte politique. « On est communiste de père en fils, de mère en fille » était une phrase très souvent entendue. Cette réflexion dénotait le fait absolument évident d'un familialisme psychologique très fort chez tous les participants : par-delà les divergences, ils se sentaient appartenir à la même famille. Certaines fois, le vieux trotskiste et le vieux stalinien s'étaient retrouvés dans nos groupes d'entretiens, intensément émus comme des frères qui s'étaient trop longtemps haïs et combattus.

À notre arrivée au colloque, l'un des organisateurs nous avait dit plaisamment mais sur un ton d'évidence : « Vous venez pour la photo de famille. » Or, depuis plus de trente ans, nous avons invariablement fait le constat que plus le sentiment familial est fort dans un groupe, et plus sont taboues les questions touchant au fonctionnement interne, à l'organisation du pouvoir, aux avantages et aux inconvénients de chacune de ses formes. En famille, ce sont les affects qui dominent.

5

Scénario pour un mode différent d'organisation politique

Une troisième présentation nous permettra d'avancer vers ce qui pourrait aider à la construction de scénarios alternatifs d'organisation.

Au début de 1984, notre groupe reçoit une longue lettre d'un collectif qui porte le nom de « Grenoble-Écologie-Autogestion » (GEA). Ce collectif est né en 1982 de la convergence, à l'échelle municipale, d'écologistes « de gauche », d'autogestionnaires (du PSU entre autres) et de syndicalistes CFDT, tous conscients du risque d'un retour à la droite de la municipalité de Grenoble, retour qui de fait s'est produit en 1983. En 1982, donc, ces militants se regroupent, insatisfaits de la gestion municipale de gauche, certes solide pour la qualité de ses dossiers, mais qui a perdu à la fois le souffle innovateur des débuts et le contact avec sa base. Soulignons ce dernier point, constamment retrouvé dans toutes les demandes tournées vers nous depuis le champ politique ou syndical.

Le collectif, qui a maintenant au conseil municipal une élue dans l'opposition, réunit une centaine de militants. Ceux-ci situent mal quelle doit être maintenant leur action face à une droite intelligente et « moderniste ». Plus en profondeur, nombre d'entre eux sont conscients de « l'incohérence des discours politiques actuels, de leur inadéquation face au refus des "ismes" ». Le cercle vicieux, « faible mobilisation » conduisant à une « faible action » menant elle-même à une « mobilisation encore plus faible », marche à plein, risquant d'atteindre les moins sujets à dépression.

La lettre se termine par une double proposition. Une conférence-débat aurait lieu, qui serait largement annoncée par voie d'affiches, à propos d'un livre que je viens de publier [1]. Le lendemain, une journée de réflexion interne au GEA serait prévue, ouverte aux sympathisants. Un intervenant de notre groupe « jouerait le rôle d'un œil extérieur, faciliterait l'accouchement de la réflexion par des interventions ponctuelles, soit en apportant des informations, soit par analyse à chaud des échanges ».

La demande est jugée particulièrement intéressante lors de la réunion suivante du Groupe Desgenettes, dans la mesure où les problèmes internes d'organisation ne sont pas écartés *a priori* de la réflexion. Dans notre réponse, nous posons des questions portant sur la composition du GEA.

La réponse nous parvient rapidement. Les quelque cent militants qui composent « Grenoble-Écologie-Autogestion » ont entre trente et cinquante ans et comptent un quart de femmes. On note une prédominance de chercheurs en sciences sociales, animateurs, éducateurs, enseignants de tous niveaux : presque tous les membres sont des « travailleurs intellectuels » (dont deux dessinateurs techniques et deux ingénieurs).

La direction est composée d'un groupe municipal de trois personnes qui, avec six autres militants, forment à elles neuf le bureau. Le reste du conseil d'administration (CA) comprend quinze autres personnes, donc au total vingt-quatre militants. Parmi les autres adhérents, certains participent à des commissions techniques, d'autres suivent seulement les AG, enfin il en est qui se bornent à s'informer des activités de l'organisation, en particulier par le biais d'un journal de petit format que celle-ci fait paraître. Et, tout autour, la nébuleuse des sympathisants.

Quant à la demande qui nous a été adressée, nous apprenons qu'elle n'a pas fait l'unanimité au CA, lequel s'est divisé selon l'origine militante. Les « cédétistes » (membres de la CFDT), qui tiennent le bureau, sont réticents à tout ce qui peut ressembler de près ou de loin à de la « psychologie », ils souhaitent que la journée d'étude traite seulement des projets ; quelques PSU

1. Gérard MENDEL, *54 millions d'individus sans appartenance. L'obstacle invisible du septennat*, Robert Laffont, Paris, 1983.

aussi. Au contraire, les écologistes et les syndicalistes « de base » se montrent intéressés par une démarche de remise en cause et voudraient qu'on s'interroge aussi sur ce qu'est « être de gauche » aujourd'hui. Le compromis s'est fait sur un programme où, dans un premier temps, on demanderait aux présents de réagir sur le contenu de la conférence de la veille ; dans un second temps, on chercherait à tirer des enseignements pour l'action à venir. Le tout pouvant être remis en cause au début de la journée.

La réflexion qui va se développer dans le Groupe Desgenettes porte, c'est significatif de notre démarche, moins sur les thèmes de la journée que sur le dispositif à prévoir, c'est-à-dire sur la structure des regroupements. En effet, c'est la teneur de ce regroupement qui, pour nous, va prédéterminer dans une large mesure le contenu et l'ouverture des discours qui seront tenus. La formule du dispositif ne nous pose pas de problème : comme toujours, elle tient compte de la position de chacun dans l'institution, mais celle-ci reste à déterminer exactement ; tel est le sens de notre réflexion.

La journée d'étude avec « Grenoble-Écologie-Autogestion »

L'intervenant de la journée d'étude est le conférencier de la veille ; la réunion a rassemblé deux cents personnes environ dans une salle de Grenoble et donné lieu à un débat dans une ambiance fort sympathique.

D'entrée de jeu, l'intervenant propose, compte tenu du nombre de présents, vingt-cinq, de constituer quatre groupes : bureau (neuf personnes), membres du conseil d'administration ne participant pas au bureau (six), adhérents (cinq), sympathisants (cinq). Les groupes se réuniront d'abord séparément (soixante minutes), puis en plénières, une le matin et une l'après-midi, au cours desquelles chaque groupe disposera de dix minutes pour rendre compte de sa réflexion. À la fin de chaque demi-journée, l'intervenant essaiera de tirer la leçon des débats. Il suggère deux thèmes de réflexion : le matin, on parlerait des attentes, l'après-midi des projets. Il explique également la raison d'être du dispositif, qui tient à l'existence des points de vue différents et complémentaires selon la position de chacun dans l'organisation. L'ensemble des propositions est accepté sans problème.

Comment se passe la journée ? À chaque fois que sont mis en place des groupes homogènes, la discussion intra-groupe se révèle riche et animée, au point qu'il est toujours difficile d'y mettre fin. Dans ma prise de parole en fin d'après-midi, j'essaie de dresser une synthèse de ce qui s'est dit dans les deux plénières. Essayons de résumer cette synthèse.

Chacun des groupes associait des personnes à la sensibilité politique proche, même si l'expérience de chacun s'était constituée dans des secteurs différents. Il était facile de se rendre compte de ce point, presque tous les participants ayant parlé dans les plénières. Les deux grandes tendances qui s'étaient manifestées ne paraissaient pas être dues aux sensibilités ou aux expériences individuelles. En effet, chacune de ces tendances était le fait de groupes entiers dont le seul dénominateur commun était la position de ses membres dans l'organisation. Ces deux tendances exprimaient donc manifestement une différence d'appréciation selon qu'on se situait dans le haut ou le bas de l'appareil.

La première tendance était portée par le bureau et le conseil d'administration. Compte tenu des nécessités et des contraintes auxquelles ces militants devaient faire face, l'efficacité immédiate primait pour eux. Dans le creux de vague actuel, il fallait garder en état l'« outil de travail », en attendant la reprise qui, comme chaque fois, se produirait à l'ouverture d'une période électorale. Le seul mode de fonctionnement dont on pouvait se recommander et tirer profit était celui hiérarchique des partis traditionnels.

Quant à la seconde tendance, elle était portée par les adhérents et par une minorité de membres du CA. Elle consistait à considérer le GEA non plus comme un outil politique avant tout électoral, mais comme un club de réflexion, un laboratoire de recherche et d'analyse qui s'ouvrirait aux curiosités et aux intérêts de chacun. Certains adhérents prônaient une large décentralisation du GEA, où les passions personnelles de chacun pour un sujet particulier, à polarité politique même assez lointaine, seraient prises en compte collectivement et ne s'exprimeraient pas, comme c'était le cas jusqu'à présent, seulement « dans les couloirs ».

En somme, le haut de l'organisation était porteur d'une tendance centripète et souhaitait concentrer ses forces pour durer. Avec le bas, s'exprimait une tendance centrifuge, réclamant le droit de « respirer », de « s'ouvrir largement sur l'extérieur ». Plus on s'éloignait du haut, et plus prenait d'importance le rapport à la base sociologique, potentielle, actuellement démobilisée et indifférente. Le GEA, un « outil de travail » ? Certainement. Mais qu'il serve dès à présent de manière permanente et non pas seulement de loin en loin lors des périodes électorales. Les simples sympathisants, qui s'étaient durant la journée beaucoup reproché leur inaction, n'avaient quant à eux émis aucune suggestion

Dans cette synthèse, j'essayais seulement de donner une forme plus explicite à ce qui s'était exprimé, mais sans aller jusqu'au bout de la formulation, c'est-à-dire sans avancer moi-même des propositions inédites et qui m'auraient été personnelles.

Les propositions que je formulai

Il paraissait bien que chacune des deux tendances, incarnées l'une par la hiérarchie et l'autre par les adhérents, avait sa raison d'être, et qu'elles n'étaient, malgré les apparences, nullement exclusives l'une de l'autre, mais complémentaires. Mais aussi, il était manifeste qu'elles n'auraient pu, et en particulier la seconde, apparaître avec cette netteté en l'absence du dispositif de cette journée.

Ne pouvait-on aller plus loin que la simple complémentarité ? Le problème était celui d'articuler l'une à l'autre ces deux tendances dans l'action et d'une manière qui donne satisfaction non seulement à la hiérarchie et aux adhérents, mais qui également réponde (en positif) à cette demande (en négatif) qu'était l'insatisfaction massive des sympathisants quant à ce que représentait pour eux actuellement le GEA. Les choses avaient été poussées si loin au cours de l'après-midi que l'intervenant était tenté (ainsi l'exprima-t-il) de dégager la proposition d'un fonctionnement « autre » qui lui paraissait contenue implicitement dans le discours des différents groupes.

Pourquoi, en effet, ne pas favoriser *à titre individuel* chez les adhérents et les sympathisants le développement de ce qu'ils nommaient eux-mêmes des « passions personnelles » ? Un certain nombre de ces passions avaient été citées. Je les énumérai : le télécâblage ; l'école, au triple point de vue des enseignants, des élèves, des parents ; la vie de quartier ; les technologies nouvelles ; le féminisme ; les immigrés ; la justice au quotidien ; les associations... On pouvait imaginer que tel adhérent, tel sympathisant, réunisse autour de lui, *à titre personnel*, quelques personnes, un groupe centré sur le thème qui l'intéressait. Ce groupe ferait intervenir des spécialistes, lancerait des enquêtes auprès des usagers, etc. Un texte écrit pourrait, le moment venu, opérer une première synthèse provisoire de ces échanges, texte que, alors, le GEA comme « outil de travail » (le journal, les locaux...) pourrait diffuser. À partir du texte, d'autres personnes également intéressées pourraient se retrouver ; le cercle s'élargirait.

Le point tout nouveau tiendrait au fait de laisser s'étendre une telle activité de manière diffuse dans le tissu social, sans arrière-pensée de recrutement ou de propagande. D'une part, les gens étaient aujourd'hui assez mûrs pour mener leur réflexion par eux-mêmes sur les problèmes de la vie quotidienne. D'autre part, le souci dominant de ces mêmes gens, leur vraie motivation étaient la recherche d'applications *immédiates* de leurs idées, dans leur travail, dans leur vie sociale. Assez vite, sur le chemin des applications pratiques, ils rencontreraient (s'ils l'avaient oubliée) la dimension politique. Enfin, le manque à gagner d'un tel éparpillement des énergies militantes serait certainement compensé, dans les périodes électorales, par la mobilisation de ces multiples réseaux d'information autour du GEA, seule organisation à porter de telles aspirations. Car c'était bien, tout le montrait, à un tel droit reconnu de réfléchir à leur manière sur les problèmes de leur propre vie quotidienne qu'aspiraient les sympathisants et les adhérents. Mais, d'eux-mêmes, réduits à leur seule force, ils ne semblaient pas pouvoir aller jusqu'à pouvoir proposer *explicitement* des formes de fonctionnement qui leur auraient permis de sortir de l'individualisme, de nourrir leur individualité en s'ancrant, mais sur un mode nouveau, dans la vie sociale autour d'eux.

L'interprétation d'un échec : le rôle de l'élément-tiers

L'élément unitaire et rassembleur qui s'était manifesté le plus fortement durant cette journée était, je n'en ai pas encore parlé, la convivialité. Tous ceux qui se trouvaient réunis là se connaissaient de longue date et se savaient tous sinon d'accord sur les solutions politiques à mettre en avant, du moins sur leur sensibilité identique devant l'événement. Pour l'observateur extérieur, il apparaissait évident que les participants à cette journée éprouvaient un grand plaisir à se retrouver.

On peut penser que *la peur la plus commune à tous était celle d'attenter à cette convivialité*. Du GEA en tant qu'organisation, on attendait peu de plaisir : d'où l'attentisme des adhérents et des sympathisants. Le plaisir était lié à l'informel, à la convivialité, au festif. Mais l'informel reste peu mobilisateur, peu dynamisant, si l'événement extérieur n'est pas lui-même porteur. Pour que le « groupe en fusion » (Sartre) soit vraiment actif, il faut à ce poisson les eaux d'un Mai 68.

Ainsi, le GEA vivait-il au degré limite de survie. La hiérarchie s'attelait à conserver la structure. Mais celle-ci était désertée, adhérents et sympathisants se satisfaisant de rencontres conviviales et de conversations informelles. Le consensus s'opérait sur cette base implicite : « Ne touchons pas aux problèmes — surtout pas à ceux du fonctionnement interne —, ne les creusons pas, de manière au moins à garder intacte la chaleureuse camaraderie entre nous. » D'où l'impasse au plan politique.

Le dispositif mis en place pour la journée avait permis aux problèmes de littéralement éclater. Mais il avait fallu, pour que le seuil de tolérance soit ainsi relevé, la présence physique d'un médiateur, l'intervenant, considéré et vécu à ce moment-là comme le garant de l'unité du GEA. En l'absence d'une telle médiation, les participants n'auraient très certainement pas supporté psychologiquement l'effet centrifuge d'une plénière ainsi conçue, au cours de laquelle s'expriment toujours avec force des tendances contradictoires, même si, jugées à froid, elles peuvent être considérées comme complémentaires. L'une de ces tendances, rappelons-le, appelait au repliement sur une structure politique minimale et traditionnelle, et l'autre tendance aurait souhaité un élargissement décentralisé, informel, largement tourné vers l'extérieur.

On pouvait donc craindre que, le médiateur une fois reparti, s'évanouisse également l'état d'esprit largement approbateur qui s'était manifesté lorsque l'intervenant avait dégagé la proposition finale. Et, en effet, de manière elle aussi contradictoire, dans une nouvelle lettre, le GEA à la fois exprima au Groupe Desgenettes sa satisfaction de la manière dont cette journée s'était déroulée, mais ne maintint pas les contacts qui avaient été prévus.

Pourtant, nous pensons que si les contacts avaient pu se maintenir assez longtemps, la fonction médiatrice aurait pu, à moyen terme, être remplie par le GEA lui-même. De nouveaux statuts auraient pu, en effet, reconnaître sa place à une telle fonction de médiation et prévoir, en particulier, au cours de plénières (trimestrielles) mettant face à face les groupes institutionnels et leurs problèmes spécifiques, la présence statutaire d'un médiateur chargé d'appliquer et de faire respecter le dispositif. En fait, c'est dans la suite des contacts entre le GEA et le Groupe Desgenettes que se seraient dégagées — comme c'est chaque fois le cas — des procédures de fonctionnement originales et adaptées, que les intéressés auraient progressivement inventées. La capacité humaine de création n'est pas un vain mot.

Il va de soi que, dans ce chapitre, j'ai traité d'un cas particulier auquel, à partir du matériel recueilli, ont été adaptées des propositions taillées sur mesure. Mais il est certain aussi que les enseignements tirés de ce cas peuvent servir à nourrir une réflexion plus générale. En particulier, j'ai introduit ici la notion nouvelle d'une fonction médiatrice tenue par ce que je nomme l'« élément-tiers ». Sous les différentes formes que nous repérerons au long du livre et dont synthèse sera faite dans la dernière partie, cet élément-tiers a vocation à compléter dans ses défaillances actuelles la fonction médiatrice traditionnellement tenue par l'image paternelle. Nous verrons comment il participe ainsi de façon décisive au processus démocratique.

6

Au sein d'une section d'entreprise du Parti socialiste[1]

Au tout début de ce livre, j'ai commencé par évoquer un travail, resté limité, avec le mouvement des Verts. Ce parti est né récemment et n'a pas su encore mettre à l'épreuve des formes d'organisation répondant aux mentalités et aux besoins de ses militants et sympathisants. D'où la conséquence de conjuguer les traits négatifs des partis traditionnels — guerre des chefs, clivage entre base et haut de l'appareil... — et des inconvénients nouveaux : manque de professionnalisme de certains de ses leaders, conflit ouvert en permanence entre des courants aux orientations très différentes et parfois même opposées, puisque pouvant aller de l'ultra-gauche au réformisme.

Dans les chapitres qui suivent, je vais décrire des interventions menées avec deux formations au long passé, le Parti socialiste et la CFDT. Il est difficile d'y introduire des innovations, la structure faisant partie ici d'une culture déjà ancienne et qui fonde l'identité des militants les plus actifs. J'évoquerai également les démarches auprès d'un ministre, représentatives de ce type d'approche.

1. On pourra trouver d'autres éléments d'information sur le travail évoqué dans ce chapitre dans Jean-François MOREAU, « Regard sur l'institution-Parti », *in La Misère politique actuelle*, Sociopsychanalyse 7, Petite bibliothèque Payot, Paris, 1978.

Une section d'entreprise du Parti socialiste dans un grand ministère

À la fin des années 1970, le bureau d'une section d'entreprise du PS prend contact avec nous. Cette section souffre de l'absentéisme chronique de ses adhérents aux réunions. Comment susciter la participation ? Pendant une année entière, nous (les membres du Groupe Desgenettes) assisterons, à tour de rôle, en tant qu'observateurs muets aux réunions de la section et à celles du bureau, qui se tiennent à part, auxquelles les adhérents pourraient assister mais ne viennent pas. Chemin faisant, nous aurons des discussions avec le bureau et avec son secrétaire, auxquels nous ferons part régulièrement de nos observations et de nos interrogations. À la fin, un rapport sera remis, à transmettre à l'ensemble des adhérents. Il n'y aura aucune suite.

Dans ses grandes lignes, que disait ce rapport ? Rappelons d'abord le fonctionnement d'une section d'entreprise. Comme toutes les sections du PS, celle-ci se voyait divisée en deux niveaux hiérarchiques, qui définissaient deux types de réunions. Soit le bureau, qui avait par ailleurs charge des contacts avec la Fédération départementale, se réunissait, comme je l'ai dit, seul. Soit la section se réunissait en son entier avec le bureau. Par ailleurs, troisième clivage, certains adhérents recevaient une délégation de pouvoir pour des tâches précises.

Quels nous paraissaient être les problèmes à l'origine de l'absentéisme ?

Un premier problème tenait, nous semblait-il, à la contradiction entre le motif originel de l'adhésion et le fonctionnement de la section, contradiction en grande partie inévitable ; mais son importance n'était pas perçue et rien n'était tenté pour l'alléger. Au plan des idées (je ne parle pas des sentiments), on décide d'adhérer à un parti politique avant tout — c'est une lapalissade — pour des raisons d'ordre politique, c'est-à-dire en rapport avec une vision d'ensemble de la société, porté qu'on est par le désir d'élargir une expérience trop partielle de la chose politique et de faire aboutir des changements. Or le plus manifeste dans le fonctionnement de la section était, opposé à ce désir de globalité, le fractionnement de l'activité selon une division hiérarchique et technique (bureau, délégués à tâche).

Plus précisément, les échanges durant les réunions de section portaient sur deux domaines. Soit ils concernaient l'activité militante dans l'entreprise (diffusion des positions du parti, rapports avec les autres organisations politiques et syndicales, participation aux actions proposées par la Fédération, etc.). Soit il était question de la vie interne du parti, et en particulier des relations avec l'instance fédérale, dont la section recevait informations et orientations pour l'action. Or, à propos de ces dernières relations, un très net déficit d'information apparaissait des deux côtés. La section n'était pas informée de la vie interne de la direction fédérale, de ses pratiques, de ses difficultés, de ses expériences, et, par ailleurs, celle-ci ne connaissait la section que par des communications orales et rapides du bureau. Il n'y avait pas lieu de supposer une rétention de l'information, mais seulement la conjonction de problèmes pratiques (le temps jouant un grand rôle) et des effets liés à la nécessaire division du travail.

Le second problème était d'ordre plus général. Il a été majoré depuis cette intervention, le déclin de l'autorité patriarcale et la crise des identifications touchant également les formations politiques. Une réponse traditionnelle aux effets du fonctionnement « en miettes » existait auparavant, qui permettait à l'adhérent de réunifier en son esprit et surtout affectivement les multiples activités partielles de son parti. Ainsi, son travail de fourmi pouvait se relier à l'activité globale partidaire. Mais ce mode de participation à un ensemble s'opérait sur un tout autre registre que celui du politique. Il tenait, en effet, à l'« esprit de parti », à l'« esprit de famille » interne au parti, à la tonalité familialiste des échanges interpersonnels (tutoiement, convivialité...), à l'identification émotionnelle aux prestigieuses images d'autorité représentées par les leaders, particulièrement celle du « numéro un », du leader de tête.

Certes, en ce cas, on avait régressé psychologiquement de la dimension de la réalité objective à celle subjective et déréelle du familialisme social. Mais on trouvait ainsi une compensation affective au déficit d'ordre politique. Chaque militant marchait sur deux pieds inégalement chaussés, l'une des chaussures correspondant à la réalité du pouvoir créé par son acte individuel et celui de sa section, l'autre chaussure étant la botte de sept lieues de son identification aux leaders-parents incarnant le parti dans son ensemble. Par une telle identification déréelle à des personnages menant leur combat au niveau de la société globale, l'acte partiel de chaque militant retrouvait un sens global.

C'est ce processus qui, pour des raisons diverses, ne fonctionnait plus comme jadis. La réponse d'ordre politique à ce déficit aurait consisté, selon nous, à un meilleur partage de l'expérience pratique, sociale, des autres niveaux et, s'identifiant ainsi en partie à leurs actes, à une « identification en acte » à l'institution-parti. Celle-ci aurait nécessité ici que, par l'intermédiaire de son appartenance à la section, chaque adhérent puisse se sentir « participer » au fonctionnement du bureau fédéral (départemental), du bureau national, du secrétariat national.

Élargissons un instant le cadre du problème. Lorsque nous intervenons dans un établissement, une entreprise, une école, une maison de retraite, etc., la participation à l'acte global de l'établissement procède du fait que, chaque trimestre, toutes les composantes professionnelles et hiérarchiques, y compris les responsables de la direction, se réunissent à part, en groupes homogènes, discutent de leur expérience. Puis chaque groupe communique par écrit à l'ensemble de l'institution, dans un compte rendu argumenté, ses réflexions, ses besoins éventuels concernant le travail à son niveau ; il peut faire part aux autres groupes de propositions qui lui permettraient d'accomplir son travail de manière plus satisfaisante. Des réponses, elles aussi argumentées, doivent être données dans un délai raisonnable à ces propositions. Au fil du temps, par le va-et-vient des comptes rendus, chaque groupe et chaque individu dans son groupe se rendent compte du fonctionnement d'ensemble de l'établissement, de la place tenue par leur activité partielle dans l'activité globale, des possibilités, contraintes, limites, des autres groupes, et des impératifs en provenance du dehors de l'établissement, lequel bien évidemment ne constitue pas un huis clos. L'identification en acte représente, de fait, une identification à l'acte global de l'établissement, grâce à laquelle chaque individu échappe en partie au « travail en miettes », à sa réduction à un acte partiel qui, n'ayant guère de sens en lui-même, sape son sentiment d'identité, mine la conscience d'une intégrité de son être.

Si l'on revient à l'institution-parti, on doit reconnaître que, pour plusieurs motifs (le volontariat des membres, la résistance d'une société économiquement hostile...), un tel processus est encore plus difficile à mettre en œuvre dans une organisation de gauche que partout ailleurs. Quelles pourraient être alors les pistes à suivre pour tenter de dépasser sinon la division du travail inévitable, au moins une partie de ses effets pathogènes ?

Une réflexion préliminaire s'impose. Il ne devrait s'agir là pour débuter que d'expérimentations entreprises sur un très petit nombre de sections qui se seraient portées volontaires.

Une première question se lève : l'existence du bureau est-elle nécessaire ? Par elle-même, cette interrogation soulève des problèmes de fond. Il existe, chacun en a connu, des militants, rares en nombre, qui sont de « grands » militants, donnant sans compter d'eux-mêmes et de leur temps. La force du Parti communiste a longtemps tenu à une telle forme d'apostolat laïque. Plus fréquemment, pourtant, l'investissement d'un militant va être fonction du pouvoir qu'il possède, pouvoir de son acte et sur son acte mais également pouvoir sur les autres et sentiment d'occuper une place privilégiée, de jouer un rôle valorisant, d'être un élément-charnière du jeu des forces à l'intérieur d'un microcosme si petit soit-il. Au PS, ce militant appartient en général à un courant particulier dont il essaiera d'avancer les pions au moment des élections internes. Il y a là, pour certaines individualités, indéniablement du plaisir éprouvé. Toucher aux galons invisibles des bénévoles — je ne parle pas ici des permanents —, qui relèvent d'un pouvoir concret, reviendrait actuellement à mettre en péril le fonctionnement d'un parti politique ou d'un syndicat. Ici plus qu'ailleurs, occuper des postes de responsabilités est le fait d'hommes de pouvoir, de personnalités qui aiment le pouvoir sur les autres.

Par ailleurs, l'objectif ultime — la venue au pouvoir d'État ou la participation à celui-ci — a quelque chose du jeu de loterie pour celui qui a investi temps et effort dans la dimension politique. En quelques heures, du haut en bas de l'échelle du commandement hiérarchique, on passe de la pénombre à la lumière, on devient un des gagnants du « gros lot ». Dans son imaginaire privé, le simple militant s'imagine, se voit, se vit ministre, président. Le fait que la production d'un mouvement politique concerne le pouvoir social aide à comprendre, dans son fonctionnement, l'exceptionnelle importance des « grenouillages » internes, la dramatisation des jeux d'influence, les rapports de forces qui changent brusquement à la faveur d'invraisemblables renversements d'alliances, tout ce que recouvre l'expression de « manœuvre d'appareil ».

De même que les banques manipulent quotidiennement de l'argent, les partis politiques manipulent du pouvoir social. D'où un autre phénomène essentiel dans leur fonctionnement et qui concerne la formation des militants. L'effort des responsables en place à tous niveaux va être de repérer les « éléments » jugés « utilisables », de les placer aux bons postes, de leur assurer une formation spécialisée. C'est ainsi (car il existe une hiérarchie à l'intérieur du bureau) qu'on devient secrétaire de section, qu'on « monte » à la Fédération, qu'on sera un jour peut-être présenté à des élections locales, etc. Ici, comme dans le reste de la société, l'efficacité, le rendement sont la valeur suprême. Il n'est sans doute guère possible de procéder autrement. Mais cet écrémage des éléments les plus motivés et dynamiques a l'inconvénient d'appauvrir en permanence la base du parti, à laquelle on va réserver les tâches d'exécution : coller (les affiches), distribuer (les tracts). Si l'on souhaite agir politiquement en profondeur, peut-on, pour faire image, espérer labourer le sol avec seulement des chevaux de course galopant contre leurs concurrents à l'intérieur d'un champ clos, que celui-ci soit un conseil municipal, un canton, le Parlement, la région ?

La question d'où nous étions partis était, rappelons-le, celle-ci : dans le cas de figure pris ici et qui est celui du PS, peut-on se passer du bureau de section ? Probablement pas. Mais pourquoi les séances de travail de ce bureau ne se situeraient-elles pas, une fois sur deux, au tout début de la réunion de section, les questions traitées dans la précédente séance faisant l'objet d'un bref résumé ? C'est là une procédure que nous avons expérimentée avec profit dans d'autres situations. Le fonctionnement par délégation de pouvoir pour une tâche interne à la section (rédaction d'un texte, échange de correspondance, etc.) prenait autant de temps que si elle avait fait œuvre collective. Nous étions toujours frappés par le temps que prenait la désignation du délégué, la délimitation de la nature et de l'étendue de son mandat, la réflexion d'ordre général sur l'écrit en cause, puis à la séance suivante la lecture du texte, le compte rendu du mandat. La répétition des votes devenait lassante pour ceux des adhérents qui étaient moins sensibles par nature aux questions de pouvoir, et elle introduisait souvent des clivages artificiels.

Est-il possible de limiter dans une certaine mesure, les effets psychologiques négatifs de l'inévitable division du travail dans un établissement, quel qu'il soit ? Notre réponse, nourrie par l'expérience, est affirmative, à la condition que chaque niveau, hiérarchique ou bien spécialisé dans un métier, soit en mesure de se concerter en huis clos sur sa pratique et de communiquer ensuite avec les autres groupes de l'établissement. Mais chaque niveau doit aussi pouvoir prendre conscience de la pratique et des problèmes particuliers à chacun des autres niveaux. Dans le cas d'un parti, on pourrait imaginer que, une fois sur deux, les réunions du bureau fédéral aient lieu en présence des membres d'une section ayant statut d'observateurs muets. C'est d'ailleurs la situation qui est celle d'un conseil municipal. De même en serait-il, en montant dans la hiérarchie, une fois sur deux des réunions du secrétariat national pour les membres du bureau fédéral. Et des réunions du bureau exécutif pour le secrétariat national. Une « conférence militante » annuelle au niveau national ne peut permettre à elle seule un partage d'expérience, tout juste une transmission d'opinions. Mais c'est déjà un pas en avant.

Nous n'avons encore évoqué que l'organisation verticale du parti. À certains moments, des tentatives s'étaient produites dans la section pour introduire une communication horizontale avec les sections d'entreprise du secteur public travaillant dans la même branche. Nous avons pu y assister et constater le dynamisme de ces rencontres. À cette occasion, ce groupe de sections d'entreprise a pu demander à rencontrer la commission d'experts qui élaborait la politique du parti dans cette branche, experts nommés directement par les instances supérieures. La haute hiérarchie ne favorisait guère, c'est là un euphémisme, les modes de communication horizontale. Par ailleurs, nous étions étonnés de l'absence de contacts avec les sections syndicales, de la non-ouverture vers les sympathisants.

La délégation, la représentation, pour indispensables qu'elles soient, ne permettent pas à elles seules l'*intégration* par chaque niveau de l'expérience particulière des autres niveaux aussi bien dans le champ social que dans le champ institutionnel. La démocratie participative doit comporter cette part d'intégration générale. Il y faut chaque fois des procédures sur lesquelles on devra réfléchir longuement et attentivement. Ce sont, dans un autre contexte, syndical celui-là, deux autres modes possibles de résolution de ce problème que je vais maintenant présenter. Auparavant toutefois, je voudrais évoquer une démarche auprès d'un ministre. Il appartenait à la même formation politique que la section d'entreprise dont il vient d'être question.

Une démarche auprès d'un ministre

Dans la deuxième partie, je décrirai, étudiant la socialisation de l'enfant, la méthode d'expression collective des élèves que nous (le Groupe Desgenettes) avons développée dans près de quatre cents classes de l'enseignement public. Au cours de cycles académiques officiels, nous avons formé plusieurs dizaines de conseillers d'orientation-psychologues. Une enquête menée auprès d'un panel représentatif de ceux-ci montrait que cette méthode était mise par eux à la première place. Le grand problème, resté entier, était celui du relais par les pouvoirs publics. En 1998, le moment était-il venu d'effectuer une nouvelle démarche ? La présence nouvelle des « emplois jeunes » au sein de l'Éducation nationale nous donna l'idée d'un plan d'action visant à obtenir une évaluation officielle.

Premier volet de notre plan : nous obtînmes l'accord de trois chefs d'établissement de l'Académie de Versailles pour la mise en place de notre méthode dans plusieurs classes, avec l'accord tacite du recteur académique sous réserve de l'acceptation par l'administration centrale. Deuxième volet : durant une année, nous formerions un certain nombre d'« emplois jeunes » tout en supervisant la mise en place par eux de la méthode. Nous avions élaboré un plan très détaillé de formation-supervision tout au long de l'année ; elle serait bénévole, nous en assumerions le coût financier. L'idée était que, si la méthode se développait, certains « emplois jeunes » pourraient devenir des professionnels, les conseillers d'orientation-psychologues étant surchargés de travail et ne pouvant coopérer avec nous que marginalement. Enfin, troisième volet, tout au long de l'année, une évaluation des effets serait effectuée par un groupe de professeurs des sciences de l'éducation qui, au terme, remettraient un rapport au ministre.

Les premières démarches auprès du ministère débutèrent. Il fallut d'abord, ce qui se comprenait, passer par les chargés de mission pour les « initiatives citoyennes » ; en six mois, trois se succédèrent, auprès desquels il fallut chaque fois recommencer la même approche. Enfin, la marche entamée en janvier 1998 amena, après maintes péripéties, une entrevue début juillet avec le ministre, en l'occurrence une ministre, qui nous reçut, Claire Rueff-Escoubès et moi-même, en la présence de plusieurs membres de son cabinet et de la haute administration. L'accueil fut courtois. Manifestement, la ministre n'entendit pas notre propos. L'heure était à la formation de « médiateurs », dont le rôle pourrait être tenu par des « emplois jeunes » jouant les intermédiaires entre les élèves, à peine moins âgés qu'eux, et les enseignants ou l'administration ; une nouvelle catégorie de « grands frères ». Je reviendrai plus avant sur les raisons profondes de la surdité ministérielle à notre égard. En notre présence, la ministre demanda l'avis de la directrice des enseignements, qui sut magnifiquement noyer le poisson sous de grandes et fortes généralités. Clôturant l'entretien, la ministre nous assura de sa bienveillance et que le dossier serait suivi au niveau de son secrétariat personnel, dont la représentante donna le numéro de sa ligne directe.

Fin juillet, puis à la rentrée de septembre, commença alors pour Claire Rueff-Escoubès la « longue marche ». Rapidement, le vide se fit devant elle. Se succédèrent en vain lettres, coups de téléphone, remises de documents et de rapports successifs (qui le plus souvent s'égaraient), démarches au ministère même où les interlocuteurs étaient devenus injoignables, absents au rendez-vous qu'ils avaient accordé. Après plusieurs mois de belles heures envolées, il fallut bien admettre la vérité et que la grande machine de l'Éducation nationale avait su en douceur éliminer le grain de sable que nous représentions. Il n'aurait servi à rien de s'obstiner. Le plateau d'or ne suffisait pas, sur lequel nous avions présenté la demande d'évaluation et où nous apportions tout, établissements, formation, charge financière. N'avait servi de rien un passé de quinze ans de travail dans l'école publique et les quatre cents classes où nous étions intervenus avec succès, ainsi qu'en témoignaient les témoignages écrits des chefs d'établissement.

7

La CFDT, base et sommet

Une enquête auprès du syndicat CFDT de la Cogema

Fin 1980, le bureau national d'un syndicat CFDT nous demande de procéder à une enquête sur le fonctionnement de celui-ci. Il s'agit de la branche syndicale correspondant à la Cogema, organisme d'État chargé du retraitement des déchets nucléaires. Cette branche se porte bien : le nombre de ses adhérents connaît une croissance régulière, elle représente le syndicat majoritaire dans cet organisme. Le problème concerne, là encore, comme toujours, le hiatus entre haut et bas, entre le bureau national et les sections.

La Cogema, à cette date, est encore de création récente ; il y a peu d'années, elle est devenue simple filiale de ce qui était jusqu'alors le système général de la production nucléaire en France, système soumis depuis à la filialisation afin, nous dit-on, de fragmenter la puissance syndicale. La filialisation n'ayant rien enlevé à la centralisation des instances de décision, le syndicat, par souci d'efficacité, continue de calquer son fonctionnement, centralisé donc, sur ces instances. Un comité paritaire regroupe la direction de l'organisme public et la direction de la branche syndicale. Le syndicat est ainsi assuré d'avoir affaire aux vrais décideurs, au plus haut niveau. Sur ce plan également, tout fonctionne bien. Le syndicat représente une réussite en tant qu'outil de revendication.

Les négociations se déroulant dès lors entre haut (de l'organisme d'État) et haut (du syndicat), deux phénomènes sont apparus progressivement : la remontée vers le haut des problèmes même mineurs ; la majoration du phénomène délégatif. Les adhérents élisent leurs délégués, paient leur cotisation à leurs « députés », à eux, ensuite, qui sont des permanents syndicaux, de se débrouiller « là-haut ». D'où, au moins, trois conséquences.

Tout d'abord, une démobilisation des bases — du bas — qui ne laisse pas d'être embarrassante car, au moment des négociations, les « députés » auraient fort besoin d'une mobilisation de ces bases pour faire pression sur la direction de l'entreprise.

Deuxième conséquence : chaque section syndicale perd de vue l'ensemble de la production, se ferme sur elle-même, développe des revendications catégorielles et strictement égoïstes qui, au surplus, ont tendance à devenir irréalistes.

Troisième conséquence : le risque est grand pour le bureau national, ainsi coupé de ses bases, d'une récupération progressive par l'entreprise, qui le ferait entrer dans une cogestion implicite où il s'occuperait de la « gestion du personnel », alors que son ambition n'est rien moins, à cette date, que de changer la société.

Les « idées » d'un homme, d'un groupe, étant pour une bonne part liées à la situation concrète occupée dans la société, voyons quelles sont les idées du haut syndical et comment elles sont l'expression d'une situation institutionnelle particulière. D'où, à l'insu du bureau, l'impasse faite sur une partie essentielle de la situation des sections.

La remontée vers le bureau, élu par l'ensemble des syndiqués, de l'ensemble des revendications de la base a fortifié en lui la conviction d'incarner l'ensemble de la branche syndicale. Sur le plan de l'infrastructure, le bureau dispose de la totalité des informations disponibles en provenance des sections et de celles concernant la production de l'entreprise. Par ailleurs, il a le monopole des rapports avec la haute administration. Au plan fonctionnel, le bureau éprouve le sentiment, tout à fait justifié, de faire bien son travail. Il prend en charge les intérêts de la globalité du syndicat, il harmonise les intérêts parfois opposés des sections. Il gère le possible des revendications, compte tenu des contraintes budgétaires et administratives auxquelles il sait l'entreprise soumise. Contre les risques de récupération, il a conduit une réflexion très poussée, avec l'aide d'experts, sur les avantages et les risques à court et long terme, de la production de l'entreprise, le nucléaire. Quelles seraient les alternatives possibles ? Dans une publication à grand tirage, il a avancé ses options pour l'avenir.

Par ailleurs, le bureau essaie, à l'aide de documents audiovisuels, de visites dans les sections, de communiquer à celles-ci la perception qui est sienne de la globalité de l'entreprise. En somme, par tous les moyens à sa disposition, il cherche à faire en sorte que chaque section raisonne comme lui et qu'elle devienne un haut en miniature, un minibureau.

Qu'est-ce qui autorise alors à énoncer que le bureau ne possède qu'une vision partielle, partiale, du fait institutionnel dans l'entreprise ? Lui qui pourtant centralise l'ensemble des informations, développe une perspective globale de la situation, prend en compte l'intégralité des intérêts de la branche syndicale.

À plusieurs reprises, nous avons rencontré et écouté les membres d'une section syndicale, à la base. Non seulement pour étudier les rapports avec le bureau, mais également pour observer les problèmes du travail auxquels étaient confrontés ces adhérents. En les écoutant, nous faisons alors une découverte de taille. En effet, à l'occasion de la filialisation, la direction de l'entreprise a introduit de nouvelles formes de travail. Le bureau, tout occupé à trouver sa propre parade à l'éclatement de l'organisme originel, n'a pas su mobiliser suffisamment les travailleurs. Ceux-ci s'étaient trouvés à l'origine de la création de l'entreprise, ils avaient eu le sentiment de participer à une aventure exaltante. C'était « leur usine », ils se sentaient responsables de sa production devant la société. La nouvelle organisation s'était traduite par une parcellisation du travail, une déqualification des tâches, un contrôle accru par une hiérarchie nouvellement nommée. Désormais, ils ne font plus que « passer » à l'usine, ils sont démotivés. Dit dans notre langage, ils ont perdu le pouvoir sur leur acte. Ainsi, les nouvelles formes du travail et le sentiment latent d'avoir, lors de cette dépossession, été abandonnés par le bureau du syndicat nous paraissent expliquer en grande partie la démobilisation des bases, le repli des adhérents sur de seuls intérêts catégoriels.

Notre groupe élabore alors un projet de stage d'une durée de deux jours concernant les adhérents d'une section, qu'il propose au bureau. L'objectif serait double. Le stage devrait permettre aux militants de mieux intégrer le fonctionnement du syndicat en son entier, mais aussi il développerait leur capacité d'analyse des effets de l'organisation du travail, les encourageant ainsi à élaborer éventuellement des contre-propositions. Par ailleurs, après le stage, l'information que, avec l'accord de la section, nous fournirions au bureau, alerterait celui-ci sur ces problèmes. Ce stage, limité à une section, serait une première étape qui fournirait des matériaux pour des propositions ultérieures de notre part à plus large échelle.

Chacune des deux journées du stage aurait son objectif propre : réduire l'écart entre la base et le sommet du syndicat, pour la première journée ; réfléchir sur les effets psychologiques du processus de travail, pour la seconde (voir encadré).

Première journée : réduire l'écart entre la base et le sommet du syndicat

Le matin

Premier temps : *présentation d'une revendication précise*, telle qu'elle a réellement existé, par un militant de la section.

Son écho au bureau : projection d'une bande vidéo préalablement enregistrée, au cours de laquelle on voit le bureau traiter de la revendication.

Exposé des différents *arguments de l'administration de l'entreprise*, les problèmes économiques et sociaux posés par la revendication, les réponses apportées.

Deuxième temps : réunion des participants qui discutent entre eux et réagissent aux deux bandes vidéo. L'intervenant écoute, reste silencieux.

Troisième temps : l'intervenant procède à une analyse formelle de la réunion (succession et enchaînement des thèmes, progression de la discussion, blocages, etc.).

L'après-midi

Premier temps : les participants choisissent un problème *actuel* qui se pose à eux.

Deuxième temps : ils discutent de la façon dont ils pourraient faire aboutir leur demande ou organiser une lutte, tout en tenant compte des problèmes du syndicat en son entier, tels qu'ils les ont perçus au cours de la matinée et en liaison avec leur expérience antérieure.

Troisième temps : à propos de cette réflexion appliquée à leur propre situation, l'intervenant dégage la progression de la discussion, ses points d'arrivée, ses modalités et les perspectives envisagées.

Seconde journée : processus de travail et personnalité

Le matin

Premier temps : présentation par l'intervenant d'un cas concret de *réorganisation du travail* au sein d'une autre entreprise (n'appartenant pas au secteur nucléaire) : témoignages de militants, ou projection d'une bande vidéo ou étude de documents...

Deuxième temps : discussion des participants entre eux :

— leurs réactions aux informations présentées ;

— comparaison avec leur propre expérience des réorganisations successives qu'ils ont pu vivre dans leur propre entreprise.

Troisième temps : l'intervenant dégage les enseignements que l'on peut tirer du cas présenté et de la discussion des participants.

L'après-midi

Premier temps : exposé de l'intervenant sur les problèmes généraux de l'organisation du travail. La première partie de l'exposé visera à montrer à partir d'exemples précis quels sont les effets de l'organisation du travail sur les travailleurs, selon que leur pouvoir sur leurs actes professionnels est élargi ou réduit. La seconde partie de l'exposé précisera les types d'actions possibles pour s'opposer à une éventuelle dépossession dans le travail, à partir :

— d'actions menées par la confédération,

— du récit de luttes spécifiques déjà menées,

— de la présentation d'expériences étrangères.

Deuxième temps : réflexion des participants concernant les modalités d'une action à court, moyen, ou long terme pour s'opposer aux effets d'une organisation du travail déresponsabilisante et démobilisatrice. Élaboration de contre-propositions.

Troisième temps : l'intervenant dégage la progression de la discussion en montrant quels éléments peuvent permettre de passer d'un projet « contre » à un projet « pour ».

Dans une variante du projet, le stage regrouperait des militants de plusieurs sections. Le projet et sa variante ont été refusés par le bureau…

Un travail au long cours avec une fédération CFDT

Il s'agit là d'un travail au long cours, du début 1992 à la fin 1995. Quatre années, marquées à certains moments par de très longues interruptions. Ce fut là une tentative ambitieuse de notre part dans le champ syndical, menée avec l'appui sans faille du secrétaire général de la fédération et qui a mobilisé des moyens importants. L'impasse finale de ce travail n'en est donc que plus lourde, et probablement significative.

La demande qui nous est initialement adressée est claire : « Mener une recherche approfondie pour définir les conditions et les moyens d'une véritable participation des adhérents. » Le cadre dans lequel cette demande s'inscrit est donc celui explicite de la démocratie participative. Les enquêtes de terrain nous montreront, en effet, que 10 % des adhérents seulement participent réellement au fonctionnement du syndicat.

Cette fédération regroupe un grand nombre de métiers — près de deux cents — travaillant dans le secteur des collectivités locales et de ce qui leur est assimilé ou associé au plan des personnels de certaines administrations et ministères. Le nombre des adhérents est en forte hausse — plus de 37 % sur cinq ans. Le problème est celui de la non-participation, dont nous verrons qu'elle est jugée sévèrement par les responsables départementaux et par les militants actifs.

Pour comprendre la suite de notre démarche, il est nécessaire de rappeler que la culture de la CFDT est unitaire, anticatégorielle. Je veux dire par là que, dans chaque section géographique de cette fédération, tous les métiers se réunissent ensemble et l'encadrement syndiqué participe à ces réunions. Compte tenu du nombre des adhérents, les séances, quand il s'agit d'une grande ville, s'opèrent soit sur la base de thèmes revendicatifs précis qui vont regrouper les intéressés, soit sur des critères géographiques qui fractionnent alors la section.

Sur la base de notre expérience antérieure dans le champ syndical, nous partons avec un projet dont la pertinence sera certes à vérifier sur le terrain. Il consiste à introduire dans le jeu syndical le problème du travail dans son organisation elle-même. Il ne nous échappe pas que ce projet risque de bousculer la culture traditionnelle de la CFDT qui est, je viens de le dire, anticatégorielle. Or, ici, il faudra passer par les métiers. Nous avions toujours été étonnés dans nos observations antérieures de constater combien peu étaient prises en compte, dans les réunions syndicales, les questions du « contenu du travail ». Celui-ci ne concerne ni les conditions de travail ni la rémunération, mais la manière dont le travail est organisé et son cadre hiérarchique, la marge d'autonomie et d'initiative des acteurs, leur manière de coopérer entre eux, les informations dont ils disposent sur les tenants et aboutissants de leur acte de travail, sur la place de celui-ci dans l'acte global de l'établissement, sur les formations offertes ou qui sont en droit d'être demandées. J'avais, par exemple, été frappé, assistant en observateur à une réunion de responsables du SGEN-CFDT d'une région de l'Ouest, de constater que pas une seule fois au cours de la journée n'avaient été évoqués les problèmes du métier. Or, chaque fois que nous avions pu en traiter avec des adhérents de base, un très vif intérêt s'était toujours manifesté. Faut-il vraiment s'en étonner, puisque c'est leur quotidien ?

Nous proposons donc une première phase dite exploratoire, en plusieurs temps :

temps 1 : une demi-journée avec les responsables fédéraux, afin de comprendre leurs objectifs, de s'informer des expériences déjà réalisées à propos de la participation des adhérents ;

temps 2 : une demi-journée avec des responsables départementaux, dans la même optique ;

temps 3 : trois journées en province avec des adhérents d'une section que nous réunirions en plusieurs groupes, selon des modalités particulières (dans la pratique, six groupes seront constitués : commission exécutive départementale ; groupe « Propreté publique » avec des syndiqués de longue date ; groupe de cadres administratifs ; groupe de collecteurs ; enfin deux groupes de nouveaux adhérents) ;

temps 4 : une demi-journée de présentation de notre travail aux responsables fédéraux, suivie d'une large discussion permettant d'approfondir la réflexion ;

temps 5 : remise d'un rapport, qui présentera une proposition de travail pour la suite.

Je ne peux entrer ici dans le détail des résultats de cette phase exploratoire qui, en septembre 1992, donna lieu, en effet, à la réduction d'un rapport circonstancié de cinquante pages. La section locale avec laquelle nous avions travaillé comptait cinq cents adhérents, nous en avions rencontré une cinquantaine. La grille d'entretien comportait trois parties. La première concernait le sens que revêtait la « participation » pour chacun. Dans la deuxième partie, les attentes des syndiqués étaient interrogées, en particulier sur deux points : le syndicat comme outil de défense, l'opportunité ou non d'une concertation au niveau du syndicat sur l'acte de travail. La troisième partie de l'entretien tendait à évaluer le degré de satisfaction à propos des attentes et proposait une réflexion sur les améliorations possibles.

Qu'apparaissait-il dans les entretiens ? Les permanents et plus encore les collecteurs bénévoles, intermédiaires entre permanents et syndiqués, se plaignaient du « comportement de consommateurs » des adhérents qui « prenaient le syndicat pour une compagnie d'assurance ». Chez les jeunes adhérents, l'idée se faisait jour que le syndicat devrait s'attacher à la compétence professionnelle des services et à la modernisation des pratiques : « Battons-nous pour la compétence. Soyons syndiqués et soyons très bons au plan professionnel. » De manière nette, chaque fois qu'il était question de points précis, concrets, qui concernaient le travail, les jeunes adhérents se montraient très concernés. Ce que confirmaient, par la négative en quelque sorte, les permanents constatant qu'il devenait de plus en plus difficile de mobiliser les syndiqués sur des problèmes généraux, même ceux qui les mettaient en cause directement, tels que leur statut dans la filière, les salaires, le pouvoir d'achat, le protocole d'accord du régime indemnitaire ou les comptes rendus de réunions paritaires. En revanche, les adhérents se mobilisaient lorsque la section leur proposait de se réunir pour traiter d'un problème soulevé par eux, ou bien lorsqu'ils estimaient qu'il était possible d'avoir du pouvoir sur un événement précis de leur vie quotidienne de travail.

En conclusion du rapport, nous proposions de réunir, dans le cadre syndical, des adhérents de même métier, qui réfléchiraient sur leur travail commun et la manière de faire aboutir, *via* le syndicat, d'éventuelles revendications. Dans le temps suivant, nous aborderons les problèmes d'une application au fonctionnement syndical. Comment, en effet, concilier le fonctionnement de tels groupes temporaires et leur réflexion avec le système délégatif de la pratique syndicale, comme faire entrer d'éventuelles propositions dans la pratique ? L'un des bénéfices d'une telle pratique ne serait-il pas de susciter l'intérêt des non-adhérents, alors motivés pour adhérer au syndicat ? Avant de nous engager sur ces pistes, il nous paraissait nécessaire d'envisager une phase intermédiaire où nous pourrions constituer des groupes de métier et tester leur réaction devant la proposition de réfléchir sur leur acte de travail.

Après la remise de notre rapport, du temps passe, avec de nombreux courriers et conciliabules téléphoniques, avant qu'une réunion avec les responsables fédéraux ait lieu en janvier 1994. Nous y exprimons le souhait de rencontrer, à trois reprises, trois groupes d'adhérents dans des régions différentes et qui exerceraient un métier semblable, des assistantes sociales ou des gardiens d'immeuble ou d'une autre profession bien typée. L'objectif serait de tester la capacité d'élaboration collective sur les problèmes du travail et l'investissement dans une telle réflexion. Bref, ont-ils des choses à dire sur leur travail, ces adhérents, et souhaitent-ils les dire et les faire transiter par le syndicat ? En avril 1994, nous relançons une nouvelle fois cette demande qui paraît s'être perdue dans les sables.

De nouveau, le temps passe, courriers, téléphones. La réticence des responsables départementaux ne nous échappe pas. Enfin, en octobre 1994, une lettre du secrétaire général fait le point avant une réunion générale prévue en novembre. Il conviendrait, nous écrit-il, de réinvestir dès maintenant le lieu « naturel » de l'activité syndicale : c'est-à-dire la section, et plus précisément la section de province et le syndicat départemental avec lesquels a été menée la phase exploratoire. Pratiquement, cela signifierait pour nous renoncer à la phase intermédiaire. À un an des élections professionnelles, il est nécessaire, nous dit-il, d'agir vite et avec des modèles rapidement transposables à d'autres sections, modèles dont la presse fédérale rendrait compte et qui pourraient donner lieu à des sessions de formation.

Au cours de la réunion de novembre 1994, un accord semble s'opérer, après une difficile discussion. Il nous paraissait en effet impossible de supprimer complètement la phase intermédiaire. Le syndicat se priverait, avançons-nous, d'information sur la capacité de réflexion de ses membres quant à l'acte de travail.

Or, la phase exploratoire l'avait bien montré, il y a là un pôle d'intérêt fort qui peut ouvrir à une participation plus active des adhérents. Un compromis est alors passé. La fédération nous proposera cinq métiers pour constituer des groupes de réflexion, notre groupe en choisira trois parmi ces cinq, avec lesquels, à partir de janvier 1995, nous travaillerons à trois reprises, espacées de deux mois. Auparavant, nous aurons à présenter et défendre notre projet devant les responsables départementaux. De fortes réticences vont se manifester lors de cette réunion qui aura lieu en janvier 1995. Or, après cette phase intermédiaire, comment, sans leur collaboration active, construire un modèle permettant, à certains moments (peu nombreux au demeurant) de la vie de la section, un regroupement des adhérents de même métier et cela, point très délicat à faire accepter, sans la présence hiérarchique des permanents qui biaiserait une parole libre ?

Les responsables départementaux traînant les pieds, les groupes de métier ne parviendront jamais à être constitués. En septembre 1995, une lettre du secrétaire général de la fédération, rédigée en termes amicaux, met fin à notre collaboration.

Évaluées avec le recul de plusieurs années, il me semble à présent que les raisons de l'échec final sont partagées. Le secrétaire fédéral s'est assez vite trouvé en porte-à-faux aussi bien avec le bureau fédéral qu'avec les instances départementales. La demande qu'il nous adressait était de son seul fait. Son intervention directe dans le pré carré des dirigeants départementaux fut reçue avec des réticences fortes. Cela, c'est le climat de fond, avec une conséquence grave : la lenteur décisionnelle du haut de l'appareil, avec au moins une fois une interruption de plus d'une année. Disons-le : cette lenteur nous découragea, il nous fallait toujours reprendre comme à zéro notre réflexion. Face à cette lenteur, nous avions tendance, pour garder nos repères, à raidir nos positions, ce qui n'arrangeait rien.

Ces positions étaient-elles réalistes ? Un syndicat doit-il se sentir concerné par les problèmes du contenu du travail, de l'organisation du travail ? Je continue de penser que oui, et l'exemple précédent de la Cogema montre bien le dépérissement de la vie syndicale à la base qu'avait entraînée la déqualification du travail, à laquelle le syndicat n'avait pas su s'opposer. Mais il aurait fallu nous montrer plus souples, nous contenter, pour le temps intermédiaire, d'interroger une seule fois les trois groupes professionnels. Et le problème restait entier de la reprise et de l'intégration par la hiérarchie syndicale des problèmes de travail qu'auraient posés les adhérents, sans non plus dessaisir ceux-ci d'un certain pouvoir sur le devenir de leurs revendications ou propositions. Tel aurait été le troisième temps de notre intervention, qui n'a, de fait, connu que la première phase exploratoire, sans deuxième temps intermédiaire (le travail sur les métiers) ni troisième temps.

Il est vrai aussi que nous nous heurtions à deux obstacles, l'un structurel et l'autre conjoncturel. La volonté d'ouvrir la parole syndicale sur le travail professionnel nous était structurellement défavorable. Deux cents métiers se retrouvaient dans la même section, et voilà que nous proposions de faire parler ces métiers, de leur donner une place dans la vie syndicale !

Le second obstacle était de circonstance. Depuis plusieurs années déjà, une lutte interne opposait, au sein de la CFDT, deux camps. L'un qu'on pourrait appeler basiste, héritier du courant autogestionnaire, et l'autre qui mettait l'accent sur une contribution active à la modernisation de la machine économique. Pour les tenants de cette dernière position, il fallait privilégier la formation de cadres syndicaux, qui seraient les porteurs de la modernisation [1]. Or ceux-ci venaient de l'emporter au niveau national, et ils avaient de chauds partisans au sein même du bureau fédéral. Nous avions été assimilés aux premiers, aux perdants, aux autogestionnaires.

Pourtant, je vais le dire maintenant, nous nous situions à cette date très au large de ce débat que venait de connaître la CFDT. L'autogestion avait été un concept très général, politique, flou, et dans lequel la désinence « gestion » avait été largement oubliée. Les mots sont traîtres : nous voulons aider à ce que la base de la société trouve sa voie, et pourtant nous ne sommes pas « basistes ». Et les méthodes très formalisées avec lesquelles nous œuvrons sont tout le contraire d'un « spontanéisme ». Il faut donc maintenant que je m'explique sur le fond.

1. Pierre-Éric TIXIER, *Mutation ou déclin du syndicalisme*, PUF, Paris, 1994.

8

L'individu et la démocratie participative

> « [Les] trois sources d'où vient la souffrance humaine : la surpuissance de la nature, la caducité de notre propre corps et la déficience des dispositifs qui règlent les relations des hommes entre eux dans la famille, l'état et la société. »
>
> Sigmund FREUD [1].

En 1983 et 1986, porté par les mouvements du premier septennat de François Mitterrand, j'écrivis deux livres consacrés à la situation politique [2], mais aussi au rapport du social et de la politique considéré dans une perspective anthropologique. C'est du second de ces livres dont je voudrais dire quelques mots.

Cinq thèmes politiques s'y entrecroisent à propos du XXe siècle finissant. Énumérons-les, avant de les reprendre l'un après l'autre.

La montée de l'astre-État et le déclin de l'astre-Capital ; la nécessité de rééquilibrer le rapport des forces au profit du second. Le conflit entre deux formes de socialisme, étatique et démocratique, le premier représenté par le Parti communiste,

1. Sigmund FREUD, *Le Malaise dans la culture* (1930), O.G., PUF, Paris, 1994, p. 273.

2. Gérard MENDEL, *54 millions d'individus sans appartenance*, *op. cit.* ; *On est toujours l'enfant de son siècle. Le XXe siècle : un regard psychopolitique*, Robert Laffont, Paris, 1986. La partie de ces livres consacrée au devenir anthropologique a été reprise dans *De Faust à Ubu, l'invention de l'individu*, L'Aube, La Tour d'Aigues, 1996.

mais qui se prolonge à l'intérieur du Parti socialiste dans un conflit permanent avec la seconde forme. Le passage de l'individu d'une existence au sein de la communauté à une vie programmée, de la naissance à la mort, au sein de grandes (ou petites) institutions pyramidales, toutes bâties sur le même modèle — de la crèche à la maison de retraite, de l'école à l'entreprise, de l'hôpital au centre de loisirs, du parti politique au syndicat. Aux contradictions sociales du XIXe siècle, dont celle essentielle entre capital privé et monde du travail, s'ajoute ainsi une contradiction nouvelle, non prise en compte par la politique, celle entre le haut et le bas de la société[3]. Enfin, cinquième thème, au XXe siècle la démocratie avait certes marqué un point fort en survivant aux puissantes attaques menées conjointement contre elle par l'extrême gauche et l'extrême droite ; mais aussi — phénomène dont nous allions à présent payer le coût — les politiques n'avaient pas voulu donner sa chance à l'individu. Les trois dernières propositions étant organiquement liées entre elles.

Que dire de ces thèmes, presque vingt ans plus tard ? Erreur complète pour la première proposition. Je continue de souscrire aux quatre autres, avec une mise au point nécessaire pour la deuxième.

Le retournement de situation des années 1980

Pourquoi en 1986, une si grande erreur d'appréciation sur le rapport du capital privé et de l'État ? Depuis cette date, un retournement de situation s'est opéré, avec deux phénomènes majeurs et conjoints : l'effondrement subit, que personne n'attendait, de l'URSS ; la mondialisation accélérée de l'économie capitaliste. Rappelons-nous le défunt « Programme commun de la gauche », qui mettait l'accent sur les nationalisations, sur la planification. En France, l'État restait, et de très loin, le plus grand employeur, non seulement au titre de la fonction

3. Le thème du haut et du bas — il vaudrait mieux dire : la base et le sommet — de la société a prospéré après le premier tour des présidentielles de 2002. En 1983, deux chapitres de *54 millions d'individus sans appartenance* étaient consacrés à ce sujet. *Cf.* également : « Société civile, société politique : la discorde », *Transversales*, n° 10, 1991.

publique, mais dans l'industrie (un quart des entreprises) ; il contrôlait (et continue encore de contrôler en partie) la fiscalité, le crédit, le plan, le choix des investissements publics, la formation, la législation du travail ; et, en 1986, il conservait un droit de regard sur les échanges économiques avec l'étranger.

La volonté politique au pouvoir en 1981 tendait à de nouvelles nationalisations, au dirigisme industriel, à l'accroissement du nombre des fonctionnaires. L'histoire du XXe siècle semblait aller dans le sens prédit par Max Weber, c'est-à-dire vers la bureaucratisation du monde, vers l'étatisme généralisé. Fascisme, nazisme, stalinisme avaient en commun la volonté de toute-puissance de l'État. Or, à partir du début des années 1990, la mondialisation économique a opéré un retournement de situation, allant à l'encontre de la croissance continue de l'État qui s'était opérée au cours du XXe siècle et qu'Henri Lefebvre avait décrite et analysée [4]. Aujourd'hui, au contraire, les États sont débordés par le capital international, et l'activité des politiques au pouvoir consiste en grande part à gérer au coup par coup les dégâts sociaux à mesure qu'ils se manifestent, chômage, licenciements, délocalisation, pathologies marchandes de la nourriture, de l'air des villes, de la couche phréatique, etc.

Il est manifeste que le capitalisme économique, la marchandisation généralisée ne rencontrent plus d'adversaires à leur taille, sinon certaines religions communautaires. Le capitalisme, après avoir laminé l'autorité traditionnelle, les sociétés patriarcales, le catholicisme, tend maintenant à s'attaquer à la démocratie elle-même, dans la mesure où celle-ci, contre l'argent-roi, essaie, avec de piètres moyens et de piètres résultats, d'endiguer les menaces générales pour la santé, la destruction des équilibres naturels, le délitement social. Le capitalisme actuel a besoin d'un consommateur, pas d'un citoyen. Bref, aujourd'hui, virage à 180° : ce n'est plus l'État en expansion qu'il faut contenir, mais le capital international qui devrait être contrôlé. Ce n'est pas le « tout-libéral » de Bruxelles qui s'en charge.

Au sein même du PS, le socialisme étatique paraît bien mal en point. Mais, pour autant, loin de s'affirmer, le socialisme démocratique, que représentait le courant rocardien, semble lui aussi en voie d'extinction. Au sein de ce parti, les nouveaux hommes

---

4. Henri LEFEBVRE, *De l'État*, UGE, Paris, 1976-1978.

forts sont des gestionnaires non de l'État mais de l'état de fait. La gauche extrême est représentée par des utopistes, ou des nostalgiques du stalinisme, ou bien des moralistes qui, dans le quotidien, se situent ailleurs que dans la dimension politique générale, convaincus qu'ils paraissaient être que, à ce niveau, on ne peut rien changer. Or, pourtant, le champ du possible existe, un champ immense qui concerne le rapport de l'individu aux groupes sociaux et les formes de la coopération.

La quasi-extinction du socialisme démocratique accompagne la dégénérescence du champ politique, mais elle ne trouve pas en cette dernière son origine. Les deux phénomènes procèdent de la même cause, laquelle relie par ailleurs les troisième et quatrième thèmes : le passage de l'individu communautaire à une vie sociale dans les institutions pyramidales, la contradiction politique entre haut et bas de la société. Quant au refus politique de donner ses chances à l'individu, il relève d'une autre dimension, qu'on examinera en dernier.

Une dimension nouvelle de la démocratie

Il faudrait cesser de considérer la société d'aujourd'hui à la manière dont l'Antiquité imaginait la Terre, comme une galette plate posée horizontalement sur une surface, et composée d'une moitié droite et d'une moitié gauche. C'est avec des yeux neufs qu'il faut lire la société actuelle ; elle s'inscrit sur une mappemonde sphérique. Le méridien terrestre étant défini comme le cercle imaginaire qui passe par les deux pôles et entoure la Terre, il suffit alors d'un demi-méridien, d'un demi-cercle entre pôle nord et sud pour figurer chacune de ces institutions pyramidales dans lesquelles se déroule notre existence de la naissance à la mort. Mais, à la différence des mappemondes classiques, notre société présente la particularité de prendre la forme d'une pyramide. Autrement dit, et pour parler simple, on est beaucoup plus nombreux en bas qu'en haut : « Quatre mille décideurs parisiens en haut, le reste des Français en bas [5]. »

---

5. Jacques Delors, au cours d'un séminaire de travail du PS, tenu au mois d'août 1983, et dont la presse a rendu compte.

Tels sont les thèmes que je développais en 1986, sur lesquels je n'ai pas varié. Nous ne vivons plus dans une communauté comme dans les sociétés traditionnelles, mais dans des institutions pyramidales : établissements, entreprises, organisations, associations... Chacune d'elles assure dans la société une fonction spécialisée et/ou produit un objet particulier. Le fait majeur tient à ce que toutes ces institutions tendent à s'organiser sur le même modèle, avec la même division du travail, les mêmes rapports hiérarchiques. Il peut paraître en aller autrement dans certaines entreprises de pointe (groupes non hiérarchiques à tâches, équipes pluridisciplinaires, etc.). L'expérience montre que, sous des formes qui en effet varient grandement, les axes dynamiques du pouvoir restent pourtant les mêmes.

Bien entendu, la nouvelle contradiction entre le haut et la base de la société, qui concerne la dimension du pouvoir, n'exclut nullement l'ancienne à fondement économique entre possédants et non-possédants. Les jeux sont biaisés et même faussés pour deux raisons. Personne, à tort ou a raison, ne remettant plus vraiment en cause, en l'absence de schéma alternatif, l'ordre économique actuel, les politiques de gauche représentent aujourd'hui très insuffisamment les non-possédants ; ils ont perdu le contact avec leur base électorale et même avec celle militante. Quadrature du cercle : on ne peut pas, contre le chômage, à la fois jouer le jeu de la concurrence internationale et vouloir, au plan national, une véritable augmentation des salaires ou bien l'arrêt des licenciements.

En France, les élections présidentielles et législatives de 2002 ont mis au jour ce problème de non-représentativité, les non-possédants ayant explicitement témoigné de leur mécontentement au PS. Plus généralement, les abstentionnistes, en nombre croissant, ont marqué leur défiance envers la classe politique en général. Ainsi, la première contradiction politique, celle à fondement économique, reste sous-représentée. Quant à la seconde contradiction, celle sur base de pouvoir, elle ne dispose d'aucune possibilité instituée de s'exprimer. La crise actuelle de la démocratie comporte ainsi une double crise de la représentation.

Ce livre défend la thèse que, à la différence des formes classiques de la politique, le problème aujourd'hui ne consiste pas, pour les sans pouvoir, à « avoir du pouvoir » seulement sur le mode traditionnel et, par exemple, par de meilleures procédures de délégation. Le problème politique, qui se révèle neuf, serait celui, pour les individus à la base de la société, d'acquérir du pouvoir *sur leurs actes* à l'intérieur des institutions où ils sont présents. Cela pour améliorer les conditions pratiques de leur activité et pour être mieux reconnus dans leur dignité. Mais aussi, et là est le phénomène nouveau, *afin de nourrir leur personnalité psychologique*, de l'ancrer davantage dans le réel social, de renforcer une identité affaiblie. Le progrès de la démocratie passe à présent par la croissance psychologique de l'individu de masse et par son passage à l'état d'individu démocrate. Mais, dans cette croissance, il ne s'agit pas de n'importe quelle composante de la psychologie.

À lire les lignes qui précèdent, on pourrait facilement croire à une variante de l'humanisme traditionnel à forme spiritualiste. Croissance psychologique égalerait « supplément d'âme ». Pourquoi pas ? À une double condition pourtant, qui change singulièrement les données. *Primo*, l'âme et l'anthropologie générale ne font qu'un. *Secundo*, le principe du développement psychologique n'est pas contenu en l'individu comme une préformation. Ce principe intègre le travail des modalités formelles de coopération sur des ressources anthropologiques par elles-mêmes informelles. Ce n'est pas l'individu isolé qu'il faut considérer, mais celui opérant dans une activité de coopération. Entre la société postcommunautaire et l'individu, ont pris place aujourd'hui le groupe des semblables et l'institution (l'établissement).

C'est donc sur l'organisation de la coopération entre les individus qu'il faut intervenir. La différence est là. Ou bien on intervient avec des individus réunis sans souci particulier de la structure du groupe, en estimant que, par une meilleure conscience des problèmes, ils modifieront secondairement les conditions organisationnelles de leur activité. Ou bien l'on pense, c'est notre cas, que c'est seulement en modifiant d'abord et de manière volontaire ces conditions organisationnelles que leur psychologie pourra ensuite évoluer [6]. Les conditions organisationnelles sont telles aujourd'hui que les ressources

6. Pour une comparaison entre les différents courants psychosociologiques, voir : Gérard Mendel et Jean-Luc Prades, *Les Méthodes de l'intervention psychosociologiques*, La Découverte, coll. « Repères », Paris, 2002.

anthropologiques ne peuvent se développer. L'individu peut s'opposer, se révolter, casser ; il lui est impossible de construire.

Une conséquence non négligeable découle de cette position. S'il s'agit d'un problème qui met en cause, d'une part, la forme de coopération, l'organisation de l'activité et, d'autre part, les ressources anthropologiques — ce sont là des données qui dépassent la dimension individuelle. Autrement dit, tous les hommes sont concernés, et non pas seulement les « héros de l'humanité » (Freud) ou les « personnalités exemplaires » (Bergson). Non, bien évidemment, que l'on puisse croire à l'égalité des ressources anthropologiques potentielles. Mais il s'agit là de différence quantitative, et non qualitative. L'ensemble des ressources existe aujourd'hui chez tout individu de nos sociétés, dont, à un degré variable, le vouloir de création, le pouvoir créatif. Il n'existe pas deux vérités, selon le niveau culturel ou la position sociale. Ce sont les mêmes procédures de socialisation et de coopération qui sont valides à tous les niveaux de la société et pour tous les individus.

Le paradoxe est là : l'individu représente l'avenir de la démocratie et pourtant le lieu d'un grandissement social ne se situe pas à son niveau, mais dans les formes de coopération qui le relient à d'autres, aux autres, pour la réalisation d'un acte. De telles perspectives ne minorent nullement l'importance du phénomène délégatif-représentatif, ni le fait inévitable, à vue humaine, de l'inégalité du pouvoir de décision dans les institutions[7].

Dans la problématique du rapport groupe-individu, disons un mot des sondages, censés mesurer à un moment donné l'état de l'opinion publique sur un problème. Or il existe un vice de forme à la base de ces sondages : l'objet sondé est ici l'individu, mais non le groupe en activité qui élaborerait collectivement sa réponse, mettant alors au jour progressivement des aspirations individuelles qui ne sont explicitables ni immédiatement ni individuellement. Face aux questions posées, l'individu seul se cantonne dans des attitudes défensives.

---

7. Pour l'illustration de cette approche par le cas d'une intervention dans une entreprise économique (la Société des transports publics de Poitiers), voir *infra*, chap. 9.

Bref bilan de nos interventions dans les partis et syndicats

En relisant les descriptions des chapitres qui précèdent, on observe que ce sont les procédures mises en place qui permettent la richesse des réflexions et propositions individuelles. Dans la plupart des cas, les individus n'étaient pas conscients d'une telle capacité. Pourtant, le dispositif ne soulève pas un couvercle sous lequel attendrait un trésor caché. C'est le type de coopération qu'il favorise qui se révèle producteur d'une élaboration collective allant bien au-delà des capacités d'élaboration individuelle. *L'individu isolé ne peut développer à lui seul ses propres ressources anthropologiques.* Voilà qui montre la limite de l'individualisme actuel. Il faut la présence active d'une microsociété, l'établissement, et qu'elle soit, sur des points significatifs, représentative de la macrosociété. Dans notre dispositif, nous opposons à la division du travail dans une institution un mode de coopération qui va favoriser, *via* le groupe d'appartenance, le développement de l'actepouvoir et du vouloir de création individuelle. Qu'en est-il précisément dans les interventions rapportées ?

Soit tout d'abord les cinq interventions avec des formations politiques. Avec la section d'entreprise du PS, peu d'éléments novateurs ont été apportés, que ce soit par les membres du bureau ou par les militants. On a vu combien ces derniers apparaissent démotivés. Un formalisme routinier ajouté à la parcellisation des activités pouvait en effet les décourager. Mais surtout, ils ne voyaient plus bien, même avant 1981, où leur activité militante pouvait conduire. Fonctionnaires de divers grades d'un ministère clé, leur avis n'était nullement recherché ou pris en compte par les dirigeants du PS, qui désignaient arbitrairement des experts le plus souvent pris en dehors du parti. Par ailleurs, alors que l'idéologie du PS en cette période était celle du dirigisme économique, de la valorisation du secteur public, de la planification par l'État, les militants de cette section n'avaient, on l'a vu, pratiquement aucun rapport avec les sections du PS des autres ministères. De fait, il était manifeste que le haut du parti se méfiait de sa base, confinée dans un rôle d'exécution.

En revanche, dans nos autres interventions, on ne pouvait qu'être frappé par le besoin de s'exprimer, la richesse des réflexions, l'élan créatif. Dans un grand mouvement collectif, une mine d'idées s'ouvrait, auxquelles, mais ensuite seulement, nous tentions de donner forme. Dans toutes nos interventions, et quelle que soit l'institution en cause, y compris l'école, le plus remarquable est la capacité potentielle de réflexion collective et créative des individus de notre époque. Et le plus affligeant est l'immense gâchis qui procède du refus politique que cette richesse vienne au jour.

Avec les formations politiques et syndicales, le travail avec nous menait, au-delà de l'expression des questions internes à l'organisation, vers l'ouverture sur l'extérieur. Une double ouverture. Avant tout, sur le travail proprement dit dans lequel ces hommes et ces femmes étaient quotidiennement engagés : travail de fonctionnaire d'un ministère pour la section d'entreprise ; travail à la Cogema pour les syndicats CFDT, et on a vu combien la nouvelle forme d'organisation de leur travail, qui avait cassé leur actepouvoir, les avait entraînés dans un repli au plan syndical ; intérêt pour les questions du métier chez les jeunes syndiqués de la fédération avec laquelle nous avons essayé de coopérer. La seconde ouverture vers l'extérieur se faisait en direction de sympathisants affichés ou potentiels, que pourraient en effet motiver une réflexion sur les questions de métier ou, comme avec Grenoble-Écologie-Autogestion, sur l'ensemble des problèmes chauds de l'environnement local.

Donc, pour toutes ces organisations politiques et syndicales, existait un double déficit qui pouvait expliquer la maigre participation. Le premier concernait l'absence de réflexion sur les problèmes d'organisation ainsi que l'instrumentalisation des militants. Le second déficit était lié à l'absence d'ouverture sur l'environnement concret, qu'il s'agisse du métier ou bien des sympathisants, voire du public.

Aux origines de l'immobilisme organisationnel des partis et syndicats

L'absence de formes nouvelles d'expression, mis à part le droit de vote accordé aux femmes, est l'un des traits majeurs de la démocratie politique au XXe siècle. Les causes ne tiennent pas seulement à l'opposition des élites politiques.

Dans l'entre-deux-guerres, conséquence de la Première Guerre mondiale, les individualités les plus dynamiques s'enrôlaient dans les partis qui prônaient l'extrémisme, où leur créativité était vite étouffée. Depuis déjà quelques décennies, les choses sont différentes. La chute du militantisme paraît due à plusieurs causes. La culture ambiante du tout-économique et du « souci de soi » n'est certes pas un élément favorable. L'absence d'alternative politique crédible, des programmes électoraux opportunistes, un manque fréquent de courage politique [8], la coupure avec sa base sociale et avec ses propres militants ont contribué à décrédibiliser en partie le PS (les mêmes causes ont jeté à bas le PCF).

Pourtant, il faut s'interroger sur un refus de la part des politiques, celui de réfléchir à des modifications de fonctionnements datant de la fin du XIXe siècle, pour s'adapter aux nouvelles mentalités. Le sentiment profond du haut des appareils est la peur de l'initiative des militants quand ceux-ci ne sont pas encadrés, pris dans des structures hiérarchiques jouant le rôle de coupe-feux dans la dimension du pouvoir. Plusieurs causes s'additionnent pour expliquer ce refus, les plus apparentes n'étant pas les plus puissantes.

Tout d'abord, il n'existe pas à l'heure actuelle, en France ou à l'étranger, d'autre forme d'organisation partidaire que celle traditionnelle. Les Verts, de leur propre aveu, n'ont pas réussi à mettre en place un fonctionnement qui réponde à leur culture et à leur idéologie. Les militants de l'altermondialisation se fragmentent en petits courants qui, le plus souvent, se spécialisent dans une revendication particulière, sans guère de lien entre eux ou de perspective générale en arrière-plan de leur opposition. Les seules vraies inventions ont concerné, au moment de grèves ou de luttes sociales, les « coordinations », mais seulement pour le temps de l'épreuve.

---

8. On peut reprocher au PS, alors au pouvoir, d'avoir reculé trop fréquemment face aux lobbies (la FNSEA à propos des taxes sur la pollution et du rôle de certains industriels de l'agroalimentaire dans l'épidémie de l'ESB, le lobby de l'alcool et celui du tabac, les juges des tribunaux de commerce, etc.). Mais la principale critique politique que l'on peut formuler devant ces reculades tient à ce que les raisons n'en furent jamais données à l'opinion publique. Pierre Mendès France avait su tirer des leçons pédagogiques de certains reculs ou échecs, lors de ses entretiens radiophoniques hebdomadaires. Le grandissement de l'individu social passe aussi par ce type de pédagogie.

La deuxième cause de l'immobilisme organisationnel des partis politiques et des syndicats est connue. Ces formations travaillent sur le pouvoir social, elles sont des lieux privilégiés d'exercice d'un pouvoir. Disons-le tranquillement : les responsables aiment le pouvoir, qui, dans la constitution de leur identité joue chez eux, depuis l'enfance, un rôle particulier. Il faut de tout pour faire un monde, et ce type de caractère a son rôle à jouer. Mais l'idée d'avoir à partager le pouvoir provoque en eux un réflexe de refus, qui se donne pour alibi la recherche de l'efficacité ; et, de fait, toute innovation devra prendre cet argument au sérieux.

La troisième cause de l'immobilisme, la plus puissante, échappe pour l'essentiel à la conscience des protagonistes. Quelle est-elle ?

Au départ une interrogation. Malgré des centaines d'interventions dans plusieurs pays, malgré des dizaines de publications, ce que nous accomplissons — un nous collectif — depuis trente ans à la base de la société rencontre, c'est là un euphémisme, un écho faible dans les milieux politiques, dans les médias, dans le milieu intellectuel en général. En revanche, notre activité suscite l'intérêt de ceux que l'on peut nommer, au sens le plus large du terme, les travailleurs sociaux ou plus généralement encore de ceux qui travaillent dans les interfaces conflictuelles de notre société : éducateurs, enseignants, etc. C'est de ces milieux que, dans la majorité des cas, viennent les demandes d'intervention ou de conférences-débats.

Pourquoi un tel décalage, un si grand hiatus ? L'épisode rapporté plus haut à propos d'un ministre de l'Éducation peut sembler paradigmatique. Les mouvements psychologiques de cette personne sont intéressants à interroger, pour comprendre le silence sur nos activités de la part de ceux qui occupent les sommets de la société. Je ne crois ni à un refus prémédité et déclaré ni même à l'opposition manifeste. À l'examen, les choses paraissent plus simples : ce que nous proposons ne peut tout simplement pas être *entendu*, au sens littéral du terme, par ceux qui se situent socialement et intellectuellement aux niveaux les plus élevés de la société. Une telle affirmation mérite quelques développements.

Les clés de la coupure entre le haut et le bas de la société

Il faut partir du trait majeur de notre pratique, de sa logique interne. Nous ne travaillons pas (pas seulement) avec des directions d'entreprise ou des cadres ; pas (pas seulement) avec des bureaux d'association ; pas (pas seulement) avec des enseignants, des délégués d'élèves ou des médiateurs ; pas (pas seulement) avec les responsables et les permanents des organisations politiques et syndicales ; pas (pas seulement) avec la direction, les éducateurs, le personnel, des établissements médico-éducatifs ou des maisons de retraite. Je pourrais continuer un long moment encore cette litanie.

Trait essentiel de notre pratique, nous travaillons avec l'*ensemble* des personnes présentes dans un établissement, quel qu'il soit. Direction, cadres, mais aussi employés, ouvriers, agents d'exécution. Bureaux d'association, mais aussi simples adhérents. Responsables politiques et syndicaux, mais aussi militants, voire sympathisants. Et, à l'école, avec les élèves, tous les élèves. Et aussi les enfants placés dans les internats médico-éducatifs. Et aussi les résidents très âgés des maisons de retraite. Et même, dans leurs établissements spécialisés, les polyhandicapés, les infirmes cérébraux, les débiles mentaux, du moins ceux d'entre eux qui le peuvent et le souhaitent. Bref, est concernée la totalité de ceux qui œuvrent dans la même institution — établissement, entreprise, association, organisation. Avec la totalité, dans un premier temps, puis, après qu'ils ont fait l'expérience vécue du dispositif, avec les volontaires seulement. Non pour uniformiser, niveler, mais, tout au contraire, pour que *chacun* puisse s'exprimer dans sa différence institutionnelle. Afin que, dans une institution, l'ensemble des différences se communique à tous et parvienne à être intégré, dans la mesure du possible, par tous ; que tous soient interpellés et enrichis.

Avec le recul et l'expérience de plusieurs dizaines d'années, je crois pouvoir dire que ce type d'activité avec l'ensemble des personnes présentes éveille trois types de réactions chez ceux qui occupent le haut de l'échelle sociale, qui détiennent un pouvoir important.

La première réaction reste superficielle, quasi épidermique : il y aurait là à l'œuvre une idéologie égalitariste, une volonté de nivelage, l'intention de « couper tout ce qui dépasse ». Ce qui ne peut que conduire à l'abaissement général sur tous les plans. On trouvera un bon exemple de cette position au chapitre 11, où il sera parlé de ma participation à la mission Godelier (1982).

La deuxième réaction est d'ordre sociologique. La France — qu'on relise Michel Crozier[9] — est l'un des pays les plus élitistes du monde et où chacun pratique la défense de son pré carré. Mais aussi, élément plus honorable, nous vivons dans un type de société qui se veut méritocratique ; les meilleurs sont censés grimper le plus haut sur l'échelle sociale, ce qui est partiellement vrai. Cet élément de vérité permet « à ceux du haut » de considérer que « les choses étant ce qu'elles sont » et leur propre mérite indéniable, ils connaissent en tous domaines « ce qui est bon » pour les administrés en tous genres.

Le troisième niveau de réaction intervient avec le plus de puissance. Il est aussi celui qui reste inconnu dans ses causes là où il se manifeste. On est, pour partie non négligeable, construit psychologiquement par ses actes, comme le signifiait déjà Adam Smith, un demi-siècle avant Marx, dans la citation donnée plus haut (« L'intelligence de la plupart des hommes se forme nécessairement par leurs occupations ordinaires »). Or celui qui est parvenu à un poste de responsabilité a très généralement gravi les échelons un à un avant de parvenir à la hauteur où il se tient maintenant. Il a traversé maintes épreuves, passé maints examens et concours, subi des sélections, éliminations, cooptations. Un ministre a suivi un long chemin, d'élection en nomination et en délégation. La politique interne du Parti socialiste a toujours consisté à écrémer les meilleurs, les plus brillants dans les sections, afin de fabriquer, après quelque formation, des élus, des notables, des cadres.

Dès lors, l'idée devient *impensable* que, à l'intérieur d'un dispositif, chacun soit placé dans la situation de pouvoir s'exprimer et de communiquer son expérience à égalité de droits et de devoirs. Là se situe le point essentiel : l'expérience sociale s'exprime à chacun des niveaux et elle est acquise à ce niveau

9. Michel CROZIER, *La Crise de l'intelligence. Essai sur l'impuissance des élites à se réformer*, InterÉditions, Paris, 1995.

seulement ; il n'existe pas une expérience de la totalité des niveaux qui serait accordée, par grâce spéciale, au sommet. Le plus étonnant dans notre dispositif d'intervention est d'ailleurs d'entendre, tout en haut, les dirigeants, les supérieurs hiérarchiques, regroupés eux aussi dans un groupe (groupe de direction), s'émerveiller ou se scandaliser de découvrir, par le biais des comptes rendus rédigés par les groupes, pour la première fois et en temps réel, les voix d'en bas, des informations auparavant édulcorées, censurées ou tout simplement « oubliées » par les niveaux intermédiaires craignant, devant les inévitables difficultés, de voir leur compétence mise en cause. Chaque niveau possède en propre sa dimension d'expérience, que lui seul peut transmettre. En haut, l'on n'a que l'expérience — au sens fort du terme — de la direction et du pouvoir.

Le fait que l'expérience sociale soit ainsi acquise seulement dans des actes spécialisés n'est généralement pas reconnu (chacun se croit une monade créant librement ses idées à huis clos), ce qui entraîne deux conséquences négatives, l'une concernant l'ordre social actuel, l'autre plus circonstancielle et qui expliquerait le refus de nos propositions.

Première conséquence négative : la coupure entre le haut et la base de notre société, entre *establishment* et gens de terrain, entre patriciens et praticiens. Cette coupure s'est à ce point accentuée ces dernières années qu'elle risque même à la longue de mettre en péril la démocratie délégative. Le « peuple » ne se reconnaît plus guère dans ses représentants, non pas tant d'ailleurs au plan local qu'au niveau national, parlementaire. Que le président de la République ait, en France, au premier tour des présidentielles de 2002, recueilli seulement 12 % des voix, et que le Parti socialiste n'ait pas été présent au second tour malgré son importance politique, cela est significatif d'un discrédit assez général et non sans danger.

La seconde conséquence négative de l'enracinement de l'expérience sociale seulement au travers des actes accomplis explique la répétition du non-intérêt (c'est là une litote) des politiques pour nos propositions. Quand un ministre a forgé, année après année, sa personnalité sociale au travers du phénomène de la délégation, il lui est impossible de comprendre l'intérêt de notre dispositif ou sa raison d'être. En effet, ce dispositif ne fait pas descendre les directives, il fait circuler les informations et permet les échanges d'expérience ; il ne sélectionne pas ceux qui seront appelés à des postes de responsabilité, il donne la parole à tous. Si nous avions parlé de « délégués de classe » ou de « médiateurs », le ministre se serait certainement montré ouvert à notre propos. Non qu'il se soit montré hostile à la présentation de notre activité, simplement le terrain psychologique n'existait pas en lui où nos paroles pouvaient trouver sens ; ces paroles ne lui parlaient pas, elles n'éveillaient aucun écho. Nous parlons chinois à qui ne connaîtrait pas la langue, il n'y va de la faute de personne.

Dans les sociétés de masse, c'est l'individu qui fait l'Histoire, ou bien qui renonce devant elle. La légitimité sera accordée ou refusée à la politique par les individus selon que tous et chacun auront ou non la possibilité de développer leurs ressources personnelles dans le cadre social. Aujourd'hui, c'est souvent en marge du fonctionnement social que l'enfant, l'adolescent, l'adulte découvrent leurs chances de devenir soi, comme en fraude et dans une école buissonnière permanente qui délégitime l'ordre social existant. Ce n'est certainement pas ainsi que l'individu de masse peut devenir un individu social. Nous entrons dans des temps difficiles où chaque individu comptera. À partir de l'expérience, observons alors, dans la deuxième partie du livre, comment concrètement pourrait se développer dès aujourd'hui un peu plus déjà de démocratie participative.

II

Vers plus de démocratie participative

9

Ce qu'ajoute la démocratie participative

« L'époque viendra où la manière de produire, les modalités de la coopération, prendront autant d'importance que la production elle-même. »

Michel ALCAN (1863).

Jetons un regard d'ensemble sur la première partie. L'État de droit avait trouvé son expression politique dans la démocratie délégative. Il y a encore à peine plus de deux siècles, on a tendance à l'oublier, l'idée était impensable pour la population générale que les « chefs » puissent un jour être soumis à intervalle régulier au suffrage universel ; on naissait seigneur et à vie. À partir de la démocratie délégative, une culture démocratique — plus égalitaire — a commencé à se développer dans la société civile.

Parallèlement, un autre phénomène a pris de l'importance. Sous les coups de la modernité, la communauté s'est brisée, donnant naissance à des individus d'abord fragiles, puis qui, en deux siècles, ont grandi avec des exigences psychologiques. Le besoin s'affirmait de se réaliser socialement, de développer son individualité, d'exercer plus de pouvoir sur sa vie et ses actes, de se montrer créatif à la mesure de ses moyens. Dans le même mouvement, des ressources nouvelles devenaient potentiellement disponibles.

Dit d'une autre manière, les ressources anthropologiques — l'actepouvoir, le vouloir de création — cherchaient maintenant à s'exprimer sur le mode individuel. Nous avons observé, dans la première partie, que les formes délégatives ne pouvaient suffire à satisfaire ces nouveaux besoins, qu'elles empêchaient même le développement des ressources y répondant. Ces dernières se manifestaient chaque fois que nous pouvions mettre en place certaines procédures qui modifiaient le fonctionnement des organisations. La démocratie participative nécessite une action sur le fonctionnement interne des organisations, non en soustrayant à ce qui existe, mais y en ajoutant.

Les phénomènes observés dans la première partie ne concernent pas seulement les organisations politiques ou syndicales. À des degrés divers, les besoins, les ressources en jeu sont le fait de tous les individus de notre société. Nous avons observé que les jeunes communistes critiques expriment le même désir d'individualité que les Verts.

Phénomène remarquable en même temps qu'inquiétant, il manque plusieurs chaînons intermédiaires dans la conscience des acteurs en ce qui concerne la conquête de l'individualité sociale recherchée. Le passage à celle-ci pour l'individu de masse, chez qui besoins et ressources sont étouffés par l'idéologie économiste, ne peut se faire dans le rapport individuel à la société globale. Les chaînons manquants concernent la dimension du groupe et son fonctionnement, celle de l'organisation des groupes entre eux, les formes nouvelles et possibles de la coopération. La connaissance des facteurs concernés ne participe pas de la culture générale de notre époque. Nous ne pensons pas ici à nos seules réalisations, mais à toutes celles qui vont dans la même direction.

Ainsi, l'une des principales justifications de la démocratie participative est qu'elle permet le développement psychologique du sujet, de sa psychosocialité. Il y faut des formes de coopération permettant au sujet d'exercer un certain pouvoir sur ses actes et libérant ses capacités créatives.

Avant des études plus approfondies dans les chapitres suivants, je voudrais illustrer ces propositions avec quatre exemples.

Un début de démocratie participative dans une entreprise d'économie mixte

Dans ce livre, il sera parlé succinctement de l'entreprise économique. Nous avons déjà beaucoup publié dans ce domaine, en particulier sur une entreprise d'économie mixte dans laquelle notre dispositif institutionnel fonctionne depuis 1986 [1]. Je ne ferai qu'en rappeler les données. L'expérience d'une entreprise privée dont je parlerai ensuite fera l'objet d'un autre livre.

La Société des transports publics (STP) de Poitiers assure le transport par car dans l'agglomération et sa périphérie. Depuis 1986, donc, notre dispositif d'expression et de communication est en place. Des groupes homogènes de métier se réunissent quatre à six fois l'an, sur le temps de travail. Ces groupes sont composés de volontaires ; l'objet de leur réunion est leur acte professionnel. Ils se concertent entre eux, échangent leur expérience et transmettent, chaque fois qu'ils le souhaitent, des informations, des propositions, des demandes aux autres groupes ou à la direction (elle-même réunie en collectif). Cette transmission entre les groupes, toujours indirecte, prend la forme de comptes rendus écrits, rédigés en fin de réunion par les participants eux-mêmes.

Trois services sont concernés, le « mouvement » (les conducteurs de car), l'atelier, l'administration. Dans chacun d'eux, les agents et les cadres se réunissent séparément. Après, la première année (consacrée à une formation à la conduite des groupes, donnée par des intervenants du Groupe Desgenettes), suivie d'un temps d'accompagnement, les groupes ont commencé à se réunir seuls. De notre côté, nous recevons tous les comptes rendus, et un intervenant se rend dans l'entreprise trois à quatre fois par an. Il rencontre chaque fois le comité de direction et participe à la réunion de certains groupes, soit à leur demande, soit si les comptes rendus reçus nous paraissent rendre souhaitable sa présence.

---

1. Mireille BITAN-WEISFELD, Philippe ROMAN, Gérard MENDEL, *Vers l'entreprise démocratique*, La Découverte, Paris, 1993 ; Jean-François MOREAU, « Un dispositif d'expression et de communication de longue durée en entreprise (1987-1998) », *Revue internationale de psychosociologie*, n° 10-11, Eska, Paris, 1999.

Le nombre des salariés a augmenté depuis 1986 (il a doublé chez les conducteurs). Dans l'ensemble, le dispositif implique chaque année entre le tiers et la moitié du personnel, en légère augmentation depuis le début. Les comptes rendus sont affichés ; tous les salariés sont ainsi au courant des problèmes traités et peuvent faire part de leurs observations éventuelles à ceux de leurs collègues qui participent au dispositif. Le budget concernant notre supervision est régulièrement voté par les syndicats siégeant au comité d'entreprise.

Trois sortes d'effets peuvent être constatés au long de ces dix-sept années de fonctionnement du dispositif. Des effets sur l'acte de travail, sur la psychosocialité des auteurs, sur les grèves.

Des centaines de modifications, petites ou grandes, sont intervenues concernant le processus de travail et les matériels. À partir de 1997, un listing informatique régulièrement mis à jour reprend l'ensemble des acquis.

Raison de l'appel fait à nous, l'entreprise souffrait d'un déficit de communication interne. Non seulement le dispositif a permis d'y remédier, mais le climat interne lui-même s'est modifié. Les échanges des groupes témoignent maintenant de leur intérêt pour le fonctionnement global de l'entreprise. Dans les comptes rendus, figurent souvent des demandes d'information sur les projets en préparation, sur la politique commerciale, sur l'évolution des matériels. Les participants acquièrent ainsi une vision élargie de l'entreprise et de la place qu'ils y occupent. Le fait de gérer eux-mêmes le fonctionnement de leur groupe, d'élaborer des conduites collectives de travail, de construire des propositions argumentées qui reçoivent chaque fois des réponses précises, contribue à des évolutions psychologiques individuelles, dont témoignent la meilleure participation des individus à la réflexion de leur groupe, la bonne entente entre eux, une capacité nouvelle de synthèse, le sérieux des propositions. Ces éléments concourent à l'affirmation de l'identité psychosociale.

Comme dans toutes les entreprises, des problèmes nouveaux apparaissent, des conflits naissent. L'objectif du dispositif n'est pas de créer un consensus, il concerne seulement l'acte de travail. Les syndicats occupent leur place, tiennent leur rôle. Des grèves ont lieu, non moins nombreuses probablement qu'auparavant. Mais l'habitude de la concertation, le dialogue permanent, la mise au jour systématique des problèmes de travail font que ces grèves ne s'enlisent pas dans des guerres de tranchées, comme à Marseille et à Lyon ces dernières années.

En 1997, le directeur donnait son point de vue sur les onze années de fonctionnement du dispositif : « C'est une remontée d'informations supplémentaires, permettant une synthèse, une vue d'ensemble des interrogations des uns et des autres. Cela permet de mettre le doigt très vite sur les dysfonctionnements ou ce qui peut le devenir. On a une capacité bien plus grande, en termes de gestion d'entreprise, pour gérer les problèmes. » Il ajoutait : « Les meilleures solutions aux problèmes rencontrés viennent directement de ceux qui les vivent. Les membres des groupes ont élaboré et proposé des solutions plus intelligentes que celles que le chef de service ou le directeur auraient pu imaginer seul ou en comité de direction : ne vivant pas le problème en direct, nous aurions donné une réponse plus théorique que pratique[2]. »

En quoi peut-on dire que, dans cette entreprise et dans celle que nous allons décrire, existe un début de démocratie participative ? La possibilité pour les groupes de base de présenter des propositions concernant l'organisation même de l'acte de travail les introduit, de ce fait, à l'intérieur même du fonctionnement général de l'entreprise[3]. En effet, certaines des modifications apportées à la marche d'un service, ou d'une partie de celui-ci, ne peuvent manquer, certaines fois, d'avoir des retombées sur le travail des autres groupes ou des autres services. Par ailleurs, le mode égalitaire des échanges à l'intérieur du dispositif — même droit d'expression pour tous et même obligation de réponse — a influé au long des années sur le mode de commandement hiérarchique. Ainsi, la maîtrise du service Roulement est-elle passée, vers la fin de la quatrième année, de la notation du travail des conducteurs à une activité de suivi-formation, conçue dans un esprit de coopération égalitaire.

2. Jean-François MOREAU, *loc. cit.*

3. Mireille BITAN-WEISFELD *et alii*, *Vers l'entreprise démocratique*, *op cit.*, p. 118-122.

Le cas d'une entreprise privée

Un certain nombre de conditions doivent être réunies avant qu'une collaboration avec une entreprise privée nous apparaisse possible. La production doit avoir une nécessité sociale, nous ne pourrions travailler pour une usine d'armement ou pour une fabrique de cigarettes. La situation économique de l'entreprise doit être telle qu'aucun licenciement n'est envisagé. Par ailleurs, la direction s'engage à ne procéder à aucun renvoi qui serait lié à la participation au dispositif et accepte le principe d'une liberté d'expression sur les questions de travail, dès l'instant où cette expression collective est centrée sur les aspects techniques et organisationnels et ne comporte pas d'attaque visant des personnes. La charge de travail ne doit pas s'accroître du fait ou à la suite de la mise en place du dispositif. L'objectif est que les collectifs de métier disposent d'une meilleure autonomie dans l'organisation de leur travail, après que leurs propositions argumentées ont été acceptées par la direction, qui conserve le pouvoir décisionnel comme auparavant.

Je parlerai ici brièvement, la reprenant en conclusion, d'une intervention entamée au début de l'année 2002 avec le service de recherche — une centaine de personnes très qualifiées — d'une grande entreprise suisse. Il aurait pu sembler que le fonctionnement de ce service rende impossible la mise en place de notre dispositif. En effet, cet établissement fonctionnait avec des « groupes de projet » temporaires, dont les membres, appartenant à des spécialités différentes, coopéraient à un projet particulier. Un temps préalable à l'intervention consista dans la confection de groupes homogènes réunissant chaque deux mois les membres d'un même métier.

Quel intérêt à procéder sur ce mode volontaire ? L'objectif de la direction en s'adressant à nous coïncidait avec notre manière d'intervenir. En effet, elle souhaitait « recentrer sur le métier » ses personnels ; chacun des individus étant professionnellement isolé à l'intérieur de groupes pluridisciplinaires, la spécificité des métiers avait tendance à se perdre. La formule des « groupes homogènes de métier » permit, pour la première fois dans cette entreprise, à des gens de même métier de se réunir, de parler de l'exercice de celui-ci, des problèmes rencontrés à l'intérieur d'un « groupe de projet », de la manière dont ils y apportaient une solution. L'expérience d'un même métier exercé dans la même situation de travail pouvait ainsi être mise en commun. Des propositions pouvaient naître, être élaborées collectivement conduisant à un meilleur fonctionnement des groupes de projet, soit en interne, soit dans leur rapport avec la hiérarchie.

L'intervention, programmée pour seulement quatre cycles en 2002, a été reconduite pour l'année 2003. La plupart des thèmes traités dans les groupes, et dont certains touchaient au fonctionnement général de l'entreprise, n'avaient jamais été traités, voire abordés de façon concertée. L'abondance du matériel était telle que certaines séances, avec l'encadrement et la direction, prévues pour durer trois heures, se prolongèrent certaines fois jusqu'à sept heures d'affilée. Lors de la reconduction du contrat, une journée entière fut prévue pour ces deux groupes, qui avaient la double charge de réfléchir sur leur propre fonctionnement et ses problèmes et celle de répondre aux comptes rendus écrits des groupes de métiers.

Un mode de participation dans le cadre de la politique de la ville

Les deux interventions qui vont suivre sont atypiques quant à notre manière habituelle d'opérer. Elles permettront de montrer que, tout en restant fermes sur les principes généraux, de larges possibilités d'adaptation à des situations particulières existent quant à nos procédures.

Sous le nom de « politique de la ville », une grande machinerie s'est mise en marche en France depuis 1982, concernant les quartiers dits sensibles ou présentant des problèmes sociaux importants. Cette politique « pèse » aujourd'hui plus de 6 milliards d'euros, concerne 1 310 quartiers (ZUS, ZRU, ZFU) et environ sept millions d'habitants. À la suite, a été créé, en décembre 1990, le ministère de la Ville. Tous les documents officiels incitent avec force depuis les débuts sur la nécessaire participation des habitants, ce qui apparaît logique, s'agissant de lutter contre les exclusions. Or, malgré la création de plusieurs structures — commissions locales (1982), maisons du citoyen (1983), comités consultatifs, conseils de quartiers (2002) —, le degré de participation reste extrêmement faible (2 % à 3 %).

Là se situe l'échec reconnu de la politique de la ville, qui crée des populations d'assistés passifs, toujours davantage revendiquantes, et non des partenaires actifs. Les raisons de cet échec sont nombreuses : travail précaire ou de nuit des usagers ; décisions arrêtées à l'avance par les experts ou les élus, disqualifiant ainsi les usagers ; non-maîtrise des outils de l'expression et de la communication en groupe ; concurrence entre les divers services techniques dont les usagers savent jouer, tout en en subissant les conséquences.

Un facteur essentiel nous paraît contribuer à l'échec de la participation. Nous en avons maintes fois observé les effets négatifs dans des circonstances semblables. Il tient à ce que les modalités d'expression restent toujours *individuelles*, sous la forme de tours de table en commission ou de prises de parole individuelle en assemblée. Analysée avec notre grille de lecture, la politique de la ville instaure une véritable institutionnalisation de la ville. Elle fait entrer celle-ci dans la « mappemonde politique » des institutions, décrite plus haut (chapitre 8). Elle opère en effet un quadrillage de la population par les diverses instances d'aide socio-économique et de l'ingénierie sociale. Mais, aussi, les différentes catégories institutionnelles de la population qui répondraient à chacune des fonctions de la politique de la ville (logement, santé, loisirs, environnement...) ne sont jamais reconnues comme telles et encore moins peuvent-elles se réunir en groupes homogènes de concertation. Dès lors, les seuls regroupements sont ethniques ou familiaux. Ils ne correspondent pas aux enjeux psychosociaux en cause et introduisent des clivages insurmontables qui ne permettent ni confrontation ni négociation sur des bases objectives, condition minimale d'une participation.

Dans une grande métropole de province, un agent de développement, adjoint du chef de projet sur un site politique de la ville, et qui suivait depuis longtemps notre travail, initia en 1994, à travers une démarche partenariale, la mise en place d'un « lieu institutionnel [4] ». Celui-ci rendait possible la centralisation et la mise à disposition de l'information sur les loisirs éducatifs, les

4. Alain BONNEAUD, « Pourquoi les travailleurs sociaux sont indispensables à la politique de la ville ? », *Lien social*, n° 558, 2001.

activités culturelles et socio-éducatives offertes aux jeunes usagers.

Après cinq ans de démarches complexes, un « point d'information accueil » (PIA) est installé au cœur de l'un des quartiers « chauds » de la ville. Le local est ouvert et d'accès libre. Deux animateurs font l'accueil et mettent à la disposition des usagers (enfants, adolescents) toute l'information concernant l'ensemble des offres. L'objectif du PIA est de permettre à des groupes d'affinités, correspondant aux classes d'âge, non plus de recevoir passivement des dons, mais de *questionner* l'ensemble des prestataires publics et associatifs à propos de l'offre éducative et de loisirs, et également sur l'organisation de l'espace public qui est leur lieu de vie. Ces collectifs d'enfants ou d'adolescents — venus généralement en petits groupes — se réunissent sur place, se concertent autour d'une table, et mettent par écrit leurs questions ou leurs propositions, qui sont ensuite adressées aux prestataires concernés. Ces écrits sont également affichés sur un tableau mural du PIA. Les réponses se feront par affichage public. Il s'agit donc bien d'une communication indirecte entre groupes institutionnels, comme toujours dans nos procédures. Ces groupes sont au nombre de quatre : les jeunes usagers, les opérateurs (les producteurs d'offres), l'équipe d'animateurs du local appuyée par l'association gestionnaire (les « Francas »), enfin les pouvoirs publics. À aucun moment, répétons-le, il n'existe de réunion entre ces groupes.

Ce dispositif institutionnel a fonctionné pendant trois ans, jusqu'au départ de son initiateur. En particulier, l'affichage des écrits a favorisé une dynamique de suivi des échanges, une mémoire du quartier et de ses activités, qui ont nourri un sentiment d'identité collective. Les demandes, avis, réponses, matérialisent le processus en cours. Le dispositif a également permis de visualiser les groupes catégoriels et la dimension institutionnelle : qui demande quoi ? Qui décide quoi ? Quels sont les relais du pouvoir ?

Le passage d'une mentalité d'assisté à une position de partenaire ne peut s'opérer en comptant uniquement sur la bonne volonté et l'ouverture d'esprit. Ce passage, si difficile à réussir, se fait seulement, selon notre expérience, si la dimension institutionnelle de chaque prestation sociale est reconnue et si les usagers, définis alors institutionnellement par rapport à cette prestation, peuvent se réunir en groupe homogène pour interroger la structure qui produit la prestation. C'est ainsi créer les conditions d'une égalité de droits et de devoirs à l'intérieur du dispositif mis en place. Droit, de la part des usagers, de questionner, de proposer, de critiquer, et devoir d'argumenter sérieusement leurs textes ; devoir, de l'autre côté, de répondre dans un délai raisonnable, et droit de poser ses propres questions.

Qu'en est-il, dans cet exemple, des différentes facettes de la participation démocratique ? Le jeu des demandes et des réponses, les arguments échangés vont permettre, première facette, une meilleure connaissance des éléments du problème abordé. Les raisons d'un refus éventuel et le niveau hiérarchique où il se produit pourront être reconnus, deuxième facette. L'ensemble des échanges va être cadré par un dispositif formel, qui « refroidit » la violence latente et qui oblige les jeunes usagers à utiliser une langue différente de celle qui a cours dans la culture de rue. Enfin, la recherche des compromis possibles oblige les partenaires à avancer dans la voie des réalités objectives, de la compréhension des motivations de l'autre et des contraintes auxquelles il est soumis.

Un mode de participation : les « jeunes de la rue » à Montréal

Depuis 1994, un groupe de chercheurs, animé par Michel Parazelli, professeur de sciences sociales à l'université de Québec et qui travaille de longue date avec nous, a mis en place un dispositif urbain de concertation avec les jeunes de la rue à Montréal[5]. Ce dispositif d'abord expérimental est devenu pleinement opératoire depuis l'année 2000.

Actuellement, chaque six semaines, deux groupes de jeunes de la rue se réunissent pendant deux heures, en compagnie d'un régulateur et d'un observateur appartenant tous deux au groupe des chercheurs, lequel étudie, dans un temps ultérieur, le matériel recueilli. Les groupes de jeunes comprennent chacun une quinzaine de participants, chiffre maximum, avec un noyau stable de

5. Michel PARAZELLI, *La Rue attractive. Parcours et pratiques identitaires des jeunes de la rue*, Presses de l'Université du Québec, Québec, 2002.

cinq à six ; peut participer qui veut. Chacun des participants est payé (cent dollars canadiens) pour sa participation. L'argent est pris sur un budget de recherche alloué par la ville. Quatre autres groupes existent, qui se réunissent en parallèle. Un groupe d'éducateurs dont les membres (une dizaine) sont issus des différentes associations travaillant habituellement avec la population des jeunes de la rue. Un groupe d'élus municipaux (trois). Un groupe de policiers en contact habituel avec ces jeunes. Enfin, un groupe de commerçants établis dans les rues qu'ils fréquentent.

Le groupe des jeunes de la rue termine chaque réunion en rédigeant un texte écrit, dans lequel il expose ses demandes, formule ses propositions, répond aux textes des autres groupes. Chaque groupe procède de la même manière. Il n'existe jamais de réunion générale, toute la communication entre groupes reste indirecte et passe par l'écrit. Exemple d'une demande d'un groupe des jeunes de la rue : existe-t-il un texte définissant nos droits et nos devoirs ? Le groupe d'élus municipaux a répondu par la négative. Il s'est alors tourné vers le groupe des policiers, puis vers le groupe de commerçants, pour recueillir leurs avis, avant d'en venir à la rédaction d'un tel texte.

On retrouvera facilement dans cet exemple les mêmes facettes de la démarche participative. Un point théorique important a été mis en évidence par Michel Parazelli [6]. Ces jeunes, en situation de rupture familiale et ayant souvent souffert de carence familiale dans l'enfance, ont tendance à former de petites « fratries » soudées par un vécu de famille fictive. Ce soutien affectif présente pourtant le désavantage d'enfermer ces groupes sur eux-mêmes et de verrouiller les rapports sociaux avec les adultes assimilés à l'autorité parentale, vécue comme menaçante pour la « fratrie » des jeunes de la rue. Une telle position interdit qu'une socialisation adaptée à leur situation actuelle se développe au contact des groupes sociaux avec lesquels ils entrent en relation ; elle contribue à pérenniser leur rejet des formes sociales existantes. Le dispositif peut permettre, par l'égalité entre les groupes, un mode différent de vécu dans la confrontation, mieux adapté à la réalité des situations sociales actuelles.

---

6. Michel PARAZELLI, « L'imaginaire familialiste et l'intervention sociale auprès des jeunes de la rue : une piste d'intervention collective à Montréal », *Santé mentale au Québec*, 2000, vol. XXV, n° 2, p. 40-66.

10

Justice et démocratie

J'aborderai par une entrée inhabituelle et qui réfère à un livre antérieur [1] la dimension de la justice, dimension double puisqu'à la fois sociale (la Justice) et privée (le sentiment de justice [2]). Dans les sociétés communautaires, celles de l'avant-modernité ou celles qui sont aujourd'hui encore à dominante religieuse (islam, hindouisme...), Justice et justice amalgamées représentent un mode social de défense contre les angoisses archaïques d'abandon. Par là, elles possèdent un point commun avec l'autorité. Pourtant, dans les sociétés communautaires, elles ne peuvent être identifiées complètement avec celle-ci. La justice est de l'ordre d'un prescrit social explicite — des règles, des lois, des coutumes ; l'autorité se manifeste avant tout comme une exigence implicite qui contraint l'individu à obéir volontairement et sans discuter aux représentants de l'autorité.

Dans les sociétés communautaires, Justice-justice et autorité ne sont guère dissociables dans la pratique quotidienne. Dans les sociétés de la modernité, la Justice représente le lieu social où les exigences de l'autorité et celles de la démocratie se manifestent

1. Gérard MENDEL, *Une histoire de l'autorité*, *op. cit.*

2. J'écrirai justice avec une majuscule lorsqu'est concernée directement l'institution judiciaire ; et avec une minuscule quand se trouve en cause soit seulement l'élément psychologique (le sentiment de justice), soit un amalgame du psychologique et du sociologique, avec une précision supplémentaire donnée chaque fois que la confusion serait préjudiciable.

le plus visiblement dans leur opposition, le problème étant alors d'essayer de les associer, de les rendre complémentaires. Nous allons faire jouer ici un grand rôle au concept d'« élément-tiers », bien que nous en fassions la théorie seulement en fin de volume, lorsqu'il sera devenu possible de rassembler tous les éléments apparus au long du livre. L'élément-tiers, qui peut prendre des formes extrêmement variées, se définit par deux caractères constants : sa provenance depuis l'extérieur du sujet et le renforcement qu'il opère ainsi du moi par rapport aux forces archaïques intrapsychiques. Ici, dans le champ concerné — y compris quand se trouvent amalgamés le public et le privé, la Justice et la justice —, l'élément-tiers prend déjà la forme de prescriptions précises, celles du droit et de la loi, même lorsqu'elles empruntent encore des aspects rudimentaires.

Mais, quelle que soit la forme de société, la dimension de la Justice et celle du sentiment de justice sont absolument antinomiques de l'arbitraire. Ce dernier caractère étant l'un des attributs de l'archaïsme, avec l'irrationnel, la démesure, le principe du tout ou rien, etc., on reconnaît alors le vrai rôle joué par l'élément-tiers, celui de verrou antiarchaïsme. Notre « entrée » généraliste est inhabituelle, en ce sens que l'étude de la Justice appartient aux juristes et celle du sentiment de justice est l'apanage des psychologues. L'un des intérêts d'une anthropologie générale est de contribuer à modifier les perspectives habituelles, le risque étant alors que l'étrangeté du nouveau paysage provoque des réactions de refus. À nous de montrer le gain éventuel ; il est ici de pouvoir démêler, à l'intérieur de la Justice, ce qui appartient à l'autorité et ce qui ressort de la démocratie.

Après un regard sur l'appareil de la Justice, suivra l'approche anthropologique. J'essaierai ensuite de situer cette même Justice par rapport aux quatre facettes du processus démocratique. Mais ce sera une étude clinique de ce que je nomme l'élément-tiers — ici, sous la forme de la loi — qui nous permettra de préciser où se situe aujourd'hui le manque démocratique essentiel dans la dimension de la Justice : c'est l'absence d'un enseignement tout au long de la scolarité.

L'appareil de la Justice

Confronté à la Justice, le profane ne peut qu'être impressionné par son apparat théâtral. Citons l'anachronisme des costumes ; la tribune haute comme une chaire d'église ; des juges assis et qui font prêter serment à un témoin respectueusement et inconfortablement debout, n'ayant droit à la parole que pour répondre, de même qu'à la table familiale autrefois les enfants bien élevés ne parlaient qu'interrogés. À ces signes extérieurs, dont on ne peut pas dire qu'ils soient propres à mettre à l'aise le citoyen, s'ajoute un contexte très particulier : l'obligation de comparaître ; le fait que pas plus que ses parents on ne choisisse son juge ; la colossale ignorance des prévenus à propos de la Justice, qu'il s'agisse de la production et de l'application des lois ou même des simples droits personnels. Autre élément d'insécurisation, la confusion entretenue dans le vocabulaire judiciaire entre le social et le moral, entre le public et le privé : Justice ou bien équité ? Culpabilité ou bien responsabilité ? Légitimité ou bien légalité ? Autorité ou bien pouvoir répressif ? Faute ou bien infraction ? Punition ou bien sanction ?...

Quels sont les effets psychologiques des éléments qui concourent ainsi à l'administration de la Justice ? Ils instaurent deux mondes distincts que sépare une inégalité de nature, dont le caractère non réductible et non réversible signe la présence de l'autorité. Il y a le monde des profanes et celui de ceux qui savent, qu'un signe extérieur distingue entre tous, la robe et la hauteur de la tribune symbolisant la différence entre les grandes personnes et les enfants. L'ignorance du justiciable ajoute un climat de mystère à l'apparat ostentatoire de la Justice. L'impuissance du profane à se repérer dans le labyrinthe des lois qui vont décider de son sort fait naître une dépendance psychologique. De la rue au prétoire, si singulier par le rituel et les costumes, il se produit — par la déconnexion de la réalité connue et la perte de certains repères spatio-temporels — le changement d'état qui marque le passage du monde profane au monde sacré. Pour le justiciable, le magistrat administre le sacrement de la Justice tout autant qu'il applique les lois. Nous sommes bien ici dans la dimension de l'autorité, avec la particularité que son représentant ne se contente pas de la soumission volontaire mais qu'il utilisera de toute manière la contrainte, sous la forme de la sanction.

La mise en condition entraîne des effets de même ordre que chez l'analysant qui, en s'allongeant sur le divan, abandonne lui aussi ses repères habituels dans la réalité et régresse psycho-affectivement : il redevient l'enfant soumis de droit à l'autorité des adultes. Mais, là, cette régression sert d'outil à la cure : l'analyste utilise le retour des sentiments infantiles et leur transfert sur lui afin de rendre possibles des changements et des prises de conscience. La régression psychoaffective est-elle nécessaire aujourd'hui à l'exercice de la Justice ? Il est permis d'en douter.

On en arrive à la perspective selon laquelle le mystère de la Justice, l'appareil théâtral dont elle s'entoure, la confusion entre vocabulaire moral et vocabulaire social, la non-information à son propos tout au long de l'enfance et de l'adolescence (c'est-à-dire au moment où se forme la personnalité profonde), tous ces éléments ont pour effet (pour but ?) de faire passer le justiciable adulte d'un état de citoyen responsable à la position psychologique du petit enfant qui, tête basse et mine contrite, comparaît devant ses parents solennellement réunis pour l'admonester. On pourrait graver au fronton des palais de Justice : « Ici, on infantilise. » On ôte en partie au citoyen ses moyens d'adulte, les capacités intellectuelles qui sont les siennes, dans un autre contexte, pour comprendre, évaluer, se situer. Est-ce là, dans une société démocratique et alors que nous sommes au cœur de la relation d'obligations réciproques de l'individu et de la société, une nécessité inéluctable ou bien le reliquat d'un passé monarchique et, plus anciennement encore, théocratique ? Seule l'anthropologie générale peut aider à répondre à de telles questions.

Anthropologie de la Justice

Jusqu'à notre époque, le socle anthropologique de l'autorité existait universellement [3]. Pour prendre en charge les peurs psychologiques des débuts de la vie, chaque société interpose, lors des socialisations de l'enfance, la médiation d'une autorité

3. Gérard Mendel, *Une histoire de l'autorité, op. cit.*

protectrice. Celle-ci promet la sécurité intérieure et extérieure au prix de l'obéissance volontaire, qu'elle obtient ainsi sans avoir à donner d'explication ni de justification. Pour les deux protagonistes, un bénéfice existe, quoique relatif. Pour l'individu, une autorité — externe ou interne, selon les cultures — s'interpose entre soi et les angoisses archaïques. Quant à la société, elle maintient ainsi à moindre frais le lien social. Le bénéfice est seulement relatif, car le système fonctionne en déformant ou en occultant la réalité objective et en inhibant la créativité sociale des individus. La domination des personnages d'autorité, entre autres celle de l'homme sur la femme, est vécue par les membres de la société comme un fait de nature, voulu tel par le monde surnaturel. Bien évidemment, les problèmes que la réalité pose ne cessent pas pour autant d'exister et souvent se développent en aggravant la situation originelle.

La Justice telle qu'elle s'exerce dans les sociétés traditionnelles et communautaires agit dans la même dimension psychosociologique que l'autorité, dont elle ne représente qu'une des manifestations. Là où, dans le quotidien, l'autorité échoue à faire respecter ses interdits, la force séculière intervient, celle-là même présente mais cachée en arrière-plan de l'autorité. La situation alors s'inverse : la force intervient en évidence sur le devant de la scène, sous-tendue en arrière-plan par l'autorité.

Quel que soit le type de société, un point en commun existe entre Justice institutionnelle et sentiment personnel de justice. Durkheim a montré comment la première, par l'exemplarité et la publicité de la sanction, s'oppose à l'anomie, c'est-à-dire au risque de désorganisation collective, de dissolution des normes et des règles qu'entraînerait fatalement la transgression sociale non sanctionnée. La Justice fait barrage à la menace de chaos social. Le sentiment de justice, quant à lui, entre en résonance avec un possible dérèglement des relations au sein de la famille réelle ou symbolique (la société comme une grande famille) au cas où l'un des enfants se trouverait privilégié indûment, en rupture avec les règles coutumières.

On peut penser que le sentiment d'injustice est primaire, et celui de justice réactionnel et secondaire[4]. Le juste est ce qui empêche qu'on soit injuste envers vous, le sentiment d'injustice

4. Gérard Mendel, *On est toujours l'enfant de son siècle*, *op. cit.*, p. 254-259.

ouvrant sur la dimension d'un vécu d'arbitraire, c'est-à-dire de l'archaïsme. Le respect des règles (culturelles) de la justice privée est aussi une défense contre la violence des affects archaïques, des passions incontrôlables. Récemment, on a pu observer les réactions extrêmement vives de l'opinion publique face à l'amnistie judiciaire que s'était octroyée la classe politique française, quant à des irrégularités financières. Par ailleurs, autre exemple, dans une société communautaire, la petite fille défavorisée par rapport aux garçons ne se sent pourtant guère légitimée à se plaindre d'une inégalité dont tout lui assure qu'elle prend place dans l'ordre naturel et surnaturel.

Dans les deux cas, société et famille, la logique qui régit le fonctionnement de la Justice intervient ainsi au titre d'un « élément-tiers » — à savoir la définition précise de ce qui est interdit par les coutumes ou les lois ou au contraire qui fait l'objet de prescriptions obligées. Le mouvement vers la désorganisation et le désordre n'est admis que s'il est pris en charge par la société, lors d'un défoulement collectif, dans les fêtes rituelles, le carnaval, ou aujourd'hui avec le Mondial de football ; ou bien s'il a lieu à l'occasion d'un défoulement individuel lié à l'usage des drogues licites (alcool, etc.).

L'actuel sentiment d'insécurité, diffus et très fort, n'est pas sans rapport avec la faiblesse du verrou social. Les manifestations culturelles et médiatiques de la transgression et le flou entre licite et interdit sont vécus par la population comme le risque d'une défaillance du verrou intérieur, celui qui barre les angoisses archaïques. Les banlieues sensibles, les folles nuits de violence urbaine, les voitures qui brûlent, c'est, en tout un chacun, l'archaïsme fascinant autant qu'angoissant qui envahit le moi, submergeant les défenses psychologiques connectées par l'éducation avec les interdits sociaux.

Le thème si familier d'une crise de l'autorité permet de réunir commodément tous les registres. On ne peut que remarquer à ce propos le peu de compréhension de ces phénomènes par les pouvoirs publics. Il serait en effet possible (en partie) de « restaurer l'autorité » de l'État, ce serpent de mer du discours politicien, non en multipliant le nombre des fonctionnaires de police — on renforce alors le pouvoir de l'État, ce qui, souhaitable ou non, concerne une autre dimension que l'autorité —, mais en doublant ou triplant le budget misérable de la Justice. Lors des élections présidentielles de 2002, l'un des candidats faisait remarquer que l'on brûlait des voitures à Strasbourg et non de l'autre côté du Rhin, avec pourtant un nombre équivalent de policiers dans les deux pays. Mais, en Allemagne, deux fois plus de magistrats se trouvent en poste, et les moyens accordés leur permettrent de sanctionner rapidement les délits. Aux yeux des citoyens, la Justice représente la partie la plus visible de l'autorité de l'État.

Comment la Justice instituée se situe-t-elle par rapport aux quatre facettes du processus démocratique ? À savoir l'étude objective de la factualité d'un problème ; la prise en compte de la subjectivité humaine ; la nature du contenant qui contrôle l'ouverture de la boîte de Pandore du conflit ; le mode de régulation du conflit lui-même.

Factualité objective et Justice

La première dynamique mise en œuvre dans le processus démocratique concerne l'objectivation du problème existant. La Justice, dont l'objet est la gestion d'un délit, d'une transgression sociale, doit s'assurer d'abord de l'existence même de ce délit, puis rechercher le ou les coupables, faire la preuve de leur responsabilité, sanctionner le délit, et enfin veiller à l'exécution du jugement rendu. Les trois premiers points relèvent de l'objectivation démocratique, examinons-les tour à tour.

Faire la preuve de délit. Jusqu'au Moyen Âge, au cours d'une épidémie, on accusait les Juifs d'empoisonner les fontaines : le délit lui-même faisait défaut, ce qui n'empêchait pas les poursuites.

La recherche du coupable. Encore aujourd'hui, les préjugés et l'opinion publique peuvent orienter de manière parfois décisive une enquête policière : la marginalité sociale, les atypies de comportement, le racisme fabriquent des coupables facilement désignés.

La preuve de la responsabilité. On ne se satisferait plus aujourd'hui dans nos pays de l'épreuve judiciaire qu'on appelle l'ordalie. Pratiquée encore fréquemment dans certaines parties du monde, elle consiste pour la société à se démettre de ses prérogatives et à s'en remettre aux puissances surnaturelles pour désigner l'innocent ou le coupable. Le prévenu sera exposé à un danger, et il verra son innocence reconnue s'il parvient à survivre (au poison, à la noyade…) ou s'il échappe aux effets habituels d'un agent extérieur : il n'est pas brûlé par le feu, il reste insensible à l'imposition du fer chaud, etc. Lorsque, après la Seconde Guerre mondiale, on offrait à des prisonniers d'être graciés s'ils acceptaient de s'exposer au danger du déminage, cette pratique sociale s'apparentait à l'ordalie, au jugement de Dieu. La société, en effet, renonçait à ses droits, elle s'en remettait à l'événement.

L'autre manière de faire la preuve de la culpabilité du prévenu était l'aveu, même si obtenu par la torture. Il est intéressant de noter que la pratique médiévale de l'aveu comme preuve, qui était la règle dans les régimes communistes lors des procès de Moscou et ceux de l'après-guerre dans les pays occupés, n'a guère été condamnée à l'époque par les intellectuels occidentaux, ce qui donne la mesure d'une certaine sous-culture démocratique. Tout au contraire, fait partie du processus démocratique la recherche de preuves objectives : les témoignages, les démonstrations scientifiques (empreintes digitales, ADN).

Mais il ne suffit pas d'en appeler à la science, puisque l'idéologie — politique, raciale, etc. — contribuera à la désignation du prévenu, au choix des moyens utilisés, à la mise en condition de l'opinion publique, à la légitimation des lois. Si l'on ne peut assimiler démocratie et science, on constate pourtant que le processus démocratique a, sauf le cas de flagrant délit, toujours besoin, dans le cours du processus d'objectivation des problèmes, de faire appel aux disciplines scientifiques rassemblées sous le terme de criminologie, la science de la criminalité.

Prise en compte de la subjectivité

C'est une évidente avancée démocratique à chaque fois qu'il est tenu compte de l'état psychologique du prévenu. Dans les pays civilisés, la défense a le droit de demander un examen psychologique ou psychiatrique du prévenu. En France, l'état de démence reconnue dessaisit le tribunal de ses prérogatives ; récemment, en juin 2002, la Cour suprême des États-Unis a interdit l'exécution des « handicapés mentaux » condamnés pour meurtre et dont le quotient intellectuel est inférieur à 70 (en 1989, cette même Cour suprême avait invoqué l'absence de consensus national pour refuser cette disposition).

La nature du contenant

Le contenant est ici représenté par le système tout entier de la Justice, tant dans ses formes extérieures que dans le contenu des lois. La pompe de l'appareil judiciaire, le costume anachronique des officiants, la théâtralité des entrées et des sorties des juges, évoquent la grand-messe religieuse et renvoient au schéma psychofamilial. Le contenu des lois fait, lui, appel à une rationalité historiquement héritée du droit romain. Le formalisme extrême de la Justice porte témoignage *a contrario* des risques, dans ce domaine, de subjectivisme et d'arbitraire de la part des juges.

Le mode de régulation du problème

Il y aurait certes beaucoup à dire quant à cette facette démocratique. Il est évident que d'immenses progrès se sont produits dans les pays occidentaux. Ni le talion ni le lynchage ne sont aujourd'hui de mise, et l'on ne coupe pas la main du voleur dans les pays occidentaux. La discussion publique à propos des charges, des témoignages, des preuves, a ouvert à la Justice l'« espace public » de la démocratie. Vont dans le même sens le rappel insistant sur la présomption d'innocence, la durée limitée de la garde à vue, le libre choix d'un avocat, le jury populaire des cours d'assise, l'abrogation de la peine de mort, la collégialité des juges d'instruction…

Le déficit démocratique actuel de la Justice

Malgré ces évolutions, la dimension démocratique de la Justice continue aujourd'hui à poser problème. Nous l'aborderons en deux volets. Le premier référera à la pratique actuelle de la Justice. Le second viendra en fin de chapitre et concernera les tenants et les aboutissants de l'ignorance du profane.

Le manque de moyens

Compte tenu de ce qui précède, il peut paraître excessif de prétendre que la Justice est l'une des institutions sociales aujourd'hui où la crise de la démocratie est la plus manifeste. Tel est pourtant, semble-t-il, le résultat d'un sondage, dit « enquête de satisfaction », demandé en 2001 par le garde des Sceaux ; il nécessite sans doute d'être interprété autrement qu'il ne l'a été officiellement ou dans certains médias. Un grand quotidien titrait : « Les usagers de la Justice lui font confiance mais critiquent son fonctionnement[5]. » Une telle affirmation sur la confiance mérite d'être nuancée, lorsqu'on lit que 55 % seulement des sondés expriment leur confiance. Courte majorité. Quant au fonctionnement, 57 % estiment que ce service public fonctionne mal, en particulier pour le délai de traitement des affaires ou dans l'information donnée.

On peut défendre la thèse que le manque de confiance ou l'insatisfaction des usagers tient avant tout à l'impéritie des hommes politiques (de gauche ou de droite), et dans une bien moindre mesure à l'institution judiciaire ou aux juges eux-mêmes. Pour l'essentiel des critiques, il s'agit d'un déficit qui touche la dimension démocratique. Examinons successivement ce qui peut être contesté.

Le mauvais fonctionnement de la Justice est dû à une cause principale : un budget notoirement insuffisant. Les enquêtes de terrain montrent à l'envi le misérabilisme des services judiciaires : manque de bureaux, de secrétariat, de matériel, personnel peu nombreux et surchargé. Et surtout un recrutement de magistrats en nombre insuffisant. Il est affligeant pour un citoyen de voir venir les affaires criminelles plusieurs années après les faits (qu'on pense par exemple au délit d'initiés de la Société générale, jugé en 2002, quatorze ans après le constat des infractions). Il existe par ailleurs une volonté du pouvoir politique de ne pas poursuivre certaines grandes affaires financières. Nous touchons là à un scandale véritable. Le pôle financier de la Justice est réduit à la portion congrue.

Les défaillances du pouvoir politique ont été nombreuses et graves ces dernières décennies. C'est presque toujours la société

5. *Le Monde*, 23 mai 2001.

civile et l'opinion publique qui, par leur pression, ont obligé les élus à intervenir : affaires du sang contaminé et de l'amiante, maladie de la « vache folle »... On ne peut également qu'évoquer la responsabilité du pouvoir politique dans l'insuffisante formation des policiers et des gendarmes. La formation à la police de proximité — fleuron de la politique de gauche en matière de prévention — dure une à deux journées et tient pour l'essentiel dans le discours fleuve d'un gradé. Nombre d'enquêtes ont définitivement mené à des impasses en raison d'un manque de formation professionnelle de certains gendarmes dans leurs premières constatations.

Autorité, démocratie, pouvoir économique

Nous n'avons parlé jusqu'à présent que du rapport de l'autorité et de la démocratie. Ce qui s'oppose à l'autorité de la Justice devrait-il toujours être considéré comme une avancée du processus démocratique ? On pense ici en particulier à l'évolution qui a fait glisser dans la corbeille de la justice civile une partie des cas traités auparavant par la justice pénale ou criminelle. La notion d'une « responsabilité sans faute », laquelle implique l'indemnisation financière de la victime, va souvent de pair avec l'absence de sanction du délit comme si l'argent effaçait le délit, comme si tout pouvait s'acheter. S'agit-il dans ce cas d'une avancée démocratique ou bien de l'extension à la sphère judiciaire de la « marchandisation » générale du monde ?

Il semble que nous retrouvions ici le « troisième larron », le capitalisme financier et marchand, s'introduisant en tiers entre autorité et démocratie. Il est intéressant de noter que l'extension de la sphère civile aux dépens du pénal a débuté en France avec la loi de 1898 — elle a été modifiée en 1946 — permettant à une caisse patronale d'indemniser les victimes d'accidents du travail en dégageant le patron de sa responsabilité. Fréquemment, dans l'espace vide créé par l'affaiblissement (inéluctable) du principe d'autorité traditionnel, ce n'est pas une avancée démocratique qui vient occuper le terrain, mais une forme d'autorité plus insidieuse et archaïque, telle celle du néomanagement dans le travail[6], ou

6. Gérard MENDEL, *Une histoire de l'autorité*, *op. cit.*, chap. 17, « Le néomanagement contemporain ou l'autorité aujourd'hui mise à nu ».

bien une marchandisation des rapports sociaux et humains.

La démocratie est toujours un combat. C'est la pression de l'opinion publique et, le cas échéant, des associations de victimes qui a obligé à l'ouverture de certains grands dossiers (pas tous, qu'on pense au Crédit Lyonnais ou à Elf-Aquitaine) : sang contaminé, amiante, enrichissement personnel de certains hommes politiques et maires de grandes villes (Lyon, Grenoble, Cannes, Nice...). Avec le risque d'un excès en sens contraire et de la désignation de boucs émissaires. C'est aussi à partir d'un débat médiatique que le « principe de précaution » a fait son apparition dans l'espace public.

La question se pose par ailleurs d'un élargissement de la notion de responsabilité. Depuis des décennies, a émergé la notion de risque technologique majeur. Tous les secteurs ont été affectés : nucléaire (Three Mile Island, Tchernobyl), chimie (Seveso, Bhopal, Toulouse...), transport (accidents aériens, naufrages, comme ceux des ferry-boats *Herald of Free Entreprise* et *Estonia*, ou des pétroliers *Amoco Cadiz*, *Exxon Valdez*, *Erika* et *Prestige*), santé (sang contaminé, maladie de la « vache folle », accroissement de la pollution atmosphérique dans les villes, etc.)... Or des études convergentes montrent que, dans presque tous les cas, des signaux forts d'alerte avaient été émis en provenance des acteurs du « terrain ». Mais la remontée de l'information ne s'était pas faite vers les preneurs de décision [7].

Plus que d'un problème d'éthique personnel — de l'ordre de la morale —, il s'agit dans ces cas de la responsabilité *professionnelle* du manager vis-à-vis non seulement de son organisation mais de la société en général. Il devrait être reconnu que cette responsabilité professionnelle comporte l'obligation de veiller au bon fonctionnement de la chaîne des informations ascendantes. Une dimension supplémentaire s'ajouterait ainsi à la communication interne dans les organisations et ouvrirait à des recherches nouvelles dans ce champ fondamental et en partie négligé. Nous comprenons, dans la communication ascendante, la quête de procédures permettant aux acteurs de terrain de s'exprimer dans les meilleures conditions à propos de

7. Michel LLORY, *Accidents industriels : le coût du silence*, L'Harmattan, Paris, 1996 , « Sécurité des systèmes sociotechniques à risques : des ingénieurs confrontés à des questions éthiques », *The European Ethics Network*, 21 septembre 1998.

l'expérience irremplaçable qu'ils possèdent. Nos interventions nous ont montré combien fréquemment l'information passe très incomplètement entre les « gens du terrain » et les ingénieurs de la recherche et de la sécurité : elle ne parvient pour ainsi dire jamais aux responsables de haut niveau [8]. Accepter un poste dit « de responsabilité » impliquerait alors pour le manager, à tous les niveaux, qu'il ait pris la mesure de la qualité du fonctionnement de l'information ascendante et qu'il assume la responsabilité personnelle d'un dysfonctionnement.

Un chapitre nouveau s'ouvrirait dans la formation des responsables, leur travail ne consistant plus seulement à prendre des décisions, mais aussi à s'assurer personnellement auparavant qu'ils possèdent toutes les informations disponibles. En cas d'échec ou d'accident, le fait pour un manager de prétendre qu'il ne disposait pas de l'information utile, loin d'être considéré comme une circonstance atténuante, deviendrait un élément de la charge retenue contre lui.

Le problème doit aussi être envisagé à un niveau plus général. Dans les sociétés technologiques actuelles, la responsabilité se trouve répartie sur un grand nombre d'individus. L'interrogation prend alors une forme précise. Placé dans une situation où la conséquence de son acte (ou de son non-agir) peut être lourde, l'individu (ou un petit collectif) possède-t-il les moyens de connaître ces conséquences et de s'exprimer à leur propos ? Comment créer les conditions qui, « en toute justice », permettraient qu'on ne puisse plus parler de « responsabilité sans faute » ? La difficulté est d'autant plus grande que la plupart de nos actes aujourd'hui sont des « fragments » qui ne prennent sens que par la perception de l'acte dans son ensemble. Nous retrouvons ici, on le voit, un thème familier à ce livre : comment responsabiliser un individu ou un collectif si l'on ne crée pas les conditions lui permettant d'exercer un pouvoir sur l'acte ? Nous verrons dans la dernière partie à quel point la notion de pouvoir du sujet sur l'acte, l'actepouvoir, est centrale dans le processus démocratique.

Une première approche clinique de ce que je nomme l'élément-tiers va nous permettre de montrer que l'absence de

---

8. Gérard MENDEL, *La Conduite des tranches nucléaires. La dimension des facteurs humains et son incidence sur la sûreté*, rapport EDF, ronéoté, Paris, 1989.

l'enseignement du droit à l'école n'entraîne pas seulement un déficit de savoir, mais lèse gravement le développement de la psychosocialité individuelle comme défense d'un type nouveau, non familialiste contre les archaïsmes psychologiques.

L'élément-tiers en pratique

Dans un récit autobiographique, l'avocate Gisèle Halimi décrit avec une grande intuition comment la loi peut prendre un caractère défensif double, d'abord certes au titre de l'exercice professionnel (la défense du prévenu), mais aussi au plan personnel, psychologique. Laissons parler l'auteure.

« Je me suis sentie très tôt attirée par la rébellion contre la machine sociale. D'une certaine manière, la marginalité m'avait toujours semblé préférable à l'ordre établi. Jusqu'où ? Je dirais aujourd'hui jusqu'à la délinquance, la clandestinité, la fuite. La défense me permettait ce jeu de miroirs qui répondait à mon ambiguïté [...]. Grâce aux chemins que j'avais, finalement, choisis. Choisis peut-être aussi pour me protéger, pour construire autour de moi [...] une série de garde-fous. Pour repousser, jusqu'aux extrêmes confins, mon ombre, mon abîme, ma propre nuit en somme. Être avocate oblige, en principe au moins, au respect des lois, des tribunaux, des institutions. [...] En fait, la justice était ma manière d'exister à moi... Mon oxygène nécessaire [9]. »

Où se situe ce que je nomme l'« élément-tiers », le verrou défensif ? Certes, tout d'abord (« être avocate oblige... ») dans le statut social assumé d'avocate, dans le fait d'appartenir, contre l'accusation, « à la défense ». Mais il s'agit là d'un verrou extérieur. L'« élément-tiers » psychique se situe ailleurs, il est tout intérieur et ici au niveau cognitif. La cognition est utilisée pour contrôler la violence affective. L'élément-tiers réside dans la connaissance technique des lois. Laissons encore parler l'auteure : « Je m'attelais donc à un travail intense. J'étudiais, faisais des résumés de mes questions de droit, analysais les arrêts de la Cour de cassation [...]. L'exercice me procurait une véritable jouissance. Celle de la mise à l'épreuve de mes moyens

9. Gisèle HALIMI, *Avocate irrespectueuse*, Plon, Paris, 2002, p. 52-53.

confrontés à la connaissance jusqu'à la possession ("mon dossier") des données du procès [10]. »

Dans un précédent livre, également autobiographique, Gisèle Halimi avait dressé la figure saisissante d'une mère à l'exceptionnelle violence pulsionnelle, et par ailleurs rejetante à l'égard de sa fille. Le père, lui, grand séducteur et adoré de sa fille envers laquelle il se montrait bien disposé, homme peu rationnel au demeurant (elle le nomme le « magicien [11] »), restait finalement assez lointain dans l'enfance, la mère occupant le devant de la scène avec sa fille et fonctionnant avec celle-ci en plein archaïsme psychologique, de par l'arbitraire, l'injustice, l'irrationalité pulsionnelle de ses positions affectives. Identifiée fortement à cette mère par son sexe, par la culture juive ambiante, par sa demande permanente et jamais satisfaite d'amour, l'auteure se trouvait sans guère de défense intériorisée, et donc périlleusement au contact de ses archaïsmes psychologiques. Avec le risque, afin d'être moins intensément vécus intérieurement, que ces archaïsmes cherchent à s'extérioriser « dans la marginalité, la délinquance, la clandestinité ».

Dans un superbe rétablissement, semblable à l'acrobate qui se retourne sur lui-même dans le saut périlleux, Gisèle Halimi va projeter ses archaïsmes psychologiques sur l'accusé, les accusés ; elle va adopter le statut social de défenseur de ceux-ci auxquels elle s'identifiera, et elle va interposer entre la société vengeresse et le bloc « avocate-accusés » les lois mêmes que la société a instituées et parfois, s'il le faut, en revendiquant au-delà même de ces lois, la culture humaniste, le quotient d'humanité auquel prétendent nos sociétés. Dit en termes psychanalytiques : le moi renforcé dans son autocontrôle par l'élément de socialisation cognitive qu'est la connaissance de la loi va défendre, à l'intérieur du « contenant » judiciaire (les tribunaux), le ça (l'inconscient) et les archaïsmes, au nom du surmoi pris à son propre piège (les lois), ce qui permet ainsi de prendre la distance par la médiation des lois. « Pour fuir cette part d'ombre que je portais, comme chacun, en moi, je retrouvais celle qui, chez les criminels, avait triomphé. Fascination et volonté de l'expliquer. Et, en l'expliquant chez les autres,

10. *Ibid.*, p. 102.
11. *Ibid.*, p. 104.

la dompter, la mettre au pas, la bousculer vers la lumière [12]. » On pourrait, pour faire image, dire qu'ici la « loi comme père » vient compléter la « loi du père » qui fonctionne dans les sociétés patriarcales. L'opération connaît un risque maximal quand le contenant (le tribunal) cesse d'incarner le droit et s'allie à l'arbitraire (comme ce fut le cas pendant la guerre d'Algérie [13]).

Cet exemple paraît éclairant à divers titres. Il illustre d'abord le lien étroit entre la violence sociale — qui concerne la Justice — et la violence pulsionnelle majorée par le sentiment d'injustice (« Pourquoi ne suis-je pas aimée par ma mère ? »). Mais, au-delà, il ouvre sur l'un des thèmes du présent livre. Indéniablement, le déclin de l'image du père dans les sociétés patriarcales laisse plus qu'auparavant l'individu moderne au contact de ses archaïsmes psychologiques. Les retours en arrière paraissent exclus, qui mèneraient vers des types de sociétés communautaires (où le verrou antiarchaïsme est porté extérieurement par la société entière), ou bien vers le *revival* du père au triple niveau religieux, social et psychique (c'est la solution préconisée par Pierre Legendre, j'y reviendrai dans le chapitre 16).

Alors ? L'exemple que nous venons de rapporter montre qu'un « élément-tiers » peut aujourd'hui non pas certes à lui seul occuper les places anciennes tenues par la communauté ou par l'image du père, mais contribuer à contenir les déficiences à ce double niveau. Nous développerons ce point plus avant à propos de la socialisation non identificatoire. Le cas décrit ici montre qu'un élément externe et de nature sociale peut venir barrer les violences archaïques de nature psychologique : « Pour moi, la loi est une espèce de garde-fou [...]. Nous pouvons imaginer qu'à un moment tout peut basculer, que c'est l'autre qui l'emporte sur notre noyau d'humanité [14]. » Le verrou antiarchaïsme n'appartient plus à la sphère familialiste, communauté ou père, mais à une autre dimension qu'on peut dire démocratique.

12. *Ibid.*, p. 54-55.

13. Sylvie THÉNAUT, *Une drôle de justice. Les magistrats dans la guerre d'Algérie*, La Découverte, Paris, 2001.

14. Gisèle HALIMI, entretien dans *Le Monde*, 1er mars 2002.

Une forme de perversité républicaine

Encore faut-il que tous les membres de la société puissent faire leur le garde-fou de la loi. Or la République fait preuve en l'espèce d'une certaine forme de perversité consistant à prétendre que « nul n'est censé ignorer la loi », alors que son enseignement demeure absent de l'école publique.

Depuis longtemps, des voix se sont élevées pour demander que le droit fasse l'objet d'un enseignement systématique à l'école dès le début du secondaire. On sait le temps qu'il a fallu pour que la même demande à propos de l'économie reçoive satisfaction. À l'heure actuelle, pour le droit, la mesure est laissée à la discrétion du chef d'établissement. De toute manière, il ne s'agira au mieux — et le cas reste rare — que de quelques exposés donnés par une personne bénévole extérieure à l'établissement, juge ou avocat, en général parent d'élève.

Dans notre esprit, le droit, qui dit les liens contractuels entre l'individu et la société, devrait faire l'objet d'un enseignement systématique, donné par un corps d'enseignants formés à cet effet. Que cet enseignement n'existe pas marque la profonde méfiance des politiques — de gauche comme de droite — envers la démocratie. L'État de droit, oui ; l'individu démocrate, non. Les politiques n'ont pas compris que, dans la société de masse qui est la nôtre, la formation de notables et d'élites ne suffit plus. C'est l'individu qui fait l'Histoire.

Au long des années du secondaire, l'enseignement du droit pourrait connaître plusieurs phases. Dans un premier temps, on partirait des intérêts des élèves. À partir d'incidents concernant leur vie quotidienne (vol de mobylette, agression, racket...), l'enseignement montrerait les recours possibles et que la victime n'est pas abandonnée par la société. Il dirait précisément ce que la loi permet ou interdit. Les discussions en petits groupes seraient favorisées et l'expérience des élèves mise à contribution : ce qu'ils ont fait face à l'épreuve et ce qu'ils auraient pu faire.

L'année suivante, on pourrait commencer à étudier, toujours à travers le droit, l'histoire, dans les différentes sociétés, du rapport du monde adulte avec l'enfance et la jeunesse. Il y aurait là matière à observer les évolutions historiques de ce rapport dans notre pays et en Europe, mais aussi un cadre serait construit dans lequel replacer les différentes situations actuelles dans le monde (travail des enfants, enfants-soldats...). Les modes de transmission d'une génération à l'autre feraient l'objet d'une étude particulière.

Enfin, dans les dernières années du secondaire, l'évolution historique du droit et son état actuel dans notre société pourraient être abordés — droit pénal, droit civil, droit commercial. La situation contemporaine pourrait ainsi être présentée comme l'aboutissement d'une longue histoire. Certains cours pourraient d'ailleurs associer l'enseignement de l'histoire et celui du droit. Les heures consacrées à cette dernière matière feraient d'elle une composante à part entière de l'enseignement, à égalité avec l'histoire ou la littérature.

Le cas évoqué de Gisèle Halimi montre que l'enseignement du droit permet bien plus que de situer la place de l'individu dans un État de droit. Pour l'élève actuel, la société apparaît trop souvent comme un chaos « plein de bruit et de fureur », livré à l'arbitraire et dans lequel il ne dispose que de maigres repères pour se situer. Mettre de l'ordre dans le chaos ou la jungle, apprendre à s'y diriger grâce à la connaissance de ses droits et devoirs ne peut manquer d'introduire à l'intérieur même de la personnalité certains repères stables, à l'opposé de l'arbitraire et de la toute-puissance qui marquent l'archaïsme psychologique. Certes, selon les individus, ce principe de socialisation jouera avec plus ou moins de force. Mais, de toute manière, le cadre ainsi construit se situe au-delà du familialisme social.

À l'heure actuelle, pour la plupart des élèves dans une école, la seule loi qui règne est un rapport de forces, celui des forces en présence. Est-ce cette perspective que la société des adultes souhaite favoriser et entretenir ?

11

Les sciences de la société vues d'en haut et vues d'en bas

Au tout début de 1982, une aventure allait commencer qui occuperait une part non mince de mon temps pendant cinq années entières, bénévolement. Durant l'année 1982, je participai à la « mission Godelier », comme psychanalyste. Puis allait suivre la mission que, à ma demande, me confia Jean-Pierre Chevènement, alors ministre de la Recherche puis de l'Industrie, et qui concernait un tout autre domaine que la psychanalyse. J'allais m'apercevoir que la séparation entre le haut et la base de la société concernait également le domaine des sciences humaines et sociales.

Maurice Godelier devait, disait la lettre de mission, dresser un état des lieux des sciences de l'homme et de la société, avant d'émettre des suggestions pour « réformer les structures et les statuts » et « introduire une vigoureuse impulsion ». Il fallut peu de temps pour réaliser que, au sein du CNRS, lieu principal de la recherche, toute idée nouvelle un peu conséquente (les « fronts intersciences », etc.) provoquait immédiatement, de la part des syndicats corporatistes de cet établissement, la levée d'un barrage infranchissable. La montagne allait donc accoucher d'une souris et d'un volumineux rapport. Mais, aussi, Maurice Godelier, se rendant compte que les vingt membres de son équipe ne suffiraient pas à couvrir l'entier du champ prescrit, demanda à chacun de nous de prendre en charge, s'il le pouvait, un domaine supplémentaire.

Les chercheurs spontanés

J'avais toujours travaillé hors les voies de la recherche officielle. À partir de 1971, outre mon travail de psychanalyste, j'avais suscité la création de groupes de recherche — dont le Groupe Desgenettes, à Paris — dans une discipline neuve, la sociopsychanalyse. Terme ambigu, peut-être malheureux car pouvant laisser croire à l'application de la psychanalyse à la sociologie, tentative souvent faite par le passé. Il s'agissait ici, très différemment, de travailler à développer une psychologie sociale à partir d'une pratique codifiée (et à inventer), et qui aurait à tenir compte de la psychanalyse. Les années suivantes, progressivement, un dispositif d'intervention prit forme, s'appliquant dans le champ social avec deux éléments principaux : la constitution de « groupes homogènes » de métier dans un établissement, une organisation (ce que nous nommons une institution) — une première en la matière — et une communication indirecte entre ces groupes. Dans le cours de ce travail de terrain, j'avais pu observer un phénomène assez fréquent, quoique rarement décrit, à savoir les recherches qui naissent spontanément sur les lieux d'activité professionnelle, en particulier dans le travail social. Une phrase résumait l'esprit de telles recherches : « Comment pourrait-on faire autrement et mieux ? » Je proposai donc de mener, avec l'appui du Groupe Desgenettes, une enquête sur ce que j'allais nommer la « recherche spontanée [1] ».

Nous — les membres du Groupe Desgenettes — rédigeâmes une lettre-questionnaire, destinée à ceux, individus ou petits groupes, qui, un temps plus ou moins long, poursuivent dans le champ social ou psychologique une interrogation systématique sur un point particulier de leur pratique professionnelle ou de leur vie sociale. Sept cents lettres furent envoyées aux organismes susceptibles d'avoir des contacts avec ce type de population, et des dizaines d'entretiens eurent lieu avec leurs responsables. Le nombre de réponses fut élevé : cent

1. À différencier de la recherche impliquée, de la recherche-action ou de la recherche engagée (*cf.* Gérard MENDEL, « Recherche impliquée et recherche spontanée », *in Recherches impliquées. Recherche-action : le cas de l'éducation*, Colloque de l'INRP, De Boeck Université, Bruxelles, 1988).

quatre-vingt, soit plus de 25 % (le taux habituel est de l'ordre de 5 %). Un tiers des réponses venait des organismes et deux tiers provenaient de chercheurs « spontanés ». Nous commençâmes alors à prendre contact avec eux. La mission Godelier s'achevant à l'automne 1982, J.-P. Chevènement signa en janvier 1983 une lettre de mission dont l'objet explicite concernait la recherche spontanée. Un travail au long cours pouvait commencer. Soit dit au passage, les membres de la mission Godelier, à l'exception notable de Michelle Perrot, s'étaient montrés opposés à mes tentatives. Je dirai un peu plus loin les raisons invoquées.

Qui étaient-ils, ces chercheurs ainsi nommés *spontanés* ? Souvent, il s'agissait de travailleurs sociaux (éducateurs, assistantes sociales, animateurs de MJC, psychologues...). Mais il existait aussi des groupes de médecins de quartier réfléchissant sur les problèmes de la prévention à leur niveau ; des groupes d'architectes étudiant avec les futurs usagers les plans des immeubles à construire ; des groupes de villageois en quête des éléments de leur culture traditionnelle avant qu'elle ait disparu, et parfois même voulant fonder un écomusée ; des peintres suscitant dans des zones urbaines l'expression plastique de jeunes enfants ; des groupes de femmes réfléchissant sur l'organisation sexiste de la société et les moyens d'y remédier ; des « innovateurs sociaux » cherchant à travailler différemment ou à créer de petites entreprises autogérées dans le cadre de l'économie sociale ou coopérative ; un groupe de journalistes réfléchissait sur l'exercice de leur métier ; des ingénieurs, des ouvriers travaillaient durant leurs loisirs à perfectionner une pièce de machine... Plus nous poussions l'enquête, plus s'affirmait la diversité de la population concernée, et plus aussi son nombre ne cessait de s'accroître, la difficulté restant celle de repérer des gens dispersés et isolés.

Quels points communs retrouver dans une liste aussi hétérogène, mises à part la curiosité pour ce qu'on fait et la créativité ? Tout d'abord, leur interrogation et leur recherche apparaissaient toujours liées à un désir de développement personnel : ces chercheurs spontanés voulaient changer quelque chose à l'extérieur, dans leur « faire », pour changer eux-mêmes intérieurement, évoluer, grandir, acquérir un surplus d'identité, se sentir exister davantage. Le concept d'actepouvoir trouvait ici à s'appliquer avec évidence : ils étaient tous motivés par la volonté d'avoir plus de pouvoir sur leurs actes, sur leur vie. Ils voulaient s'approprier un morceau de leur vie sociale, ne pas devenir instrumentalisés par une activité machinale, routinière. Mais aussi tout se passait comme s'ils avaient l'intuition que ce n'est pas seul qu'on change les choses ou soi-même, mais avec les autres. En effet, le plus souvent, ils ne passaient à l'acte qu'en petit groupe.

En corrélation avec cette motivation chaque fois retrouvée, s'affirmait la décision catégorique de parvenir à leur objectif par leurs propres moyens. Le cheminement de la recherche devait rester leur bien, car le moteur du changement en eux était l'interrogation elle-même. C'était en s'appropriant un élément de leur vie, et seulement ainsi, qu'ils pourraient avancer dans leur existence. D'où deux corrélats. L'idée qu'on puisse leur indiquer le meilleur moyen pour parvenir au but leur ôterait, la chose était manifeste pour eux, toute envie de continuer. Par ailleurs, ils ne souhaitaient nullement acquérir un diplôme, comme certaines institutions le proposaient à des opérateurs de terrain (collège coopératif, etc.).

Dernier point, enfin, leur recherche devait, dans leur métier ou dans leur vie, trouver une application immédiate. Ils ne cherchaient ni à résoudre des problèmes intellectuels ni à théoriser ; ils affrontaient des questions concrètes et précises posées par la pratique.

Qu'attendaient-ils de nous ? Ils exprimaient deux souhaits, dont le trait commun était le grand désir de sortir de l'isolement. Ils auraient voulu pouvoir, au moment jugé opportun par eux, entrer en contact avec un spécialiste de la question traitée — s'il en existait — afin de lui poser une ou plusieurs questions leur permettant de franchir un ou des obstacles qu'ils ne parvenaient pas à dépasser seuls. La manière d'opérer des « boutiques des sciences » ne leur aurait donc pas convenu, qui prenait en charge l'entier de la recherche (par ailleurs, de telles boutiques, en dehors du droit, n'existaient pas dans le domaine des sciences humaines et sociales). Leur second souhait était celui d'une reconnaissance sociale, ils désiraient faire connaître leur travail et, au-delà, entrer en contact avec les groupes qui se seraient donné des objectifs semblables aux leurs.

Comment essayer de répondre à ces désirs sans les dénaturer ? Comment sortir ces gens de terrain de leur isolement, sans qu'ils perdent leur ferment créatif dans la rencontre avec des formes instituées ? Les associations d'éducation populaire, les syndicats, auxquels souvent ces chercheurs s'étaient adressés, reconnaissaient n'être pas à même de fournir une réponse adaptée.

Comment rendre compte en quelques pages de ce qui fut durant cinq ans le long travail collectif de notre groupe [2] ? Il y eut la multiplication des contacts avec les chercheurs spontanés ; des minicolloques organisés avec certains d'entre eux, des représentants des boutiques des sciences et de divers organismes officiels ; des « journées intermédiaires », où nous exposions l'état de notre travail devant un « groupe témoin » constitué de sociologues et de personnalités ouvertes à notre propos. Il y eut surtout les démarches auprès des grands établissements de la recherche officielle (CNRS, INSERM...). Afin de montrer l'intérêt pour la recherche scientifique de telles études de terrain par les praticiens, nous obtînmes du ministère trois bourses, de 20 000 francs chacune [3]. Elles furent attribuées à un cabinet médical de groupe menant une action de prévention ; à une association de formation en milieu rural développant des pratiques pédagogiques agricoles nouvelles ; à une recherche menée par un syndicaliste sur les possibilités d'un syndicalisme pour les petites entreprises (petit commerce non alimentaire, coiffure).

L'impossible articulation entre recherche spontanée et recherche institutionnelle

Deux principes directeurs nous guidaient. Tout d'abord, nous excluions l'idée d'une agence, d'un centre ou d'une fondation, dont la logique naturelle serait, l'expérience ne cessait de nous le montrer, de se refermer sur leur fonctionnement interne en s'éloignant toujours plus des problèmes posés à la périphérie de la société. Et, second principe, nous souhaitions qu'un tel

---

2. Gérard Mendel et le Groupe Desgenettes, *La Recherche spontanée (1983-1986)*, rapport au ministre de la Recherche et de l'Industrie, 2 vol. ronéotés.

3. Outre l'appui du ministre, trois soutiens nous furent acquis au cours de ces années. Ceux de Maurice Godelier ; de Roger Brunet, chef du département des sciences sociales au ministère de la Recherche et de l'Industrie ; de Lucien Brams, directeur de la Mission interministérielle « recherche-expérimentation » (MIRE).

ferment actif puisse diffuser et rayonner dans le tissu social environnant, favoriser à la base de la société l'esprit d'interrogation et de recherche sur les problèmes de la vie quotidienne. Quelles passerelles, alors, construire avec les lieux officiels de la recherche ?

Pour être bref, aucune de nos démarches, même celles appuyées par le ministère, ne put aboutir. Les laboratoires contactés du CNRS ne donnèrent pas suite à des propositions précises concernant certains des groupes de chercheurs spontanés. L'INSERM déclara que ses budgets ne lui permettaient pas une collaboration avec les groupes de médecins de ville que nous lui présentions, et qui menaient pourtant de longue date des travaux sur la gérontologie, la gynécologie, la prévention. Le texte de la loi sur la formation était déjà bouclé. Un temps, il fut question qu'une salle de la Cité des sciences et de l'industrie de La Villette soit consacrée à la recherche spontanée, puis le projet avorta. Les boutiques des sciences, je l'ai dit, n'avaient pas investi les sciences humaines et sociales, et traversaient par ailleurs une passe difficile. Les Centres régionaux de développement scientifique et technique, un lieu d'articulation très possible, ne connaissaient malheureusement pas les développements prévus par la loi d'orientation.

La seule étude qui put vraiment aboutir avait commencé avant la création de la mission ; elle a ainsi contribué à son développement. Il s'agissait du travail en collaboration avec des conseillers d'orientation-psychologues et qui devait mener à la mise au point de la « méthode d'expression collective des élèves », dont il sera traité dans les prochains chapitres sur la socialisation. Pour clore ce chapitre des tentatives, le réseau Internet représenterait aujourd'hui une réponse possible pour favoriser les contacts horizontaux entre chercheurs, mais elle resterait incomplète et problématique. Incomplète, car elle ne fournirait pas à elle seule une articulation avec la recherche officielle ; problématique, car la création d'un site ou d'une banque de données soulèverait la question de leur prise en charge et de leur financement.

Plusieurs craintes ou objections avaient été émises par les membres de la mission Godelier, qui anticipaient ainsi sur les résistances que nous devions rencontrer par la suite. Elles étaient de plusieurs ordres. Énumérons-les, avec nos éléments de réponse.

L'absence de valeur générale ou d'intérêt intellectuel en raison de l'empirisme de la démarche. Pourtant, répondions-nous, les documents que nous recevions montraient, dans nombre de cas, un bon niveau et à propos de problèmes qui souvent n'avaient jamais été traités par la recherche officielle [4].

Le faible degré de scientificité dans la méthodologie et dans les résultats rapportés. Certes, rétorquions-nous, le cheminement était particulier dans la collecte des informations et il empruntait souvent des chemins détournés. Mais l'étude du matériau recueilli et l'argumentation ne se différenciaient pas des travaux sociologiques ou psychosociologiques habituels — dont, par ailleurs, la méthodologie n'était pas toujours le point fort, surtout dans la seconde de ces disciplines [5].

Le risque d'un envahissement progressif des lieux de la recherche, entraînant une baisse du niveau scientifique. Pourtant, dans la population en question, nous ne rencontrions pas le désir de devenir chercheur à temps plein. La recherche portait sur un point particulier et, quelle que fût sa durée — de quelques semaines à quelques mois (dans des cas très exceptionnels, plusieurs années) —, le chercheur spontané se limitait toujours à une seule étude dans sa vie.

Enfin, ne s'agissait-il pas là de *recherches militantes, trop engagées idéologiquement pour prétendre à la nécessaire neutralité scientifique* ? À notre connaissance, tous les cas de figure se présentaient. Mais, dans le cas de groupes militants — qui, en tout état de cause, restaient très minoritaires —, comment ne pas se souvenir que de tels collectifs avaient pu, à certains moments, attirer l'attention et susciter la réflexion sur des problèmes sociaux majeurs, comme l'organisation sexiste de la société ou les conditions de vie dans les prisons ?

Bien sûr, ces craintes et objections comportaient une part de vérité. Les risques nous paraissaient pourtant minimes, voire

---

4. Enseignant par la suite (1990-1995) la sociologie au département de sociologie-ethnologie de l'université de Nice, j'ai pu établir des comparaisons précises sur la qualité des textes reçus, dont la plupart étaient du niveau du DEA ou du DESS, sinon toujours dans le vocabulaire, du moins dans la présentation critique des faits relevés.

5. *Cf.* Gérard MENDEL et Jean-Luc PRADES, *Les Méthodes de l'intervention psychosociologique, op. cit.*

nuls, compte tenu de la disproportion des forces entre les deux partenaires possibles. D'autres causes pesaient certainement très fort pour expliquer les résistances des chercheurs institutionnels, mais elles restaient dans le non-dit. Demeurait ainsi dans la mémoire collective — l'événement était récent — la titularisation massive par le CNRS des chercheurs sous contrat, particulièrement en sociologie, et la crainte que l'événement se renouvelle. Jouait également une certaine paresse intellectuelle à l'idée de s'engager sur des terrains nouveaux (il fait bon se dire « progressiste », il est plus difficile de le manifester en acte dans un travail où, en l'occurrence, chacun gardait en tête un « plan de carrière » très tôt établi et un objet d'étude permettant de le gérer au mieux et dont on ne souhaitait pas s'écarter). Mais plus encore, à bien entendre les discours tenus, il y avait la fierté d'appartenir à la noblesse de l'esprit, d'avoir gagné ses quartiers de noblesse difficilement et par le mérite personnel ; traiter *à égalité* avec les manants de la recherche était donc devenu impensable. À égalité : il ne s'agissait pas ici, en effet, de traiter ces études comme une matière première taillable et corvéable à merci, mais de donner réponse à des questions ponctuelles et précises, et de poursuivre le dialogue sur cette base.

Avec le recul du temps, il faut reconnaître que le chantier était immense ; que le problème posé était d'une difficulté insigne ; qu'il dépassait les possibilités d'action d'une petite équipe comme la nôtre. Il n'en reste pas moins vrai qu'un grand problème se posait, se pose toujours. Et que son approche franche, publique, avec les moyens nécessaires — politiques, intellectuels, financiers —, conditionne sans doute une partie, difficile du reste à estimer, de la possible avancée démocratique.

La question d'une proximité plus grande entre les scientifiques et les simples citoyens, souvent interrogatifs voire perplexes à propos de certaines recherches actuelles, reste d'actualité. Elle semble pourtant concerner davantage les sciences de la nature, les sciences « dures », que celles sociales et humaines. Aux boutiques de science des années 1970 et 1980 (en reste-t-il encore ?) a succédé la méritoire opération « Main à la pâte », lancée en 1995 par le physicien George Charpak dans les écoles primaires. Les « Journées de la science » ont concerné sept cents villes et villages en octobre 2000. Des « Cafés de la science » sont nés. Un bilan général serait bienvenu, qui dresserait la liste des problèmes rencontrés, en particulier méthodologiques, des réussites et des échecs.

Citons, pour conclure, Michel Demazure, président de la Cité des sciences et de l'industrie de La Villette, membre du comité d'organisation de la Fête de la science en 2000 : « Je vois deux chantiers majeurs. Le premier sur lequel j'essaie d'entraîner la Cité des sciences est la mise en perspective, le débat sur les enjeux, les dangers, les tenants et aboutissants de la science qu'on ne peut plus considérer comme allant de soit. Le second, plus complexe, pose la question d'un enseignement qui ne se contente pas d'aligner des connaissances, mais qui soit plus ouvert, plus global [6]. » Dans les pages qui vont suivre, je vais essayer d'apporter ma pierre au second de ces chantiers.

Articuler savoir pratique et savoir théorique : un scénario

Je voudrais revenir sur un autre long travail, mené avec le collège coopératif d'Aix-en-Provence, dans les années 1990. Il en a été parlé ailleurs [7], mais ce texte trouve ici une place privilégiée. En effet, il ne suffit pas de prôner le dialogue entre intellectuels — universitaires, chercheurs institutionnels, théoriciens — et praticiens du terrain. Encore faut-il donner une idée de la nature et de la somme des difficultés existantes, et commencer à dire comment elles pourraient être affrontées.

Dans la douzaine de collèges coopératifs en France, des travailleurs sociaux en activité viennent un jour par semaine et certains week-ends pour suivre des cours et participer à des séminaires. Ils ont derrière eux une quinzaine d'années d'exercice de la profession. L'objectif est d'acquérir les « outils » intellectuels leur permettant de penser leur pratique. À la fin des trois années, ils présentent un mémoire dans lequel ces « outils » sont utilisés pour présenter un ou plusieurs cas tirés de leur pratique.

6. *Le Monde*, 18 octobre 2000.

7. Gérard Mendel, *L'Acte est une aventure*, *op. cit.* quatrième partie, et plus particulièrement chapitre 26 : « De la difficulté d'articulation entre action et acte : le cas des travailleurs sociaux »

Où se situe ce qui globalement représente pour moi un échec de fond, quels que puissent être par ailleurs les bénéfices importants et nombreux de cette opération ? Les enseignants sont des universitaires qui enseignent leur discipline comme ils le font à l'université. Le mémoire terminal, lorsque les élèves en viennent à bout, n'est, lui aussi, guère différent d'un travail universitaire. Autrement dit, l'objet des études n'est pas la mise à plat des problèmes de la pratique, mais l'apprentissage d'un discours spécialisé, d'une langue étrangère en quelque sorte, dans lesquels une certaine pratique se trouvera traduite. On passe d'une pratique d'acte à un discours d'action. Les problèmes spécifiques de la pratique et du terrain social qu'elle affronte ne sont pas creusés, élaborés, à leur niveau propre. On enseigne aux élèves une certaine langue dans laquelle s'exprimer, dans une démarche qui ne leur permet pas d'approfondir les problèmes de la pratique quotidienne. Le plan d'études que j'avais préconisé permettra de me faire mieux comprendre.

Toute l'organisation des études serait à repenser. La première année serait exclusivement consacrée à l'*analyse des pratiques* à partir de problèmes concrets apportés par l'élève et qui seraient approfondis en petits groupes de métier. Cette analyse des actes s'opérerait dans quatre champs disciplinaires. Pour les travailleurs sociaux en institution, le centrage théorique se ferait à partir de l'analyse des organisations et institutions, et comprendrait la psychosociologie. Les professions du face-à-face (assistantes sociales, etc.) se centreraient sur la psychologie avec, au cœur de cette discipline, la psychanalyse. Les métiers à responsabilité hiérarchique étudieraient le management (gestion, économie...), y incluant la psychologie sociale. Enfin, pour le travail d'équipe en milieu ouvert s'ouvrirait l'étude du fonctionnement des groupes. Les étudiants s'inscriraient à des modules « forts » correspondant à leur métier, et participeraient également à des modules « faibles » communs à tous les groupes et traitant de l'ensemble des pratiques. Une telle organisation des études exigerait une disponibilité particulière des enseignants et, surtout, la capacité de poursuivre leur propre formation théorique en parallèle aux redoutables questions de la pratique. Situation bien différente de l'actuelle où, avec la méthode du *case work*, ils présentent des cas cliniques trouvés dans les manuels et assaisonnés d'une sauce théorique mijotée à l'avance par d'autres qu'eux-mêmes.

En deuxième année, on inverserait les priorités et les logiques, et le discours d'action des enseignants viendrait au premier plan. Seraient enseignées les *disciplines théoriques*, dont la première année aurait permis de délimiter le cadre. Les mêmes problèmes de terrain se retrouveraient, mais envisagés cette fois non plus à partir du « bas » mais du « haut », c'est-à-dire des concepts théoriques, avec leur naissance et leur évolution, l'articulation des champs du savoir, la lutte des courants, les problèmes actuels des chercheurs, l'idéologie, les rapports avec la philosophie.

Enfin, le temps de troisième année serait occupé par le travail sur le mémoire : ateliers de méthodologie, d'écriture, d'aide et de réflexion, avec la participation d'anciens étudiants.

Les travailleurs sociaux portent en eux une forme de savoir, rationnelle-pratique. Les universitaires et chercheurs institutionnels détiennent un savoir rationnel-théorique [8]. Ces deux savoirs sont différents. Le premier comporte un savoir-faire pratique et une expérience de l'acte qui sont devenus incorporés à la personnalité. Le second est verbalisé et formalisé. L'impensé du social ne paraît pouvoir devenir accessible à la conscience que dans une double opération. Celle du cumul collectif d'une expérience semblable par les praticiens de terrain dans des groupes homogènes, et celle du dialogue lui aussi collectif avec des représentants de la pensée rationnelle-théorique. Il faut, de plus, que ce dialogue prenne la forme explicite d'une rencontre de deux incertitudes, de deux interrogations se questionnant mutuellement. Il est évident que, le plus souvent, les enseignants ne connaîtraient pas à l'avance les réponses aux questions posées par leurs élèves et qu'il leur faudrait, difficilement, s'interroger à leur propos ; certaines interrogations resteraient même sans réponse, ouvrant de nouveaux champs de recherche.

8. Gérard MENDEL, *L'Acte est une aventure*, *op. cit.*, quatrième Partie : « La pensée dans l'acte ou l'intelligence du faire ».

12

La socialisation de l'enfant, creuset de la socialité adulte

J'aborde avec une idée simple ce chapitre clé où se croiseront des disciplines sans lien reconnu entre elles. Cette idée se dédoublera en deux interrogations. Quel est le degré de participation de l'enfant, et plus tard de l'adulte, à la construction de soi ? Si participation il y a, avec quelles ressources ? Faute d'une perspective anthropologique, la seconde de ces interrogations n'a, semble-t-il, jamais été traitée frontalement. Or l'un des thèmes que nous soutenons depuis longtemps déjà est que, dans des sociétés d'individus isolés comme la nôtre, le développement psychosocial de la personne ne peut s'opérer que si celle-ci est en mesure de participer elle-même à la construction de son identité, c'est-à-dire, dans la pratique, si la société favorise un environnement lui permettant de cultiver ses ressources anthropologiques [1] : « La légitimité de la politique ne sera sans doute désormais reconnue par l'individu moderne que si elle lui permet de développer ses ressources personnelles et d'investir ainsi les divers champs du possible [2]. »

Le mode de la socialisation chez l'enfant et les conditions de celle-ci vont nous apparaître déterminants dans la mise en place

1. Ce chapitre et celui qui suit développent et approfondissent un thème déjà présent dans *54 millions d'individus sans appartenance* (1983) et dans *De Faust à Ubu* (1996). Ce thème avait connu une première élaboration dans *La Société n'est pas une famille* (1992), chap. 16, « Autoconstruction du sujet et interactions ».

2. Gérard Mendel, *Une histoire de l'autorité*, *op. cit.*, p. 278.

des fondements de l'esprit démocratique, dans la construction du futur *Homo democraticus*. Il n'y a là, somme toute, que l'application à un domaine particulier des enseignements de la psychologie moderne, dont ceux de la psychanalyse, quant à la centralité de l'enfance dans le destin ultérieur de l'individu.

Les théories de la socialisation alignent, séparées par des cloisons étanches, des contenus qui diffèrent pour le sociologue, l'ethnologue, le psychologue, le psychanalyste. Cette donnée complexe, une image peut pourtant l'illustrer. Le même jour, deux enfants naissent, avec d'évidence le même potentiel chromosomique de base, l'un à Paris, l'autre au cœur de la forêt amazonienne. Dix ans plus tard, comportement, sociabilité, psychologie, système des valeurs seront différents. Que s'est-il passé ?

Sociologie et socialisation

Le mot socialisation vient de la sociologie. Il y est d'entrée récente (1937), et ce qu'il recouvre a donné lieu à « des études innombrables, hétérogènes [...], peu intégrées théoriquement[3] ». La socialisation concerne, comme le mot le suggère, le processus d'intégration des individus aux groupes sociaux. Dans « socialisation », il y a « société », et société seulement. De Durkheim à Talcott Parsons et à Pierre Bourdieu (l'*habitus*), il s'agit, sous ce nom ou sous un autre, d'un processus qui agit par le conditionnement et contraint l'enfant à intérioriser les valeurs, les conduites de l'adulte. On n'est pas très loin du dressage animal, et le degré de participation du sujet frôle le zéro.

La sociologie ne fait ici que prolonger la tradition théologico-philosophique, de Bossuet (« L'enfance est la vie d'une bête ») à Kant (« Seule la discipline transforme l'animalité en humanité »). Là où, autrefois, s'introduisait dans le corps de l'homme l'âme formée à l'image de Dieu, la société intériorise à présent ses valeurs. Bien avant que certains auteurs contemporains utilisent l'image de l'enfant-bouteille vide que le pédagogue emplit de savoir et de sagesse, Fénelon évoquait déjà la cire molle sur

3. Raymond BOUDON et François BOURRICAUD, « Socialisation », *in Dictionnaire critique de la sociologie*, PUF, Paris, 1982.

laquelle l'éducation imprime sa marque. Pour les culturalistes américains — Margaret Mead, Ruth Benedict, Abram Kardiner —, « la personnalité des membres d'une société [est] considérée comme produit fini en même temps que comme expression caractéristique de la culture envisagée [4] ». Là encore, le sujet n'apporte rien de son cru dans la construction de sa personnalité et dans les contenus représentatifs de celle-ci, sinon la capacité de l'espèce au conditionnement.

Ceux des sociologues qui considèrent la socialisation comme une interaction entre le sujet et son milieu font preuve apparemment d'une plus grande souplesse. Mais est-ce vraiment un pas vers la participation telle que nous l'entendons ? Le maître mot constamment retrouvé dans le paradigme de l'interaction est celui d'adaptation, qui prête à s'interroger. Pour Norbert Elias, le sujet individuel participe aux variations du milieu social et ce processus intervient bien en deçà des représentations culturelles, à un niveau profond de la personnalité et jusque dans la relation au corps, puisque la sensibilité physiologique se trouve elle-même concernée. Physiquement, nous ne supporterions pas en effet aujourd'hui sans un haut-le-cœur la vue des supplices sur la place publique dont les foules du passé étaient si friandes ; les nazis eux-mêmes n'étaient pas revenus au temps des bûchers, de la roue ou de l'écartèlement.

Cela étant, jamais Elias ne replace de tels changements psychophysiologiques, évoluant dans une interdépendance avec la vie sociale, dans le cadre théorique d'une grande construction psychologique qui permettrait d'en comprendre les lignes de force, les dynamiques, les rapports avec un inconscient qui ne serait plus métahistorique comme chez Freud, mais travaillé par la société et l'Histoire. Elias centre son étude sur le « processus de socialisation » tel qu'il peut être observé par le sociologue, non sur les variations anthropologiques d'un psychisme envisagé dans une dimension non pas certes autonome, mais du moins spécifique. Il ne se donne pas un nouveau modèle de l'appareil psychique qui répondrait aux variations socioculturelles dont il retrace l'histoire.

4. Michel PANOFF, « Culture et personnalité », *in Dictionnaire de l'ethnologie*, Payot, Paris, 1973.

Pourtant, dès que nous pénétrons dans la sphère interactionniste, nous nous trouvons à mi-chemin entre sociologie et psychologie, sans compter même les nombreuses voies de traverse des disciplines qui contribuent à une anthropologie générale. Une prise en compte un peu complète des liens d'interdépendance ou d'interaction entre l'individu et la société, celle-ci sous l'influence de l'économie, de la culture et de l'histoire, oblige nécessairement à repenser à nouveaux frais les modèles matriciels de la psychologie et de la psychanalyse. Et, pour ce faire, l'éventail de l'anthropologie générale doit s'ouvrir, des neurosciences à l'économie.

Psychologie et socialisation

Qu'en est-il de la socialisation sous le regard des psychologues interactionnistes, dont la figure de proue reste celle de Jean Piaget ? Y a-t-il, ici, une véritable avancée vers l'idée d'une participation du sujet à la construction de son moi ? On peut en discuter. La réponse est négative pour ce qui concerne le domaine de la cognition. Pour Piaget, les structures cognitives se développent dans le cours d'un processus autonome avec quasi mécaniquement des stades successifs. Certes, le milieu est, selon les cas, plus ou moins apte à nourrir l'évolution normale du processus. On ne peut guère dire, en tout cas, que l'enfant participe à la bonne marche des acquisitions cognitives, qu'il y « mette du sien » venu d'un fond propre, puisque le thème de la motivation est absent chez Piaget. L'enfant est entraîné, tiré en avant, il avance sur les rails d'un processus qui le conduira vers le progrès. La socialisation cognitive est adaptative, tout comme chez Karl Popper l'histoire de l'humanité est celle d'une adaptation aux conditions extérieures.

L'autre versant que Piaget aborde, laissant de côté le domaine de la psycho-affectivité, est celui de la normativité. Ici, il introduit une notion neuve, celle d'une socialisation par les pairs. Entre huit et onze ans, l'enfant réalise que, pour obtenir de ses camarades le respect de ses droits, il doit lui-même faire preuve de réciprocité [5]. Indéniablement, il s'agit là d'une forme de ce

5. Jean PIAGET, *Psychologie et pédagogie*, Denoël, Paris, 1969.

que, à partir de 1990, nous avons essayé de conceptualiser sous le nom de « socialisation non identificatoire » (aux adultes), notion à laquelle nous consacrerons le chapitre suivant. Il faut souligner que Piaget a toujours été un partisan résolu des méthodes actives en pédagogie : « La vie sociale entre enfants n'est pas utilisée dans la classe même ; les exercices faussement appelés collectifs ne sont en réalité qu'une juxtaposition de travaux individuels exécutés dans le même local [6]. »

La pédagogie, selon lui, associe deux processus « qui ne deviennent complémentaires qu'avec beaucoup de soin et de tact : la contrainte de l'adulte et la coopération des enfants entre eux [7] ». De la première, il dit qu'« elle remplaçait sans plus la croyance individuelle (l'égocentrisme) par une croyance fondée sur l'autorité, mais sans conduire à cette réflexion et à cette discussion critique [...] que seulement la coopération et l'échange véritable peuvent développer ». Il ne cesse d'insister sur le fait que « la vie sociale pénétrant en classe par la collaboration effective des élèves et la discipline autonome du groupe [...] est la morale en action, comme le travail "actif" est l'"intelligence en acte" ». Il faut, écrit-il encore, « réduire, dans la mesure du possible, la contrainte du maître pour la transformer en coopération supérieure ».

Malgré son prestige et les postes de très haut niveau qu'il occupera au plan international, le bilan qu'il tire de son action en faveur de la coopération des élèves à l'école fut, à la fin de sa vie, plus que désabusé : « Sous les régimes de gauche comme de droite, l'école a été construite par des conservateurs du point de vue pédagogique, qui pensaient bien davantage au moule des connaissances traditionnelles dans lequel il fallait façonner les générations montantes plutôt qu'à former des intelligences et des esprits inventifs et créatifs [8]. »

Pourtant, et c'est la limite de sa pensée, il n'est question là que d'adaptation conformiste, et non de la formation d'un jugement critique personnel ou d'innovation, de création véritables. « Éduquer, écrit-il, c'est adapter l'enfant au milieu social

6. *Ibid.*, p. 254.
7. *Ibid.*, p. 261-264.
8. Jean Piaget, *Où va l'éducation*, Denoël, Paris, 1972.

adulte[9] » ; « Éduquer, c'est adapter l'individu au milieu social ambiant[10]. » Par un effet grandiose de ce que les psychiatres nomment l'« isolation intellectuelle » propre aux structures obsessionnelles, Piaget écarte de son esprit les cas où le « milieu social ambiant » serait de nature totalitaire et barbare. Pourtant, ces lignes furent écrites en 1965. Sans vouloir être méchant, on peut se dire que les nazis auraient été heureux d'écrire ces phrases au frontispice des écoles et des monuments publics allemands.

Certes, face à des situations nouvelles, l'enfant, puis l'adulte possèdent, pour Piaget, la capacité créative d'accroître leurs ressources cognitives ou d'étoffer leur système de valeurs, mais toujours dans des systèmes stables, bien équilibrés — l'équilibre, maître mot chez le psychologue genevois —, où ne trouveront place ni les ruptures ni, Henri Wallon en faisait la critique, les conflits ou les contradictions. À partir d'un équilibre entre l'inné et l'acquis, le sujet respectueux de la société dans laquelle il est né, et qui ne peut être que démocratique, agira dans le sens de l'homéostasie avec le milieu extérieur. Les seules ressources anthropologiques dont il dispose lui sont fournies par l'innéité ; les apports spécifiques de la société, du milieu, dont la coopération entre enfants de même âge et partageant les mêmes intérêts, étant nécessaires pour que l'inné se développe. Si interaction il y a, elle est du type de celle entre moteur inné et énergie motrice du milieu ; le moteur agit dans le monde, mais toujours de la même manière, le rôle de l'énergie se bornant à alimenter un fonctionnement programmé. Chez Piaget, le mouvement ainsi développé s'opère nécessairement dans le sens du progrès, de l'« accommodation-assimilation », comme dans les meilleures idéologies scientistes du XIXe siècle. La civilisation grandit inéluctablement et, sur le tronc du chêne-société, chaque année ajoute un cercle de croissance. L'univers piagetien connaît la belle stabilité du franc suisse. Il ignore la négation, la rupture, la crise. La contradiction et le conflit ne sont certes pas ici au principe de la vie sociale.

Le problème de la motivation, des « intérêts » propres à l'enfant et qui contribuent à son développement, sera

9. Jean PIAGET, *Psychologie et pédagogie*, *op. cit.*, p. 199.

10. *Ibid.*, p. 221.

explicitement posé aussi bien par l'Américain John Dewey que par le Français Henri Wallon, ou le Russe Lev Vygotski. Mais aucun facteur de nature anthropologique n'est dégagé par eux, qui permettrait de faire poids égal avec l'environnement, condition d'une interaction véritable. Il est vrai aussi que ces auteurs, comme Piaget, valorisent les seules fonctions cognitives. « Contrairement à Piaget, indique Vygotski, nous présumons que le développement ne mène pas à une socialisation, mais bien à une métamorphose des rapports sociaux en fonctions psychiques [11]. » Nous ne sommes pas loin des thèses culturalistes, politisées ici dans un sens marxien.

Rappelons la sixième des « thèses sur Feuerbach » dans *L'Idéologie allemande* : « L'essence de l'homme n'est pas une abstraction inhérente à l'individu isolé. Dans sa réalité, elle est l'ensemble des rapports sociaux. » Lucien Sève commente non sans justesse les deux positions, celle de Piaget et celle de Vygotski : « Dans la première façon de voir les choses, nous avons affaire à un développement biologique qui se socialise ; dans la seconde, de manière inverse, à un développement culturel qui se naturalise [12]. » À vrai dire, dans les deux cas, peut-on encore parler d'interaction, ou ne sommes-nous pas revenus à la position classique, celle d'un conditionnement, par la biologie ou par la culture, mais sans participation du sujet ?

Psychanalyse, méconnaissance et socialisation

Qu'en est-il chez les psychanalystes ? Socialisation n'est pas un terme que les psychanalystes utilisent couramment. On en retrouve pourtant les données principales avec le concept d'identification. En s'identifiant aux parents, puis aux individus qui leur succèdent, l'enfant, l'adolescent acquièrent les caractéristiques de leur culture. Nous serions alors en plein culturalisme si la psychanalyse n'accordait ici à l'enfant une « propriété », une particularité, qui lui appartient en propre, et qui fait de

---

11. Lev VYGOTSKI, *Pensée et langage*, chap. 2, « Le problème de la pensée et du langage chez l'enfant dans la théorie de Jean Piaget », Éditions sociales, Paris, 1985.

12. Lucien SÈVE, « Quelles contradictions ? À propos de Piaget, Vygotski et Marx », *in* Yves CLOT (dir.), *Avec Vygotski*, La Dispute, Paris, 1999, p. 233.

l'identification tout autre chose qu'un reflet du réel. En effet, c'est au travers de ses fantasmes inconscients de désir et de peur que l'enfant intériorise les figures parentales et les informations qu'elles lui transmettent. Voici, alors, pourrait-on estimer, une vraie « ressource » anthropologique, grâce à laquelle est assurée la participation active de l'enfant à la construction de soi. Voire, et pour deux motifs.

La première réserve tient à ce que l'appropriation psychique des figures parentales s'accompagne toujours d'une distorsion fondamentale du réel. Tout d'abord, ce n'est pas la réalité objective des parents qui se trouve intériorisée, mais leur image telle qu'elle a été *subjectivement* déformée. Face aux portraits variables et si souvent contradictoires qui, sur le divan, sont présentés au psychanalyste selon les phases du travail, on sait la difficulté d'une appréciation équitable des parents. Ensuite, la distorsion de la réalité se prolonge la vie entière, concernant le monde et la société en général. Nous retrouvons ici la dimension de l'universel empirique qu'est le schéma psychofamilial, vecteur de l'autorité. À partir des identifications parentales, ce schéma devient l'« organisateur » de l'inconscient dans sa partie superficielle, celle en rapport avec le monde extérieur et qui projette sur la société une vision familialiste. Donc, appropriation psychique des parents, oui. Mais processus à double tranchant, cadeau en partie empoisonné puisqu'il déformera à vie la réalité ; et pourtant étape absolument indispensable, car partie intégrante de la socialisation dans la formation du socle de la personnalité.

La seconde réserve est plus fondamentale encore, si l'on tient à suivre complètement Freud — ce qui n'est pas notre cas. En effet, les fantasmes inconscients individuels sont, pour cet auteur, héréditaires, au moins dans leurs scénarios de base — scène primitive, castration, séduction ; ils représentent un héritage culturel phylogénétique, transmis par les gènes. Ce qui, assurément, va à l'encontre de toutes les données de la biologie actuelle [13]. Mais aussi une telle position réduit comme peau de chagrin ce qui serait la participation personnelle de l'enfant à la construction de soi. À propos de ces fantasmes inconscients,

13. Gérard MENDEL, *La Psychanalyse revisitée*, *op. cit.*, chap. 1, « Les deux postulats biologiques de Freud ».

Freud cite la parole de Goethe : « Ce que tu as hérité de tes pères, acquiers-le pour le posséder [14]. » Au mieux, on ne peut que donner vie à l'héritage.

Enfin, Winnicott vint. Avec lui, une ressource anthropologique se trouve décrite par un psychanalyste [15]. Nous avons rassemblé et intégré les composantes de cette ressource dans le concept de *vouloir de création*, considéré comme un universel empirique. Cette force occupe une place centrale à l'intérieur du processus démocratique, tant par effet direct de la création, de l'invention de procédures nouvelles, que comme racine nourricière de l'actepouvoir, ainsi que nous allons encore l'observer dans le prochain chapitre.

14. Sigmund FREUD, *Totem et Tabou*, O.C., t. XI, PUF, Paris, 1998, p. 379.

15. Dans un article de 1953, « Pour une critique de Fairbairn », écrit avec Masud Khan, Winnicott écrit textuellement que ni Freud ni Mélanie Klein « n'accordent de crédit à l'idée de l'existence d'une créativité primaire ».

13

La socialisation non identificatoire : deux dispositifs

Le tour d'horizon à propos de la socialisation ne nous a pas laissé les mains complètement vides. Nous avons dégagé deux grandes formes de socialisation de l'enfant, celle par conditionnement et celle par identification. L'interaction mise en avant par certains théoriciens nous est apparue sans vrai contenu, faute de ressources reconnues chez l'enfant. À notre sens, ces ressources existent *en droit* : ce sont les universels empiriques, en particulier, nous venons encore de le rappeler, le vouloir de création et son inventivité dont les racines premières se situeraient au niveau des processus transitionnels décrits par Winnicott. Par ailleurs, certaines pratiques socialisantes nous ont appris à reconnaître de fait les caractères d'une troisième grande forme de socialisation, que nous avons nommée « non identificatoire » (à l'adulte). À partir du moment où des caractéristiques et un nom ont permis de dégager un espace conceptuel, il apparaît qu'il s'agit là d'un processus très général et de très vieille date. Nous allons d'abord décrire ses caractères, avant de le montrer à l'œuvre dans deux pratiques construites.

La socialisation non identificatoire

L'absence d'un concept intégrateur n'avait pas permis de rassembler sous le même registre des conduites collectives pourtant nombreuses et de prendre ainsi la mesure de leur importance. Car le concept de socialisation non identificatoire met un nom sur des pratiques très diverses et qu'on peut croire universelles.

Celles-ci possèdent trois caractères. Elles introduisent un rapport *direct* du sujet à l'environnement, c'est-à-dire, chez l'enfant, sans passage par une identification à l'adulte. Elles ont lieu dans un cadre social précis et délimité. Par sa formalisation, ce cadre joue le rôle d'un *contenant* du psychisme, en particulier pour les archaïsmes qu'il contribue à socialiser, et il représente ainsi une forme de ce que nous avons commencé à décrire dans les chapitres précédents sous le nom d'élément-tiers. Enfin, ces pratiques se déroulent le plus souvent en *petits groupes*. On peut même se demander si le fonctionnement en petit groupe à enjeu social ne serait pas une condition nécessaire au développement de la personnalité psychosociale de l'individu. Rappelons que, au cours des années 1930, les théoriciens du petit groupe — Kurt Lewin, Jacob Moreno, Carl Rogers — avaient tous trois, et de manière explicite, inscrit leur travail sous le signe de la défense de la démocratie menacée.

Avant tout, c'est chez l'enfant et l'adolescent que l'on retrouve des descriptions qui entrent dans le cadre de la socialisation non identificatoire. Reprenons brièvement des éléments que nous avons développés ailleurs [1].

Dans les sociétés sans écriture, l'étude de la socialisation identificatoire et par intégration verticale — les structures de parenté, le lignage, les identifications — a été privilégiée par les ethnologues. Pourtant, certains d'entre eux, de manière ponctuelle, ont décrit une socialisation par intégration horizontale à la classe des semblables, à l'intérieur des groupes d'âge [2].

Plusieurs pédagogues ont de longue date, eux aussi, insisté sur le rôle que peut jouer par lui-même l'enfant à l'école dans la construction de sa personnalité et dans l'apprentissage du savoir.

---

1. Gérard MENDEL, « Les processus non identificatoires de socialisation dans le développement de l'enfant et de l'adolescent », rapport au colloque de l'Association française de psychiatrie, *Cahiers de l'AFP*, Ville-d'Avray, 1990 ; « À propos de la socialisation aujourd'hui de l'enfant et de l'adolescent », *Nervure, Journal de psychiatrie*, vol. VIII, nº 4, Paris, 1995.

2. Pierre ERNY, *L'Enfant et son milieu en Afrique noire*, Payot, Paris, 1972, chap. 5 ; Elwin VERRIER, *Maisons des jeunes chez les Muria*, Gallimard, Paris, (1947) 1978 ; Don TALAYESVA, *Soleil Hopi*, Plon, Paris, 1968.

Maria Montessori ira jusqu'à parler d'autoéducation quand, dès 1907, elle met en place sa première *casa dei bambini* dans un quartier populaire de Rome. Elle préconise une position d'« humilité », de « retrait », des maîtres, afin que puissent s'exprimer les besoins de l'enfant, sa créativité, son habileté naturelle, et que les sens de la vue et du toucher se développent dans des pratiques particulières. Dès 1932, Jean Piaget, nous l'avons rappelé, avançait que les éléments les plus importants de la socialisation morale de l'enfant se construisaient non, comme il était dit habituellement, au contact des parents mais par l'influence du groupe des pairs, entre huit et onze ans. On a noté l'insistance avec laquelle il plaidait pour la coopération libre entre élèves à l'école et pour la discipline autonome du groupe.

Le didacticien et épistémologue André Giordan, successeur de Piaget à l'université de Genève, ne cesse, lui, d'insister sur la nécessité de prendre en compte chez l'élève les « conceptions préétablies », si l'on veut qu'il puisse intégrer de nouveaux savoirs. Le cerveau de l'enfant est tout le contraire d'une « table rase » ou d'une « bouteille vide [3] ». L'explicitation des « conceptions préétablies » nécessite la mobilisation des ressources de l'apprenant, en interaction avec la démarche de l'enseignant. Cette explicitation est indispensable avant qu'un autre savoir puisse être intégré.

L'ethnologue Hubert Montagner a décrit deux phénomènes. Le premier concerne l'aptitude très précoce du jeune enfant à développer des interactions avec sa mère. Le second nous intéresse particulièrement, puisqu'il a trait au fait que les relations entre enfants du même âge ont les mêmes effets positifs : « Le jeune enfant a été mésestimé quant à ses compétences à développer avec ses pairs des interactions précoces, diverses et chargées d'informations [4]. » Dès la deuxième année, une interaction socialisante se développe ainsi ; au cours de la troisième année, elle aboutit à un processus de sémantisation du geste qui inscrit les actes dans le registre humain. Ces perspectives, fruits d'un travail de plus de vingt années, diffèrent de celles du

---

3. André GIORDAN, *Apprendre*, Belin, Paris, 1998.
4. Hubert MONTAGNER, *L'Attachement*, Odile Jacob, Paris, 1988, p. 206.

pédopsychiatre Daniel Stern, qui postule une sociabilité déjà innée à la naissance et non pas acquise par l'interaction[5].

Un livre sur l'épigenèse du sujet humain, dû à la collaboration d'un neurophysiologiste et d'un psychanalyste, va dans le même sens d'une reconnaissance du rôle du sujet dans la construction de soi. Une citation permettra d'en marquer l'inspiration : « Ce n'est pas le monde qui nous environne qui impose sa loi, c'est nous qui nous construisons notre propre représentation du monde et qui la confrontons ensuite avec la réalité, au moyen d'une interaction en quelque sorte intentionnelle avec l'environnement. Ainsi, se trouve renforcée la position de l'individu à l'origine du processus subjectif du sujet comme source de l'intentionnalité[6]. »

Sortons des livres pour consulter l'expérience. Dans la société rurale traditionnelle, l'enfant fait continuellement l'expérience du rapport direct à la réalité extérieure. Il se trouve en position d'expérimenter sa force, ses ressources, de retrouver seul son chemin, d'affronter les éléments naturels ; il possède les objets nécessaires en rapport avec l'action sur la matière : couteau, petits outils. Il est présent de tout son corps aux activités de sa classe d'âge. En petit groupe, il participe à l'exploration du territoire communal, à la connaissance des limites de sa commune et des rapports à établir avec les enfants alentour. De nombreuses pratiques collectives se déroulent : fabrication de cabanes, dénichage des œufs, pêche à main nue. Il établit un rapport quotidien avec les animaux, et leur sexualité est pour lui transparente. Ces activités, en baisse avec le recul de la ruralité, étaient portées par ce que je nomme le « mouvement d'appropriation de l'acte » — j'y reviendrai en fin de chapitre — et permettaient une indéniable socialisation non identificatoire.

S'il y a socialisation, c'est parce que ces activités se déroulent dans un cadre socialisé et reconnu comme tel. Il ne s'agissait pas là d'« enfants sauvages » perdus dans la nature. Tout enfant appartenait à une famille avec un statut social précis et connu de chacun, tout lieu possédait un nom. Patronymie et toponymie quadrillaient le terrain d'aventures que représentaient le village

---

5. Daniel STERN, *La Constellation maternelle*, Calmann-Lévy, Paris, 1997.
6. Jacques HOCHMANN et Marc JEANNEROD, *Esprit, où es-tu ?*, Odile Jacob, Paris, 1991, p. 128.

et sa commune. Pas de bien qui ne fût la propriété d'un particulier ou de la collectivité, pas d'animal du monde sauvage qui ne possédât une histoire en partie légendaire et sa part de mythe. Il est évident que, aujourd'hui, les jeux vidéo n'inscrivent pas une telle socialisation dans la personnalité, et cela au moment même où les identifications traditionnelles se sont affaiblies. Sur le plan des deux socialisations — identificatoire et non identificatoire —, le déficit est certain. L'enfant et l'adolescent contemporains ne sont plus comme autrefois protégés aussi complètement des archaïsmes par les barrières des socialisations traditionnelles.

Fort heureusement, d'autres formes de socialisation se créent chaque jour sous nos yeux, sans que nous les reconnaissions toujours comme telles. Les jeunes footballeurs sont innombrables, qui, en l'absence d'adultes, savent appliquer entre eux des règles sans lesquelles il n'est plus de jeu possible. Par milliers, des groupes de rock, de jazz, de musique folklorique, des clubs moto se forment spontanément. À partir du moment où fonctionne une interface avec la société et ses règles (le code de la route, dans le dernier exemple), une forme de socialisation non identificatoire commence à se développer.

Sortons encore un peu plus des livres. Des procédures pratiques existent qui peuvent être mises en place pour faciliter la socialisation non identificatoire. Je vais montrer deux d'entre elles à l'œuvre, la première destinée à des élèves, durant leur scolarisation et la seconde à de très jeunes enfants à partir de dix-huit mois.

Le dispositif d'expression collective des élèves (DECE)

En France, nous avons mis en place depuis 1983 une méthode d'expression des élèves dans l'enseignement public [7], pendant

7. Le nous est ici collectif. On trouvera des informations dans : Claire Rueff-Escoubès, *La Démocratie dans l'école*, Syros, Paris, 1997. En Argentine, la direction est assurée par le professeur Maria-José Acevedo. Pour les classes du primaire, *cf.* Jean-Luc Prades, J.-M. Fôret, G. Hullin, A. Lombart, *Sur le travail social et la vie à l'école*, Z'Editions, Nice, 1999. Pour le Québec, Michel Parazelli. On peut consulter le site Internet <www.sociopsychanalyse.com>.

une année au moins, dans près de quatre cents classes du secondaire. Plusieurs réalisations ont également été conduites dans le primaire. En Belgique, des dizaines d'éducateurs ont été formés depuis plusieurs années. En Argentine, la méthode fonctionne dans plusieurs établissements depuis 1994 ; une formation sur deux ans est donnée aux futurs praticiens dans les universités de Buenos Aires et de Comodoro Rivadavia. Enfin, au Québec, cette méthode a été adaptée, nous l'avons vu, afin de permettre le dialogue avec les « jeunes de la rue ».

Précisons d'abord ce que ce dispositif n'est pas. Le DECE n'a pas vocation à résoudre l'absence de socialisation secondaire (voire primaire), ni les phénomènes de bande, ni la délinquance constituée, ni la perversité avérée, ni les inégalités sociales et économiques. Son rôle est de contribuer à pallier le déficit actuel de socialisation (secondaire) identificatoire au modèle parental. Entre l'élève et le lieu social qu'est l'école, elle introduit en tiers l'instance médiatrice du dispositif. Telle était la fonction traditionnelle de l'image paternelle, autrefois pleinement incarnée dans l'enseignant, ou plutôt réincarnée en lui, puisqu'il succédait au père. L'école est aujourd'hui, au moins en partie, un magma confus dont les élèves essaient de se dégager, quelquefois « dans le bruit et la fureur », pour construire leur identité personnelle, parfois même dans une contre-identification.

Dans ses grandes lignes, la méthode est simple. Une ou deux fois par trimestre, selon les possibilités, la classe se réunit pendant deux heures environ, sans les enseignants. La régulation est assurée par le conseiller d'orientation-psychologue (co-psy) de l'établissement ; une formation lui a été donnée par nous durant des stages académiques, à laquelle succède une supervision pendant plusieurs années. Une association a été créée par les co-psy ; elle édite depuis 1991 un bulletin dans lequel les participants de la méthode partagent leur expérience [8]. En parallèle à la réunion des élèves, l'équipe pédagogique de la classe se réunit quelques jours plus tard ; le co-psy lui fait part oralement de ce que la classe a souhaité explicitement qui soit transmis. L'équipe est ainsi amenée à réfléchir collectivement sur les réponses à donner ; elle peut utiliser le dispositif pour formuler

8. *La Démocratie dans l'école*, Bulletin de l'Association pour l'expression collective des élèves (F. Inizan, APECE), 16, rue Camille Desmoulins, 18000 Bourges.

elle-même des questions ou des observations aux élèves. Ces messages, le co-psy les transmet à la classe au début du cycle suivant. Le principal, les personnels peuvent eux aussi, le cas échéant, devenir les destinataires des demandes ou des propositions des élèves.

Ainsi, le DECE présente deux particularités. Tout d'abord, la classe se réunit hors de la présence de ceux des adultes de l'établissement qui possèdent du pouvoir sur les élèves, ce qui assure la liberté de parole. Ensuite, la communication des élèves avec l'en-dehors de la classe est toujours indirecte, elle emprunte la médiation du co-psy, ce qui évite les tensions du face-à-face et rend possible le travail collectif des deux groupes. Par ailleurs, le déroulement de la séance obéit à des règles formelles précises. À des petits collectifs de six ou sept succède la réunion en grand groupe dans lequel les premiers, chacun à leur tour, font part de la réflexion qu'ils ont menée, chaque élève étant invité à prendre la parole, s'il le souhaite. La synthèse finale est assurée par le co-psy, qui dégage avec les élèves ce qui sera retransmis au-dehors. Il existe donc un double processus : à la concertation intra et intergroupes d'élèves, succède, dans un second temps, la communication avec l'extérieur de la classe.

Le moment essentiel pour la socialisation n'est pas, comme on pourrait le penser un peu facilement, celui de la communication, certes indispensable pour éviter le huis clos propice à l'« illusion groupale » (Anzieu). La concertation est le cœur de la méthode. C'est grâce à elle que les élèves font l'apprentissage du « vivre ensemble », en apprenant tous à s'exprimer devant les autres, à s'écouter patiemment, à tolérer leur différence d'appréciation face à un même problème, à bâtir en commun une synthèse. Ils commencent à s'organiser à l'intérieur d'une autodiscipline consentie, car chacun des petits groupes décide en son sein du choix d'un régulateur et d'un secrétaire, et se fixe un ordre du jour préalable. Bien entendu, dans le primaire, les règles du fonctionnement sont assouplies pour s'adapter à l'âge des élèves.

En droit, tous les problèmes liés à la vie scolaire peuvent être abordés : les transports en car, l'attente le matin devant les grilles, la récréation, la cantine, les sorties souvent tumultueuses, les conflits entre élèves, la violence ou le racket à l'école et, bien entendu aussi, mais occupant souvent une place mineure, les questions touchant à la pédagogie et aux rapports avec les enseignants. Une partie seulement des questions abordées sera retransmise en dehors de la classe, celle expressément voulue par les élèves, et sous une forme non personnalisée et non agressive, condition nécessaire pour pouvoir être entendue par les interlocuteurs adultes. La forme de l'expression participe ainsi de la socialisation tout autant que le fond. Le discours collectif des élèves leur appartient ; il est ce que je nomme leur actepouvoir. À eux donc de décider ce qu'ils garderont pardevers eux comme un bien acquis, et ce qu'ils souhaiteront qui soit connu des adultes.

Le dispositif d'expression collective est un acte, à trois niveaux

Bien plus qu'un simple dispositif de discours, la prise de parole des élèves représente un acte, et cela à trois niveaux. Le premier niveau a trait aux conséquences matérielles, aux effets concrets du discours collectif. Très souvent les élèves, à propos du quotidien de la vie à l'école, sont amenés à faire des propositions. C'est l'une des règles du DECE, annoncée au départ, que toute critique devra non seulement être argumentée mais s'assortir d'une proposition constructive. Celle-ci, pour qu'elle ait des chances d'être retenue, devra être solidement charpentée et avec de bonnes raisons. Le corrélatif du côté des adultes est que, là où la proposition se révèle de l'ordre du possible et de l'utile, elle devra se concrétiser dans des changements. Et, si elle apparaissait irréalisable ou contre-productive, les motifs devront en être clairement indiqués. Ce qui, quand sont en cause des motifs juridiques ou financiers, présente l'intérêt non négligeable d'inscrire, pour les élèves, l'établissement à l'intérieur de la société globale et de son fonctionnement. Il n'est jamais trop tôt pour apprendre comment fonctionne la société dans laquelle on va vivre et travailler.

Le dispositif représente un acte encore à un deuxième niveau, celui de la psychologie individuelle des élèves. Il leur faut oser s'exprimer devant les autres ; défendre leur opinion autrement qu'avec les cris, les gestes ou les coups qui, pour certains, composent leur seule culture, celle de la rue ; il faut mettre bout à bout des arguments, articuler un raisonnement, écouter sérieusement ce que les autres ont à dire, apprendre à se contrôler. Chacun aura son tour de parole, même ceux qui d'ordinaire se taisent. Le co-psy n'intervient jamais sur le contenu des discours, mais veille discrètement à ce que tous occupent leur place dans le groupe, et il incite à s'exprimer les hésitants ou les timides.

Dans le film réalisé à partir de la mise en place du dispositif dans un CES du centre de la France, on réalise combien la forme des propos tenus se révèle différente d'un discours d'adulte, tel que certains élèves essaient souvent de le singer à l'école, sous la pression des enseignants [9]. Sous nos yeux, dans ce film, s'ébauche difficilement, maladroitement, le déroulement haché d'une réflexion personnelle d'enfant, avec ses mots et ses images, avec une façon particulière d'associer les idées et de construire le discours. Une pensée en gestation se donne à entendre, conduite par une logique qui n'est pas tout à fait celle des adultes. Une autre difficulté s'ajoute, car émettre ce discours est très loin pour l'élève d'être neutre psycho-affectivement. Son objet concerne, en effet, une dimension qui appartient de plein droit aux adultes : on va parler de choses qui sont leur prérogative, qui restent voulues et décidées par eux. Pour l'inconscient, se comporter ainsi, c'est transgresser l'autorité des parents, car, à ce niveau profond, le monde appartient légitimement aux grands.

Chercher à s'approprier ses actes à soi entre inévitablement en résonance avec le schéma psychofamilial inconscient, d'où la montée d'une culpabilité : à certains moments les voix se font plus basses dans le film, il arrive même qu'on chuchote ou qu'on bredouille. Démocratie et autorité ne font jamais spontanément bon ménage, et il n'est jamais trop tôt pour apprendre à gérer cette contradiction de manière constructive.

Et l'autorité ?

Mais, dira-t-on, l'autorité des enseignants déjà tellement entamée et fragilisée par l'air du temps, vous allez l'affaiblir

---

9. *La Démocratie dans l'école*, film de Jean-Patrick Lebel et le Groupe Desgenettes, Périphérie production, Bobigny, 2002.

encore. Certes, le dispositif ne met pas en œuvre l'autorité, mais il agit pour « socialiser » celle-ci et la rendre plus acceptable.

Jusqu'à cet instant, en effet, dans le vécu des élèves, le fonctionnement de l'école, son organisation restaient mystérieux, arbitraires, largement incompréhensibles car jamais explicités, procédant par à-coups répressifs variables en degré selon les enseignants ou les établissements, et devant lesquels l'élève impuissant développe une agressivité plus ou moins extériorisée. Aujourd'hui, sauf cas rares, la résonance psychologique de l'école est en grande partie de l'ordre de l'autorité archaïque. Avec le dispositif qui est proposé et donc autorisé par l'institution, avec ses consignes précises, avec son processus qui implique une égalité momentanée de droits et de devoirs pour tous, quel que soit l'âge ou la fonction, l'autorité se trouve délimitée, et ainsi haussée à un niveau supérieur, plus mature et civilisé. L'autorité de l'établissement ou de ses représentants n'est pas amalgamée à l'acte des élèves et des enseignants à l'intérieur du dispositif ; les élèves savent très bien que le dispositif ne concerne qu'un temps très limité de leur vie scolaire.

Mais le simple fait que l'autorité ait décidé d'elle-même la mise en place de la méthode d'expression lui ôte une partie de son caractère absolutiste, devenu anachronique et peu supportable pour les élèves actuels. D'un côté donc, l'autorité se civilise ; de l'autre côté, les fantasmes des élèves mûrissent en se heurtant à la réalité concrète, dans l'essai de formuler des propositions cohérentes et réalistes. Les élèves rencontrent encore un autre élément de réalité quand ils constatent que ni le principal ni les enseignants ne détiennent à eux seuls les clés de la situation à l'école, qu'ils ne sont pas tout-puissants mais soumis à des lois et des contraintes venues de l'extérieur.

Le troisième niveau de l'acte va en effet concerner les effets qui se développent à l'intérieur de la relation enseignants-élèves. Ils sont inévitables et souhaitables. On ne peut, à certains moments, procéder par échange d'arguments rationnels, sur la base d'une égalité de droits et de devoirs, sans que les représentations qu'on se forme des uns et des autres n'évoluent. Le climat psychologique de la classe se modifie. C'est là un des constats objectifs parmi les plus notables, reconnu comme tel par les enseignants. Ce changement relationnel ne reste pas lui-même sans conséquence sur la dimension pédagogique proprement dite et sur le travail scolaire. Une dynamique nouvelle commence à s'enclencher dans la classe, car le processus continue d'être actif au-delà des quelques heures qui lui sont consacrées. Les discussions, les réflexions se prolongent de manière informelle et par intermittence, aussi bien dans la salle des professeurs que dans la cour de récréation. La règle veut pourtant qu'il ne soit jamais question entre enseignants et élèves des problèmes abordés dans le dispositif, en dehors de celui-ci.

Dans ces trois niveaux de l'acte, on aura reconnu les caractères du concept d'actepouvoir. Pourquoi accorder ainsi une place centrale à l'acte dans le processus de socialisation ? C'est que le « vivre ensemble » fait partie de la réalité, et que l'acte est l'unique intermédiaire à double sens entre celle-ci et nous. La réalité ne se connaît qu'à partir de l'acte. Dans la sensation, la réalité agit sur nos sens unilatéralement, et notre réponse prend alors nécessairement là encore la forme d'un acte. Le grand problème posé par la socialisation est de distinguer entre un acte modélisé à partir des adultes, et un acte où l'enfant se confronte avec la réalité sans prendre appui sur le modèle adulte et développe alors ses propres ressources créatives. Le dispositif que nous mettons en place construit un cadre social à l'intérieur duquel l'enfant, regroupé avec ses pairs, devient capable par lui-même de prendre conscience des éléments de réalité concernant sa situation à l'école. Plus : il invente, il élabore collectivement des propositions pour changer des aspects de la réalité qui le concernent directement. Il fait ainsi l'apprentissage du réel dans ses difficultés.

Voyons à présent le second dispositif qui concerne des enfants de dix-huit à vingt-quatre mois.

La méthode Aucouturier de psychomotricité

Depuis plusieurs décennies, une pratique psychomotrice particulière se développe en Europe et en Amérique latine. Comme la méthode d'expression des élèves, elle concerne le développement de l'enfant, mais elle travaille sur des composantes différentes et qui interviennent plus précocement.

La méthode a été élaborée par Bernard Aucouturier. Dans une dizaine de pays, des écoles forment des psychomotriciens à ses principes et à ses techniques. Plus largement, les formateurs de ces écoles travaillent également, dans des stages et des séminaires, à sensibiliser à son esprit des enseignants, des psychologues, des travailleurs sociaux. Cette méthode comporte d'abord une dimension thérapeutique, à l'intention des enfants présentant des troubles psychomoteurs. Mais l'esprit qui la guide lui permet, chez l'enfant sain, de s'élargir vers une pratique collective aidant à construire, en ses fondements premiers, psychomoteurs, l'autonomie de la personnalité. À ce titre, elle a vocation à la généralisation, tout comme la méthode d'expression collective des élèves.

En quoi consiste-t-elle dans sa version non thérapeutique ? Dans des « jardins d'enfants » et des garderies, est mise en place, à partir de dix-huit/vingt-quatre mois, une activité collective très particulière visant à permettre aux enfants de « s'approprier » leurs actes, lesquels, à cet âge, concernent essentiellement les jeux du corps. Nous sommes donc ici à la racine de ce que je nomme le « mouvement d'appropriation de l'acte », sur lequel il nous faut dire quelques mots.

La naissance des premiers projets d'action

Avant de s'engager dans un acte, le sujet, enfant ou adulte, privilégie dans sa tête le projet d'action qu'il pense être le mieux à même d'aboutir à une réussite. Surtout, pendant l'acte lui-même, il cherchera à utiliser à bon escient les ressources dont il dispose, afin de maîtriser la réalité qui l'entoure, voire qui s'oppose à la réalisation de son projet. Enfin, l'acte mené à bonne fin, il cherchera à en suivre les effets ; ou bien, en cas d'échec, il voudra en connaître les causes. Il y a là, pendant et après l'acte, une démarche qui paraît si évidente, si naturelle, que nous ne percevons pas qu'elle dépend d'un certain mouvement intérieur très fort ; à notre sens, celui-ci, au plus lointain de ses origines, s'enracine dans les processus transitionnels. Qu'est-ce à dire ? Revenons un instant à la période où ces processus se forment.

L'objet appelé transitionnel par Winnicott est vécu par le petit enfant entre six et quinze mois comme étant simultanément extérieur et intérieur à lui, comme à la fois créé par lui et trouvé dans la réalité extérieure. Or il en va, nous venons de le dire, tout pareillement de l'acte, processus vécu, en effet, à la fois comme extérieur à soi dans la mesure où il agit sur le monde extérieur, et intérieur à soi puisqu'il provient de nous. L'acte met en jeu un processus dans lequel le monde sur lequel on agit est un déjà-là qui nous résiste, tel qu'il apparaît pour la première fois à l'*infans* au moment du déchirement de l'égocosmie primitive, quand il cesse de faire un avec sa mère. Ce déjà-là exige de l'*infans* effort et imagination pour, face à lui, se créer à soi-même une identité qui deviendra progressivement stable et permanente.

Mais l'acte est aussi, autre point qui le rapproche de l'objet transitionnel, un processus dans lequel le monde est en permanence créé par nous, puisque notre acte parvient à le modifier peu ou prou. Créer, c'est pour l'adulte, comme pour l'*infans*, vouloir le monde autre qu'il n'est. Qu'en est-il, alors, si nous nous tournons vers le tout début des temps et des circonstances où un premier acte véritable commence à naître ? C'est-à-dire au moment où un projet d'action véritable se forme dans la tête de l'*infans*. Le corps-esprit (qui ne font qu'un) se lance alors en avant, volontairement et délibérément, dans l'acte d'affronter la réalité pour atteindre un but programmé à l'avance.

Ce que je nomme le « mouvement d'appropriation de l'acte » est le processus anthropologique qui nous pousse à contrôler, à maîtriser nos actes dans leur dimension pleine, qui comprend non seulement les modalités d'effectuation de l'acte mais aussi ses effets. Les formes d'apprentissage du développement psychomoteur au travers de l'acte seront fort différentes — et sans doute marqueront définitivement l'avenir — selon que l'*infans* est conduit à imiter l'adulte, à le prendre en tout pour modèle, ou bien s'il s'efforce d'utiliser et de développer sans modèle et pour ainsi dire aventureusement ses propres ressources. On comprend que nous sommes là à l'origine de deux des formes de socialisation que nous avons étudiées, celle « identificatoire » et celle « non identificatoire ». Examinons alors ce qui se passe dans la pratique collective Aucouturier avec l'enfant sain.

Une pratique collective

Dans un gymnase aménagé spécialement — j'y reviendrai —, une douzaine d'enfants courent en tous sens, jouent, manient des objets. Ils paraissent livrés à eux-mêmes [10]. Un psychomotricien est certes là présent et qui paraît vigilant, mais il intervient fort peu. Quand il se manifeste, ce n'est jamais pour se proposer comme modèle ou afin de stimuler les enfants et les pousser à agir, mais seulement pour renforcer leur confiance en eux. Son seul acte tant soit peu directif consiste à encourager une coopération, laquelle à cet âge n'apparaît jamais spontanément. En effet, chacun ici fait manifestement compagnon seul. Le psychomotricien essaiera, par exemple, de former un train avec plusieurs enfants qui se tiennent par leur vêtement ou bien il enverra des balles dans leur direction, comme pour les inviter, les inciter à jouer ensemble, à se renvoyer ces balles. À d'autres moments, le psychomotricien nomme verbalement le jeu en cause : la locomotive, la balle, la bassine, le tunnel… Autrement dit, il facilite alors le passage d'un projet d'action jusque-là conçue avec des images ou avec des « fantasmes d'action » à expression psychomotrice, vers un projet construit avec des mots [11].

Les deux formes d'intelligence, liées soit à l'image soit aux mots, vont coexister chez l'enfant puis ultérieurement chez l'adulte. Elles seront plus ou moins valorisées selon les catégories sociales, développant plutôt l'intelligence rationnelle-théorique (celle des mots) ou plutôt celle rationnelle-pratique (celle en images). Cette dernière fait davantage partie de la vie professionnelle de l'artisan et des travailleurs manuels.

Pourquoi parler ici de socialisation, alors que, dans notre description, ces enfants ne sont apparemment soumis à aucune contrainte formelle, n'obéissent à aucune procédure sociale explicite (sinon lorsqu'un enfant frappe ou fait mine de frapper l'un de ses pairs, le psychomotricien le lui interdit en disant : « On ne frappe pas l'autre ») ? Mais l'essentiel de la socialisation se situe ailleurs, il tient aux éléments du *cadre social* dans lequel jouent et agissent les enfants. Nous allons les examiner tour à tour.

Le psychomotricien fait manifestement partie du cadre social, même si nous avons cherché à dégager, à isoler son rôle. Mais le

10. Bernard AUCOUTURIER et Gérard MENDEL, *Qu'est-ce qui fait courir l'enfant ?*, Éditions de l'Université catholique de Louvain, Faculté de psychologie et des sciences de l'éducation, 1999.

11. Bernard AUCOUTURIER, *Les Fantasmes d'action et la pratique psychomotrice* (à paraître).

cadre c'est d'abord avant tout, même pour un très jeune enfant, ce lieu manifestement social qu'est le gymnase adapté, transformé. De manière évidente, l'endroit appartient à un monde tout autre que celui de la famille. Les autres enfants ne sont pas des frères ou des sœurs. Tout ici se présente différemment : le rapport aux adultes, le volume spatial qui ne peut que paraître gigantesque, la distribution des jouets, la relation aux enfants et, avant toute chose, l'opportunité offerte de faire les choses à sa manière et en jouant. Pourtant, à y bien regarder, chacun de ces éléments est porteur intrinsèquement d'une limite. Les adultes ne sont certes pas directifs comme les parents, mais ils posent certaines limites, telle celle de ne pas frapper les autres enfants. Le lieu social possède des murs qu'on ne franchit pas ; et il est patent également — cela tient à l'ambiance générale et à la présence du psychomotricien — qu'on ne fait pas ici n'importe quoi, n'importe comment, qu'on n'est pas livré entièrement à sa seule fantaisie.

À l'intérieur de ces limites, l'enfant, si on l'observe, apparaît à l'observateur comme aspiré par l'ouverture béante du possible qui s'offre à lui de toute part. C'est alors essentiellement à lui d'autolimiter les élans pulsionnels très forts, qu'il sent naître dans son corps.

Une autre composante tout aussi essentielle du cadre social est constituée par ce que l'on peut appeler les « outils sociaux ». Ils comprennent toute la diversité des objets, des jouets offerts à la prise de l'enfant ; ils représentent les précurseurs des objets futurs à venir dans le monde adulte, c'est-à-dire les outils, les instruments d'usage. Chaque outil dont use l'adulte est spécialisé dans un certain mode de saisie de la matière du monde, il devient un prolongement artificiel de la main, adapté pour tel type de saisie. Un marteau, un tournevis, une pince, un cutter correspondent exactement au geste, à l'acte, au fragment de la réalité sur lequel intervenir. À l'intérieur de l'acte, ils prolongent le sujet qui a commencé à s'engager dans l'interactivité avec la réalité. Dans cette relation à deux termes, les outils sont là pour favoriser le sujet aux dépens de la réalité.

Ici, dans le gymnase, chaque objet offert à l'enfant — ballon, bassine, tremplin, toile-tunnel, etc. — prend le sens non pas d'un outil-sujet qui va agir sur la réalité mais, à l'inverse, d'une mise en forme de la réalité extérieure, dont la finalité sera d'agir sur l'enfant, afin de susciter chez lui une conduite particulière : courir, sauter, ramper, jeter un ballon, grimper, se glisser à l'intérieur d'une cavité. Il existe même un objet qui vise à permettre à l'enfant de braver l'angoisse du noir, lorsqu'il se glisse sous une toile de tente, dont l'intérieur sans lumière l'oblige à affronter l'obscurité, l'absence, le manque, le vide.

Ces objets sociaux sont-ils des objets transitionnels, au sens que Winnicott donne à ce terme ? On peut estimer qu'un pas supplémentaire a été franchi, que nous sommes ici au-delà de l'objet transitionnel et déjà dans l'acceptation du réel. La créativité a commencé à être intériorisée ; l'enfant n'a plus autant besoin de se donner l'illusion qu'il crée le monde. D'ailleurs, ces objets, il ne tient pas à les conserver en permanence, il passe avec aisance de l'un à l'autre. C'est sur lui-même qu'opère la création, par la découverte qui se fait des possibilités d'acte, par l'élaboration qui s'opère des projets d'action sous forme de représentations très corporalisées. C'est lui-même qui commence à devenir pour soi un objet permanent, au sens que donne Piaget, porteur d'une identité stable.

Grâce au cadre social posé par le monde adulte — ici le métier du psychomotricien, le lieu social, les outils sociaux —, l'enfant entre en interactivité par ses actes avec une réalité socialisée qui lui permet de développer ses ressources, ou une partie d'elles, sans identification à l'adulte. Il existe certes une part d'identification au psychomotricien, mais là n'est pas l'essentiel.

Nous venons de montrer que des méthodes existent, développées à une large échelle : pour l'une, quatre cents classes durant une année en France, des dizaines de réalisations en Argentine et en Belgique ; pour l'autre, une mise en place au long cours dans des jardins d'enfants et des garderies de plusieurs pays. Elles visent à une participation active de l'enfant à la formation de sa personnalité. Cette participation tend non pas à remplacer, idée absurde, les identifications aux parents, mais à pallier un déficit devenu aujourd'hui assez fréquent pour avoir reçu le nom générique de « crise des identifications ».

III

La subjectivité contre la démocratie

14

Des idoles de la tribu aux fantômes de l'espèce

« *Tanta est harmonioe discrepantia inter spiritum humanum et spiritum mundi**. »

Francis BACON.

Psychologiquement, chacun de nous est travaillé de l'extérieur, et le plus souvent à son insu, par les rapports sociaux quotidiens, eux-mêmes induits en grande part à chaque époque par les modalités de l'organisation économique. Un chapitre manque dans ce livre : il concernerait l'idéologie économiste actuelle, mais obligerait à des développements très importants. Quand nous évoquons une action des rapports sociaux, nous voulons parler du travail qu'ils opèrent sur les ressources anthropologiques des individus, sur les universels empiriques.

Pourtant, et tel est l'objet de cette troisième partie, ces universels ne concourent pas seulement à la construction « en positif » de l'individu, qu'il soit démocratique ou non. Au cours de l'évolution de l'espèce, ils se sont mis en forme avant tout au titre d'une défense psychique contre les effets de l'émergence de la conscience. Cette conscience nous dit que le monde est insensible à nos désirs, indifférent à notre existence. Ni amour ni hostilité de sa part : le monde nous ignore. En nous protégeant de la dépression essentielle qui nous saisirait à considérer notre

* « Si grande est l'absence d'harmonie entre l'esprit humain et l'esprit du monde. »

insignifiance par rapport à l'infini du cosmos, chacun des universels contribue en même temps à la déréalisation de l'*Homo sapiens*. Ils sont à eux tous les « fantômes de l'espèce », pour le meilleur et pour le pire.

Il n'y a que la faim, la souffrance, la peur, le travail de la réalité, les échecs de l'illusion pour nous amener, dans nos actes, à cheminer vers un peu plus d'objectivité, à accepter un quotient plus élevé de réalité. Ce cheminement est aléatoire et discontinu, fait d'avancées et de reculs, d'essais, d'erreurs, de réussites partielles. Il est celui-là même de l'esprit démocratique.

À la fin des fins, le combat pour la démocratie, entendu au sens le plus général, n'est que la lutte pour l'arrachement à la pure subjectivité. Plus d'objectivité, plus de démocratie : même combat. Plus d'objectivité, mais avec une part incompressible de subjectivité en raison précisément de ces universels empiriques qui font l'humain.

L'antagoniste de toujours qui s'oppose à l'idée démocratique est certes d'abord le familialisme social. Pourtant, aujourd'hui, celui-ci représente seulement l'adversaire secondaire. De nos jours, le premier en titre des ennemis de la démocratie est sans nul doute *ploutos*, le dieu de l'argent, sous la forme de l'économie néocapitaliste, cherchant à faire marchandise de l'ensemble des rapports sociaux et humains.

Ce serait pourtant une erreur de ramener les déficits, les reculs éventuels de la démocratie, seulement aux formes actuelles du schéma psychofamilial, à des causes économiques, à l'action des possédants, à l'ignorance commune ou à des raisons plus techniques, telles de mauvaises expertises.

Les individus, ceux d'aujourd'hui et ceux d'hier, ne sont pas uniquement dominés, trompés, instrumentalisés, de l'extérieur. Ils sont poussés *de l'intérieur*, par leurs fibres psychiques les plus profondes, à « subjectiviser » les réalités, à irréaliser le monde, à refuser une vision plus réaliste des faits — quand bien même ils n'en viennent pas à refuser l'existence de ceux-ci.

Chacun des universels empiriques sécrète son facteur propre d'irréalisation du monde. Chacun est un fantôme à part entière et d'une espèce particulière. Nous allons les étudier l'un après l'autre. Ce sera aussi une manière neuve de les décrire.

Naissance de l'anthropologie générale

Depuis quelques décennies, une discipline naît à bas bruit, l'anthropologie générale. Certains auteurs, en petit nombre, ont reconnu la nécessité de dépasser les huis clos disciplinaires. Il s'agit d'une recherche-limite où le chercheur qui s'avance rencontre à chaque instant des difficultés nouvelles. Depuis mon premier livre, *La Révolte contre le père* (1968), cette dimension n'a jamais été absente de mon travail.

Deux problèmes de fond se posent, longuement étudiés ailleurs [1]. L'un qui tient à la contradiction dans les termes mêmes entre le projet d'une anthropologie à valeur universelle et, pour ce qui me concerne, le refus affirmé d'une « nature humaine », quel que soit le masque posé sur ses traits. Le second problème, non moins aigu, vient de la nécessité d'inventer des concepts intégrateurs nouveaux quand l'éventail des disciplines s'ouvre des neurosciences à la philosophie et qu'on cherche à prendre en compte l'ensemble des sciences sociales et humaines. Envisageons d'abord ce second problème.

De nouveaux concepts intégrateurs : les universels empiriques

Au long des décennies, j'ai appris à travailler avec six concepts intégrateurs, que je nomme des « universels empiriques ». Ce sont le vouloir de plaisir, le vouloir de création, la rationalité instrumentale, la coopération structurale, le schéma psychofamilial, le langage enfin. Chacun d'eux, nous le verrons, intervient à sa manière, en conjonction ou en opposition, dans le processus démocratique et participe ainsi, en positif ou en négatif, de son fondement anthropologique.

Nouveauté par rapport aux descriptions antérieures, je présenterai ici ces universels comme porteur chacun d'une face double. Jusqu'à présent, je cherchais à faire ressortir leur « positivité », le terme étant pris non dans un sens normatif mais comme marquant la forme construite avec laquelle ils organisent la réalité. Par exemple, le schéma psychofamilial — soubassement de

---

1. Ces problèmes ont reçu leur formulation la plus précise dans le livre qui a précédé celui-ci, *Une histoire de l'autorité, op. cit.*

l'autorité quelle qu'en soit la forme historique [2] — a jusqu'à des époques récentes contribué de manière décisive à construire le lien social. Par exemple, le vouloir de création, héritier lointain des processus transitionnels (Winnicott) avant les socialisations et avant la traversée de l'inconscient, nous permet dans l'acte, du plus simple au plus inspiré, d'échapper à la répétition et nous offre la capacité d'inventer. Telle est la « positivité », la constructivité, de ces deux universels empiriques. Chemin faisant, nous verrons ce qu'il en est des autres.

Mais aussi, chacun d'eux comporte une seconde face, porteuse, elle, de « négativité » et qui, au fur et à mesure de la maturation de la personnalité, va s'opposer opiniâtrement à l'objectivation du réel chaque fois que celle-ci deviendrait possible ; cela très probablement pour la protection du narcissisme, que la conscience de la finitude rend vulnérable à l'angoisse et à la dépression. Reprenons les deux exemples précédents. La négativité du schéma psychofamilial, c'est l'illusion d'une société « familialiste », qui s'oppose à l'objectivation du réel. Il est narcissiquement confortable de considérer, dans le prolongement de l'enfance, la société comme une grande famille vivant son sort de génération en génération sous l'aile d'un dieu qui vous veut du bien, lequel a lui-même choisi pour vous diriger des parents protecteurs. Il est traumatisant d'abandonner cette illusion et d'accepter de prendre conscience des conflits sous-jacents, sociaux et économiques, et qu'on est à jamais seul dans une société indifférente…

Quand à la négativité du vouloir de création, elle est fondée sur l'immense illusion originelle des processus transitionnels : l'enfant entre six et quinze mois « pense » qu'il est l'auteur du monde étranger à son soi qui se dévoile progressivement devant lui. À cet âge, survivre psychiquement impose la négation de l'altérité du réel. Et, ultérieurement chez l'adulte, créer ce sera vouloir le monde autre qu'il n'est, pour le meilleur — si l'on accepte de tenir compte des pesanteurs du réel — ou pour le pire : se croire « maître et possesseur de la nature » (Descartes).

2. C'est là le sujet de *Une histoire de l'autorité.*

Vers une théorie des méconnaissances, ou les fantômes de l'espèce

C'est donc plus une théorie des *méconnaissances* qu'une réflexion sur la théorie de la connaissance que nous allons développer dans les chapitres suivants. Car, aussi, le processus démocratique a chaque fois partie liée avec l'objectivation du réel, même si cela ne résume pas sa particularité.

Il ne s'agit pas là, en évoquant la subjectivation fondamentale du réel, d'une « première » absolue. À la jointure du XVIe et du XVIIe siècle, Francis Bacon, homme politique de premier plan — il occupa le poste de Lord Chancellor — et philosophe des sciences, avait décrit des négativités (il les nommait des « idoles » et il en comptait quatre), aussi puissantes qu'incontournables, s'opposant, avec une fausse évidence, à la vision plus objective du réel. Les « idoles de la tribu » représentent les erreurs communes à l'espèce humaine tout entière dans sa tendance à déformer la réalité. Les « idoles de la caverne » tiennent, elles, au caractère et à l'éducation ; les « idoles du forum » naissent des illusions et des prestiges du langage ; les « idoles du théâtre » sont liées aux traditions et philosophies du passé.

Par ailleurs, à l'époque contemporaine, il est possible de décrire des négativités pour les trois psychologies reconnues, celle de l'inconscient et des fantasmes, affects, émotions (la psychanalyse), celle cognitive, celle sociale. D'une certaine manière — aucun philosophe ne l'a pardonné à Freud —, l'inconscient décrit par la psychanalyse infirme certaines des prétentions de la philosophie de la conscience. Dans le domaine de la psychologie cognitive, l'épistémologue André Giordan n'a cessé d'insister sur ce qui lui apparaît la cause majeure de l'échec scolaire. L'élève n'entre pas à l'école comme « table rase », il est porteur d'un réseau conceptuel préétabli d'explication du monde, qui participe de son identité et freine la possibilité d'intégration des savoirs scolaires tant qu'il n'aura pas été explicité, permettant alors au sujet, par des « paliers d'intégration successifs », de parvenir à de nouveaux degrés d'« abstraction [3] ». Quant au

3. André GIORDAN, *Les Origines du savoir*, Delachaux et Niestlé, Neuchâtel, 1987 ; *Apprendre !*, *op. cit.* ; *Une didactique pour les sciences expérimentales*, Belin, Paris, 1999.

domaine de la psychologie sociale, nous rencontrons constamment dans nos interventions la force négativante du familialisme inconscient qui, à son insu, culpabilise le sujet dans ses avancées vers l'appropriation du réel.

On saisit alors combien l'idéologie des Lumières rendait compte insuffisamment de la complexité du monde humain. Les obstacles au « progrès » ne tiennent pas seulement à la mauvaise foi et à l'ignorance. Les fantômes de l'espèce sont consubstantiels à l'espèce humaine, ils ont vocation à durer autant qu'elle. Le processus démocratique prend, par rapport à chacun d'eux, la forme d'un combat sans fin d'objectivation du réel. Parlant d'« objectivation », nous ne pensons évidemment pas à une connaissance qui serait absolue, mais aux degrés de la connaissance possible à chaque époque.

L'omniprésence des fantômes de l'espèce permet de comprendre des phénomènes de première grandeur, mais qui, aussi accoutumé qu'on soit à leur répétition, n'en restent pas moins des scandales pour l'esprit. Comment, en si grand nombre, des intellectuels de qualité, des professionnels de la pensée critique ont pu, fût-ce brièvement, mais le plus souvent au long cours, se faire les laudateurs du stalinisme ? À quoi tient, dans les milieux intellectuels, en France notamment, vieux pays à tradition autoritaire, la résurgence périodique de gourous intellectuels, monopolisant le devant de la scène médiatique et universitaire et objets de fascination ? Des gourous intellectuels qui se recrutent parmi les esprits les plus brillants de leur génération, victimes, comme on disait autrefois, de leurs « facilités [4] ».

Des explications existent, que n'épuisent pas, même s'ils rendent compte d'une partie du phénomène, les thèmes de la pérennité de la pensée magique en tout un chacun, de la récurrence des aspirations mystiques, ou le fait que l'ancienne foi religieuse cherche aujourd'hui à s'exprimer dans des formes de représentation laïque. La formation de petites communautés de fidèles joue un rôle essentiel — on retrouve ici les analyses de Freud à propos de l'Église dans laquelle le Christ, père idéal,

4. L'intérêt de *La Pensée 68*, de Luc Ferry et Alain Renaut (Gallimard, 1985), tient à l'examen précis des textes auquel se livrent les auteurs. Le contraste est alors grand entre la vigueur de la pensée critique et la maigreur des propositions théoriques avancées, quand seule la philosophie les nourrit, en l'absence du recours aux sciences sociales et humaines.

aime tous ses enfants, des frères et sœurs les uns pour les autres, « d'un égal amour [5] ».

Il ne suffit pas de dire, même si la chose est vraie, que les besoins narcissiques de l'être humain sont vitaux, au point que l'individu mourrait sur le champ si tout son narcissisme lui était d'un coup ôté. Il faut aussi montrer, par l'étude précise des méconnaissances, que « le mouvement spontané de l'être humain est toujours celui de la mise en marche du système autoleurrant de la recherche des plaisirs anciens [6] ». Le processus démocratique fonctionne à contre-courant des méconnaissances et se situe donc au cœur de contradictions essentielles.

Des universels anthropologiques, mais non pas une nature humaine

Les six universels anthropologiques que nous cherchons à décrire ne peuvent être considérés comme *a priori* et innés, ils représentent des acquis du développement de l'enfant, les produits de l'interaction entre les ressources organiques de l'espèce et les formes actuelles de l'environnement social. Sous peine de réintroduire en contrebande la traditionnelle « nature humaine », de telles ressources ne peuvent préexister au travail sur elles des formes sociales et culturelles : elles ne sont ni des états, ni des essences ou des substances, ni des ébauches embryonnaires ou préformées. Mais, alors, quelle sorte de réalité se manifeste en elles ? Sur « quoi » peut s'exercer l'environnement humain, la société ne créant pas *ex nihilo* ce sur quoi elle travaillera chez l'enfant ?

Nous nous trouvons là devant une aporie de la logique formelle : à la fois, il n'y a rien encore et pourtant il y a « quelque chose ». Dans un livre précédent, j'avais cité la phrase de Baudelaire : « Le plus grand honneur du poète est d'accomplir juste ce qu'il a projeté de faire. » La personnalité de Baudelaire étant telle, et telles aussi bien la langue française et l'histoire de

5. Sigmund FREUD, *Psychologie collective et analyse du moi*, chap. 5, « Deux foules artificielles : l'Église et l'armée ».
6. Gérard MENDEL, *La Société n'est pas une famille*, La Découverte, Paris, 1992, p. 287.

la poésie que les contraintes du rapport entre son et sens, le poème qui s'élabore dans une suite d'essais-erreurs (on suit leur trace dans les corrections successives) ne pourra emprunter qu'un seul « chemin » ; l'insatisfaction du créateur est la pierre de touche lui permettant de reconnaître les fausses voies. Rien du poème lui-même ne préexistait au combat du créateur et de la langue.

Semblablement, seuls certains « chemins » anthropologiques en nombre limité — six universels empiriques — sont empruntables par notre espèce, et le sont nécessairement. Contribuent à les tracer, dans leur inévitabilité et leur empirisme, les données organiques de l'espèce, les particularités très complexes de la maturation de l'enfant, les lois objectives de la nature physique, mais aussi les logiques économiques et sociales, considérées dans leurs variations et soumises également à des constantes dues aux impératifs de survie. Ces chemins n'existent tels quels d'aucune manière en préalable à l'interactivité des facteurs ; ils n'indiquent d'ailleurs que les grandes directions, et aussi les limites à l'intérieur desquelles peuvent varier les formes selon la variabilité elle-même des facteurs.

Dans un autre livre, nous avons par exemple montré pourquoi, en raison du peu d'investissement de la période transitionnelle décrite par Winnicott entre six et quinze mois, le vouloir de création ne peut se manifester que faiblement dans la tribu de Nouvelle-Guinée des Mundugumor, telle que Margaret Mead l'a décrite dans un livre classique en 1935[7]. Par exemple encore, la rationalité instrumentale s'exprime sous une forme « réduite » dans les sociétés soumises aujourd'hui à l'économie mondialisée. La complexité extrême du jeu humain possible, considéré dans le temps et l'espace, tient tout autant au nombre des variations de formes sociales — l'Histoire nous a appris à les connaître très différentes entre elles — qu'à l'interaction, au long de leur élaboration, entre des universels empiriques dans les formes chaque fois socialement déterminées qu'ils empruntent. L'autorité, par exemple, émanation du schéma psychofamilial, a pu ainsi connaître des formes historiques différentes, selon

---

7. Gérard MENDEL, *Une histoire de l'autorité*, *op. cit.*, chap. 6, « Culture collective et autorité sociale ».

qu'il s'est agi de sociétés communautaires ou des sociétés modernes ou encore de la période contemporaine.

Dans les prochains chapitres, nous essaierons, à propos de trois d'entre eux, de préciser la forme de méconnaissance spécifique que chaque universel sécrète et comment celle-ci connaît des variations historiques. Nous verrons de quelle manière ces méconnaissances viennent contrecarrer l'essor du processus démocratique. Il n'est pas vrai que, s'il le peut, spontanément l'être humain cherche à se montrer objectif et réaliste. Personne n'aime perdre ses illusions. Mais — à l'exception du schéma psychofamilial — ce sont aussi ces mêmes universels empiriques qui, sous certaines conditions, contribuent à donner ses chances à la démarche démocratique.

Sous peine d'alourdir considérablement ce livre, nous ne pouvons étudier ici les méconnaissances qui naissent à partir de la rationalité instrumentale, de la coopération structurale, du langage. Un mot seulement à propos de la première, si décriée aujourd'hui par la plupart des penseurs et considérée par eux comme un processus mortifié. Ici, pour une fois, le conseil de « ne pas jeter le bébé avec l'eau du bain » prend tout son sens. On éviterait de rejeter en bloc la rationalité si on voulait bien considérer que la forme actuelle sous laquelle elle se manifeste est elle-même instrumentalisée, « réduite ». En effet, en raison en particulier de la logique économiste prévalente, elle ne prend en compte dans un acte ni le sujet de cet acte — avec ses ressources utilisées ou le plus souvent barrées — ni la réalité contextuelle à la relation « moyens-fin » mise en œuvre. Quel économiste prend en compte dans ses bilans les conséquences humaines, sociales, écologiques de la production d'un bien ?

15

Trois méconnaissances : le leurre, l'illusion, le familialisme social

Nous allons reprendre maintenant l'étude de trois universels empiriques, dans un ordre qui essaiera, autant que possible, de respecter la chronologie de leur apparition dans la vie de l'enfant. C'est avant tout la face négative, celle des méconnaissances, que nous chercherons à observer, l'autre face sera considérée plus avant, dans sa contribution au processus démocratique.

Le vouloir de plaisir et l'irrésistible poursuite du leurre

L'être humain est un animal inachevé à un double plan, celui biologique et celui de l'instinct. Notre espèce n'a pu survivre qu'en développant des « compléments » dans les dimensions de la société et de la culture. On a pu dire, plaisantant seulement à demi, que, chez l'homme, le rôle de l'instinct animal était tenu par la Bibliothèque nationale et le Louvre.

Dans les années 1920, l'embryologiste Louis Bolk a proposé sa théorie de la « néoténie » comme explication de l'inachèvement humain. L'enfant humain serait, à la naissance, un prématuré biologique, contraint de poursuivre la dernière partie de la gestation hors de l'utérus maternel. Dès lors, pendant encore longtemps, l'*infans*, impuissant, à la différence de l'animal, à pouvoir agir volontairement, à marcher, est amené, à partir d'expériences sensorielles en avance relative sur la motricité, à dériver ses investissements vers le domaine de l'imaginaire.

Dans *La Psychanalyse revisitée*, nous avons montré l'intérêt de relire Freud en inversant, dans son œuvre, les rôles respectifs du plaisir et de la sexualité. Le plaisir serait fondateur, premier en date, et non la sexualité ; on sait d'ailleurs que Freud a longtemps hésité sur la priorité à accorder à l'une ou à l'autre. La découverte chimique tardive, après 1920, des hormones sexuelles, s'est finalement inscrite en faux contre ses choix. Il est en revanche une direction de recherche posée par Freud et riche de perspectives, celle qui postule la distinction entre satisfaction (des besoins) et plaisir. Dès 1900, dans le célèbre chapitre 7 de *L'Interprétation des rêves*, il décrit ce qu'il nomme un « double circuit », celui du besoin et celui du plaisir. Une prime de plaisir vient s'ajouter chez le nourrisson à la satisfaction du besoin, laissant alors à chaque fois la trace d'un « souvenir » de plaisir. Ces souvenirs, l'*infans* cherchera à les mobiliser pour eux-mêmes quand renaîtra la frustration, afin de retarder, d'atténuer, l'insatisfaction. Freud donne le nom de *désir* aux stratégies qui s'ensuivront de recherche du plaisir pour lui-même, et non plus seulement à titre défensif ; elles constituent, ces stratégies, l'infrastructure du psychisme, le sol même sur lequel celui-ci va se développer.

C'est ici que la neurobiologie et les neurosciences trouvent leur place dans le cadre d'une anthropologie générale. En effet, la découverte des « morphines du cerveau » (1975) permet de donner une base neurobiologique à la théorie du « double circuit [1] ». La morphine extraite du pavot est active chez l'homme parce qu'existent dans le cerveau des « récepteurs de morphine », mais destinés à une « endorphine » fabriquée par l'organisme et libérée par l'hypophyse au moment d'un stress. La morphine végétale agit en usurpant la place des morphines endogènes. On peut alors faire l'hypothèse que, chaque fois qu'un besoin de l'organisme s'affirme, une libération des « endorphines » va se produire, renforçant la capacité de temporisation du sujet. Compte tenu de la prématuration biologique humaine, de l'importance de la psychosensorialité première et

1. Gérard MENDEL, *La Psychanalyse revisitée*, *op. cit.*

des fantasmes psychomoteurs, la recherche du plaisir se serait développée dans notre espèce en tant que fonction autonome. La chasse au plaisir plus encore que la capture du gibier motive l'être humain : « Les hommes s'occupent à suivre une balle et un lièvre ; c'est le plaisir même des rois » (Pascal).

Il n'est pas indifférent pour la construction d'une théorie des méconnaissances que, face au manque, le réflexe premier en date dans l'espèce humaine ne soit pas de chercher à remédier à ce manque en affrontant la réalité — conduite évidemment impossible à l'*infans* —, mais la recherche subjective d'un plaisir artificiel, d'un leurre. Face aux obstacles, aux difficultés, aux souffrances propres à la condition humaine, la quête du leurre est l'attitude de fond de l'espèce humaine. D'où l'appétence, dans toutes les civilisations, pour les drogues qui provoquent l'euphorie, l'ivresse, les hallucinations ; d'où la sujétion universelle aux croyances et aux idéologies. L'éventail des « paradis artificiels » comprend le domaine tout entier que couvre le concept d'anthropologie générale, de la biochimie humaine aux représentations philosophiques.

Un exemple pourrait suffire. La France compte cinq millions d'individus alcooliques, dépendants de l'alcool, et près de quatorze millions de fumeurs. Sans compter même les accidents qui lui sont directement imputables, en particulier automobiles, 50 000 personnes meurent chaque année à cause de l'alcool. Un nombre à peu près égal de décès est imputable au tabagisme. Au lieu d'affronter les causes de leur malaise existentiel, des millions de Français privilégient un leurre-plaisir régressif et mortifère. Toujours, le penchant le plus spontané nous porte d'abord vers la subjectivation du réel, vers les innombrables formes du leurre. L'objectivation du réel est un combat à l'encontre de tendances anthropologiques *déjà en place*.

Nous verrons qu'un autre plaisir peut naître de l'accomplissement d'actes où la réalité est affrontée à nu. C'est dans ces actes que se constituerait la partie la plus vivante de la personnalité, le « vif du sujet », au-delà de la simple répétition du même et des programmations acquises[2]. L'expérience de ces plaisirs

2. Gérard MENDEL, *L'Acte est une aventure*, *op. cit.*, chap. 38, « Le sujet concret : "vif du sujet" et sujet-machinerie ».

psychosociaux permet, dans le meilleur des cas, d'échapper partiellement à la tentation des leurres.

Une telle conception s'éloigne, dans une large mesure, de l'opposition décrite par Freud entre principe de plaisir et principe de réalité. Jean Laplanche a bien marqué que si « Freud attribue un rôle important à la notion d'épreuve de réalité, [c'est] sans en avoir jamais élaboré une théorie cohérente et sans en avoir bien montré la relation avec le principe de réalité ». D'où la possibilité de « deux directions de pensée fort différentes : une théorie génétique de l'apprentissage de la réalité (comme par "essais et erreurs") [...] et une théorie quasi transcendantale de la constitution de l'objet[3] ».

Pour Freud, l'épreuve de réalité ne concerne que la différenciation du monde intérieur avec un monde extérieur sur lequel il a lui-même peu à dire. Nous introduisons trois éléments nouveaux. Tout d'abord, à la différence des théories génétiques ou transcendantales, la théorie de l'acte que nous proposons permet de jeter un pont entre la conscience et la volonté du sujet (dans le projet d'action), l'interaction de ce sujet avec la réalité (à l'intérieur de l'acte lui-même), et le type de plaisir qui peut naître d'une épreuve de réalité réussie, laquelle épreuve trouve alors sa définition bien au-delà de la seule perception « extérieur-intérieur ». En deuxième lieu, lorsqu'il est question d'un processus « essais-erreurs », il concerne l'histoire de l'humanité, telle qu'inscrite dans la culture. Ainsi, l'épreuve de réalité expérimentée sous les divers régimes politiques ne concerne ni la génétique ni la transcendance, mais l'Histoire et la culture. Enfin, si pour Freud la déréalisation du monde s'origine dans le seul désir inconscient, les racines des méconnaissances sont pour nous multiples et multiformes.

À la limite, le principe de réalité freudien existe-t-il, sinon sous la forme d'un principe de survie ayant partie liée avec l'objectivation du réel ? Allons plus loin. Dans certains cas intéressant des peuples ou des nations, la force des méconnaissances paraît telle que le principe de survie lui-même peut se trouver mis en péril par des choix collectifs objectivement autodestructeurs, mais qui ne seront pas appréhendés subjectivement

3. Jean LAPLANCHE, « Principe et réalité », *Vocabulaire de la psychanalyse*, PUF, Paris, 1967, p. 388.

comme tels. L'inachèvement foncier de l'espèce est tel qu'il l'expose à tous les dangers.

C'est le cas avec la poursuite de la politique économique actuelle : destruction des équilibres naturels (climat, nappe phréatique, etc.), affaiblissement des liens sociaux traditionnels que rien ne vient remplacer, substitution de la valeur marchande aux anciens systèmes de valeurs. Dans les pays dits développés, la voiture, la télévision, le crédit, l'alcool, les tranquillisants, les antidépresseurs, les rythmes de la vie urbaine, le grand cirque mondial des compétitions sportives, le tourisme, la place tenue par les objets et techniques du monde virtuel, la politique-spectacle, l'argent relativement facile pour des classes moyennes élargies alimentent des leurres et nourrissent des plaisirs qu'on peut estimer sans vrai rapport avec la réalité des enjeux du présent.

Nous serons plus bref pour ce qui concerne le vouloir de création et le schéma psychofamilial, largement traités dans d'autres livres[4].

Le vouloir de création, ou la méconnaissance par l'illusion

On l'a vu, le psychanalyste anglais Donald Winnicott a décrit une période de la vie psychique de l'enfant, entre huit et quinze mois, qu'il estime plus importante encore que la crise œdipienne. L'*infans* qui vivait une unité avec sa mère, laquelle représentait pour lui le monde extérieur, commence à percevoir que le monde et lui ne font pas qu'un ; pire encore : ce monde étranger peut se montrer certaines fois indifférent à ses désirs. Faisant comme sienne la parole de Jean Cocteau (« Puisque ces mystères nous échappent, feignons d'en être l'organisateur »), l'*infans* crée l'illusion d'être lui-même l'auteur de ce monde. Il prête à des objets du monde réel la vertu contradictoire d'être à la fois soi et non-soi, intérieurs et extérieurs ; Winnicott leur donne le nom d'objets « transitionnels ». L'égocosmie première se clivant en ego et en cosmos, l'*infans* recrée l'unité perdue,

4. Gérard MENDEL, *Le Vouloir de création*, L'Aube, La Tour d'Aigues, 1999 ; *Une histoire de l'autorité, op. cit.*

dans la mesure où ces objets « contiennent » les deux composantes disjointes, le cosmos et le moi. À un stade plus tardif de ce processus, l'ours en peluche représentera un tel objet double et antagonique (moi et non-moi). Pour Winnicott, les processus transitionnels qui donnent naissance à ces objets sont à l'origine des phénomènes de culture. Il est intéressant de noter que la création n'est jamais décrite par les psychanalystes comme un processus psychique à part entière, au même titre que l'identification, la projection, la sublimation.

Dans plusieurs livres, nous avons cherché à articuler l'œuvre de Winnicott à celle de Freud et à celle de Mélanie Klein (qui concerne une période encore plus précoce de la petite enfance). Nous avons surtout cherché à montrer que, chez l'adulte, l'inventivité de l'acte humain face à l'affrontement du réel, dans sa part d'imprévisible par rapport au projet d'action, trouve sa source dans les processus transitionnels. Non certes sous leur forme originelle des premiers âges, mais selon des modalités qui tiennent compte de la traversée de l'inconscient — le refoulement apparaît vers quinze mois — et des socialisations ultérieures. Ce que je nomme « vouloir de création » concerne l'ensemble des manifestations créatives chez l'enfant et chez l'adulte. Créer, c'est toujours vouloir le monde autre qu'il n'est, résurgence en surface d'un processus souterrain né vers la fin de la première année de la vie.

Le vouloir de création n'implique en lui-même ni la reconnaissance ni l'objectivation du réel. L'inventivité est en soi indifférente à l'objectivité, on le conçoit sans mal si on la rapporte à son origine précoce. Elle peut se trouver mise au service aussi bien de l'objectivation du réel — c'est le propos de la méthode scientifique — que de sa subjectivation, la création artistique en étant le meilleur exemple. Rappelons le propos célèbre de Novalis : « En donnant au lieu commun un sens plus élevé ; à l'ordinaire un visage mystérieux ; au connu la grandeur de l'inconnu ; au fini l'illusion de l'infini, je le rends romantique. » Or ce romantisme déréalisant qui, en art, sublime les désirs les plus archaïques, qui satisfait notre appétence pour l'infini, qui magnifie l'ordinaire et le connu, peut aussi contaminer le domaine politique (le « romantisme révolutionnaire ») avec, alors, de tels effets déformants et une si puissante négation de certaines des contraintes du réel qu'il a, chaque fois, mené à des catastrophes [5].

Que la créativité humaine, que le vouloir d'un monde autre qu'il n'est soient organiquement liés à l'illusion ne doit pas non plus nous paralyser dans les réponses à donner aux problèmes, qu'ils soient sociaux, économiques, politiques. Il y a là pourtant de quoi alerter sur les dangers des messianismes, des grands mouvements collectifs passionnels, de déclarations définitives (« Du passé faisons table rase »), du spontanéisme en général. Nous verrons plus avant comment le processus démocratique utilise à sa manière le vouloir de création pour, à chaque époque, inventer de nouvelles procédures collectives d'expression et de régulation, à la mesure des enjeux du moment. Objectivation du réel et vouloir de création sont les deux ressorts de la démocratie. On peut alors estimer que le XXe siècle s'est montré, en ce domaine, fort avare d'invention.

Le schéma psychofamilial, ou la méconnaissance familialiste de la société

Le vouloir de plaisir et ses stratégies autoleurrantes, le vouloir de création et ses processus transitionnels créateurs d'illusion sont le propre de l'homme. Nous avons situé leur source anthropogène, toujours semblable à elle-même, dans des archaïsmes liés à l'inachèvement biologique du nouveau-né. Mais, aussi, les contenus de ces deux universels empiriques varient selon les cultures. Les figures que dessinent nos fantômes sont éminemment diverses, socialement et historiquement déterminées.

Chaque société connaît des stupéfiants qui lui sont particuliers, des *leurres* chimiques socialement admis. Dans certains cas — comme le Yémen, où le kat hallucinogène représente entre 20 % et 25 % des dépenses d'une famille —, un pays entier vit sous l'emprise d'une drogue [6]. Faut-il rappeler que le produit

5. Sur le romantisme politique, Paul SÉRANT, *Le Romantisme fasciste*, Fasquelle, Paris, 1960.

6. OBSERVATOIRE GÉOPOLITIQUE DES DROGUES, *Atlas mondial des drogues*, PUF, Paris, 1996. On consultera aussi à ce sujet le livre classique de Louis LEWIN, *Phantastica*, Payot, Paris, 1924, 1970.

du trafic mondial des stupéfiants est évalué annuellement à 400 milliards de dollars [7] ? Quant aux formes de l'*illusion* qui s'expriment dans les croyances et les idéologies, elles sont elles aussi multiples.

La situation se présente différemment pour le troisième universel empirique, le schéma psychofamilial, dans la mesure où ses manifestations revêtent un nombre très limité de figures. Nous avons consacré un livre à l'étude de ces schémas à propos du phénomène énigmatique qu'est l'autorité [8].

Jamais un nouveau-né n'est devenu humain sans la présence autour de lui d'un environnement social pendant plusieurs années. « Un bébé, ça n'existe pas », écrivait Winnicott, voulant signifier qu'il ne pourrait vivre en l'absence d'une mère ou d'un humain la remplaçant. Plus largement, on peut énoncer : « Un enfant, ça n'existe pas » sans la présence d'une société ou d'un groupe social. Dès lors, un schéma psychofamilial se met en place universellement en chaque petit d'homme. Il se met en place déjà parce que l'état d'enfance et sa longue dépendance créent une matrice psychologique définitivement imprimée en chaque adulte. Mais aussi — et c'est là l'essentiel de notre thèse à propos de l'autorité — parce que les moments difficiles de la petite enfance ne sont pas tous « couverts » par les leurres du vouloir de plaisir et les illusions des processus transitionnels.

Les frustrations inévitables, et dans une certaine mesure nécessaires, développent des angoisses archaïques, une peur d'abandon, qui peuvent être rassemblées sous le terme générique d'« angoisse abandonnique ». Le « sentiment océanique » de retrouvailles avec le « Grand Tout », avers triomphant du vouloir de plaisir, trouve inévitablement son envers, sa face noire, dans le sentiment abandonnique. Contre le retour des peurs primaires de la vie, actives en chaque individu, toutes les sociétés, de l'Inde à l'Afrique, de l'Antiquité aux Temps modernes, ont interposé, lors des socialisations de l'enfance, la médiation d'une autorité vécue comme protectrice, au prix de l'obéissance volontaire. À l'insu des acteurs, l'autorité et ses

7. Évaluation du GAFI (Groupe d'action financière sur le blanchiment des capitaux), *Le Monde*, 18 septembre 2001.

8. Gérard Mendel, *Une histoire de l'autorité*, *op. cit.*

manifestations représentent la prolongation sociale de l'enfance dans le monde adulte.

Mais, à la différence de la multiplicité des formes sociales du leurre ou de l'illusion, la médiation autoritaire n'a connu qu'un nombre limité de figures sociales. Dans les sociétés traditionnelles, la communauté exerce une autorité de type parental sur ses membres. En Occident, dans les Temps modernes, l'image paternelle incarne l'autorité, à la condition de prévaloir à tous les niveaux, religieux, social, familial, et dans l'inconscient. Aujourd'hui, dans nos pays, à l'heure du déclin évident de la société patriarcale, ni la communauté ni le père ne sont plus là pour apprivoiser suffisamment nos peurs archaïques, et c'est l'une des raisons profondes de la crise de l'autorité. Les enjeux sont considérables, puisque tous les systèmes de valeurs étaient jusqu'à présent alimentés par les méconnaissances et, de manière privilégiée, par l'autorité. Ce ne sont pas les valeurs, les morales, les éthiques, qui perdent progressivement de leur force, c'est l'autorité qui, s'affaiblissant, ne les porte plus sur son épaule.

Le schéma psychofamilial est un universel. Nous avons cherché à montrer dans le livre précité qu'il peut être contaminé par des archaïsmes lorsque commencent à céder les verrous traditionnels, ce qui est le cas aujourd'hui. Faut-il alors, comme certains, en appeler à un impossible retour en arrière — sous des formes néocommunautaires ou dans un appel nostalgique et angoissé au Père, comme nous le verrons dans le prochain chapitre —, ou bien chercher à pallier autrement les déficits psychosociaux de l'individu contemporain ? Cette dernière position donne tout son sens au pari démocratique. L'objectif devient alors celui de trouver des compromis socialement viables, tenant compte des besoins psychologiques profonds de l'individu et ouvrant la voie au développement de ses ressources anthropologiques. Nous avons vu dans la première partie que le processus démocratique concerne non seulement la dimension politique, mais aussi l'ensemble des activités humaines.

Ainsi, le familialisme social représente une troisième grande forme de méconnaissance anthropologique. Dans les Temps modernes, cette méconnaissance a nourri le développement des nationalismes, la nation comme Mère-patrie, comme grande famille. En temps de crise, et encore aujourd'hui dans certains cas, elle conduit à la soumission politique à l'« homme providentiel », au Père-sauveur, résurgence d'un schéma familialiste selon lequel la société serait constituée d'enfants et de parents protecteurs. Plus profondément encore, ce schéma qui familialise la société entre structurellement en conflit avec le processus démocratique. Le problème est de prendre conscience des éléments de la situation, afin de pouvoir l'affronter de manière constructive.

16

Pierre Legendre ou la nostalgie du père médiéval

J'ai choisi de prendre un exemple pour marquer les effets de certaines méconnaissances, mais aussi les processus mis en œuvre et la distorsion qu'elles opèrent de la réalité objective. L'influence actuelle de l'œuvre de Pierre Legendre paraît significative du désarroi intellectuel de l'époque. En particulier, l'influence des conditions économiques sur ce système de pensée s'exerce de manière indirecte et déformée. Quelles sont ces conditions ?

Un siècle et demi d'économie conquérante

En un siècle et demi, l'économie a secoué par trois fois nos sociétés, marquant autant d'étapes de la vie intellectuelle et artistique. La première étape fut marquée par la grande industrialisation, le machinisme, les déplacements de population des campagnes vers les villes, les chemins de fer, les débuts de l'électricité. Ce premier séisme a connu un Jean-qui-pleure et un Jean-qui-rit. Victor Hugo, héritier lyrique des Lumières, a prophétisé les lendemains qui chantent, grâce à la science qui conduira au progrès universel. À l'inverse, le sismographe de Zola enregistre les craquements sociaux, la rupture des équilibres traditionnels, sous la brutalité des forces économiques, sous la mainmise des puissances d'argent.

Très vite, la presque totalité de la classe intellectuelle, des plus lus au moins lus, se dresse haut et fort contre la modernité à laquelle elle associe la démocratie. Tous s'unissent dans le rejet des temps nouveaux, Baudelaire, Barbey d'Aurevilly, Villiers de l'Isle-Adam, les symbolistes, Huysmans, Segalen, Loti. Tous, ils pourraient dire comme l'auteur des *Fleurs du mal* : « Je hais le mouvement qui déplace les lignes. » Sur l'autre bord, Jules Vallès ou Flora Tristan peignent en grand noir l'époque. La Belle Époque s'assombrit finalement pour un Jules Verne vieillissant qui, tournant casaque, décrit le progrès scientifique virant au cauchemar, ou pour Jack London annonçant, dans ses textes d'anticipation, les grands massacres à venir.

Le second séisme viendra de la guerre de 1914. Elle n'est pas directement d'origine économique, mais la science et l'industrie auront été mises sans retenue et sans complexe au service de la destruction. La société « de masse » débute par la guerre de masse où, dans les grandes offensives, l'unité de mesure devient le million d'hommes. Les effets de la guerre sur la vie intellectuelle sont décisifs. Dans l'entre-deux-guerres, on ne trouvera plus guère d'hommes de pensée restés démocrates. On se range dans les camps de l'extrême, celui du communisme stalinien et celui du fascisme.

Depuis le milieu des années 1950, un troisième séisme a bousculé ce qui restait du passé. En France, les « Trente Glorieuses » ont signé l'industrialisation à marche forcée, brisant l'armature du vieux pays rural et traditionnel qu'était restée la France radicale-socialiste. Si le premier séisme avait touché la population des villes et les rapports sociaux, si le deuxième avait jeté le désordre dans la vie intellectuelle et avait vu le succès de l'irrationalisme d'un Bergson ou d'un Heidegger, avec le troisième séisme l'économie s'attaque maintenant à la sphère privée, à la famille, aux rapports entre hommes et femmes. Les structures de la société patriarcale sont durement secouées. Signe des temps, la loi de 1970 substitue l'autorité conjointe des deux parents à celle exclusive du père. Ce que les années 1990 ont poussé sur le devant de la scène s'agitait déjà dans les coulisses des années 1960-1970, qui avaient vu l'introduction massive de ces deux dissolvants de la vie sociale, la voiture et la télévision.

À la même époque, Jacques Lacan devient un personnage représentatif du trouble de la période. Seule la grande confusion qui entoure le chapitre des méconnaissances et de l'idéologie permet de comprendre comment cette pensée d'arrière-garde, prônant l'autorité la plus passéiste et annonciatrice de l'éternel retour du même, a pu fasciner une génération de jeunes intellectuels qui, en y adhérant, se croyaient à l'avant-garde. Un si colossal malentendu témoigne de la vulnérabilité idéologique des intellectuels en général, et même de leur fragilité psychologique. Leur « maladie professionnelle » n'est-elle pas de faire confiance à des mots, à des concepts disjoints de la vie pratique auxquels ils réfèrent ?

Jacques Lacan ou l'image inversée de la réalité psychologique contemporaine

Il faut s'attarder un instant sur Lacan, dans la mesure où sa pensée se retrouve complètement chez Pierre Legendre. Lacan, défenseur du *genos* patriarcal sous sa forme la plus traditionnelle, se déclara ouvertement l'opposant de la modernité nord-américaine, ouvrant ainsi la possibilité pour les jeunes intellectuels — en particulier en Amérique latine — de ne considérer que cet aspect du personnage. Si, dans le passé, l'on cherche une pensée qu'on puisse rapprocher de celle de Lacan, on ne peut qu'évoquer celle de Louis-Ambroise de Bonald, qui fut, avec Joseph de Maistre, Ballanche et le Maine de Biran des dernières années, l'un des philosophes de la Restauration monarchique de l'après 1815.

Sur tous les tableaux, Lacan se sera voulu lui aussi le restaurateur d'un passé d'Ancien Régime. À contre-courant de l'époque, il entend rétablir l'autorité du père, il exalte le « Nom du Père », la « loi du Père ». Il veut relever l'autorité masculine qui tombe en déshérence, et il la marque d'un phallus, dont l'absence chez la femme la renvoie à sa vieille place de subordination. Il cherche à restaurer la psychologie traditionnelle, pré-psychanalytique, en évacuant du psychisme l'inconscient freudien, tellement désordonné et trublion avec ses fantasmes et ses pulsions, pour lui substituer l'ordre et la loi d'un préconscient « structuré comme un langage ».

Dit en une phrase, il tend à restaurer l'esprit du classicisme français, la mathématique des sentiments de nos grands moralistes, contre la brouilleuse fantasmagorie romantique d'un Freud allemand perdu dans les brumes du rêve et du cauchemar. Mais l'inconscient refusé fait ici retour dans un style encore plus déstructuré que baroque. Aidé par ce langage obscur, cet intégriste de haut vol aura l'intelligence d'avancer masqué. Lacan aurait pu faire sienne complètement la phrase de Louis-Ambroise de Bonald : « L'homme pense sa parole avant de parler sa pensée. » Comme chez saint Augustin, en l'homme impuissant à faire par lui-même son salut et qui n'est qu'un pseudo-sujet, un dieu parle, ici sous la forme de l'ordre symbolique.

Un système de pensée qui éveille rapidement un écho très fort, comme ce fut le cas du lacanisme, reflète forcément une dimension notable de la réalité. Laquelle, ici ? Sous la forme exactement inversée de l'image sur la rétine, des « pieds en l'air » (Engels), c'est, chez Lacan, l'un des grands problèmes des temps actuels, la déliquescence de la société patriarcale, qu'il faut savoir déchiffrer, telle qu'elle apparaît dans la société, la famille, la personnalité psychologique. Par le biais des rapports sociaux et de la vie culturelle, l'économie capitaliste des dernières décennies du XXe siècle a attaqué en accéléré le cadre traditionnel de la famille et des rapports hommes-femmes. Sous la forme, alors, de la dénégation, avec un « J'affirme la fin de la fin de la loi du Père », c'est la fin de cette loi que Lacan annonce à son insu.

Faut-il rappeler, faisant retour à Freud, que, dans un texte éponyme, celui-ci montrait que la dénégation est la manifestation première et encore voilée d'une prise de conscience ? Se situant au cœur du grand problème culturel de l'époque, Lacan offre un éventail de défenses pour se protéger d'un danger censé ne pas exister et pourtant bien réellement vécu par nos contemporains : le primat du signifiant comme défense *versus* le signifié archaïque, le phallus masculin *versus* le « féminin » et le « maternel » archaïsés, le langage « normalisant » l'inconscient. On comprend comment Lacan pourra devenir la référence de Legendre. Celui-ci, porté par la nostalgie du *pater familias* romain et par la théologie du haut Moyen Âge, va construire son système de pensée tout entier par rapport au *genos* patriarcal.

L'œuvre de Pierre Legendre

En ce début du XXIe siècle, l'œuvre de Pierre Legendre, juriste et psychanalyste, présente, quant au contenu et aux propositions, un bloc erratique tout droit dérivé de l'an Mil. La modernité, origine pour lui de tous les maux, commencerait au XIIe siècle, au moment où le droit et la théologie se séparent [1]. L'extraordinaire est que cet anachronisme de la pensée lui permet quand même de poser de bonnes questions. Les réponses que je propose sont différentes des siennes. Aussi, l'examen de ses thèses me permettra, pour chaque point, de faire apparaître par contraste mes positions.

Dans la topologie des systèmes de pensée, Pierre Legendre représente, au sens wébérien du terme, l'idéal type du psychofamilialisme patriarcal. Voyons les bonnes questions qu'il pose, ou plus précisément ses constats pertinents, avant d'examiner le système. Certes, son cri d'alarme est bien venu. Il paraît assez évident que l'humanité est en train de prendre sous nos yeux un tournant inquiétant. Comme Legendre, j'estime que le schéma psychofamilial, avec au sommet le Père porteur d'autorité, introduisait dans notre société et à l'intérieur du sujet, le verrou, qui interdisait la régression vers l'archaïsme [2]. Suite aux défaillances de ce système-Père, nous assistons aujourd'hui non à la mainmise politique sur l'archaïsme, comme tel avait été le cas dans les sociétés totalitaires du XXe siècle européen, mais, avec toujours moins d'interposition, le face-à-face du sujet avec son propre archaïsme.

Bon constat encore à propos de ce que Legendre nomme, dans sa terminologie, l'Abîme — le vide, la fusion, l'indifférenciation, l'inceste… Toute l'expérience de la psychanalyse marque l'absolue nécessité d'une limite et d'une régulation avec l'archaïsme psychologique. Le système-Père créait cette limite.

---

1. Pierre LEGENDRE, *Sur la question dogmatique en Occident*, Fayard, Paris, 1999, p. 40 et 94. L'œuvre de cet auteur comprend déjà plus de vingt livres. Les grands axes conceptuels nous paraissent réunis dans un texte de l'ouvrage de 1999 : « D'une interrogation rebelle à l'élimination », qui porte pour sous-titre : « Cadrage théorique et concepts ». Afin de recentrer notre examen, nous citerons seulement les 85 pages de ce texte d'une présentation très cohérente.

2. « En psychanalyse, la problématique de la causalité débouche sur la représentation du Père, garant de la division où se constitue le sujet » (Pierre LEGENDRE, *Sur la question dogmatique en Occident*, *op. cit.*, p. 30).

Mais, pour Legendre (non pour moi), il s'imposait selon le code fixe propre à la nature humaine *per vitam instituere* — pour instituer une vie non pas seulement biologique ou animale mais spécifiquement humaine : capable d'affronter la question du « pourquoi » et de lui donner une réponse porteuse de sens. Bonne manière également d'élargir le questionnement sur l'ancien et le moderne que de souhaiter prendre en compte la dimension d'une « anthropologie générale ».

À partir de ces points d'ancrage, tout nous sépare. Examinons cette divergence radicale sous deux rubriques : celle de l'anthropologie, trop limitative à notre sens chez Legendre ; et celle de la démocratie, qu'il rejette comme indissociable aujourd'hui, et même dans nos pays, de la mondialisation économique et du management.

Rappelons au préalable nos positions. Tout au long du présent livre, il est affirmé que le schéma psychofamilial, sous une forme historico-sociale et/ou inconsciente, représente une constante anthropologique, un universel empirique. La blessure narcissique de la découverte de l'objet chez le petit enfant et la perception d'une dépendance envers lui induisent des fantasmes, puis la projection de ces fantasmes sur le groupe parental, et enfin l'intériorisation de ces projections, contribuant ainsi aux identifications. Si la socialisation primaire devait s'opérer un jour en dehors d'une famille (ce que je ne souhaite pas), ces processus — fantasmatisation, projection, intériorisation — quand même demeureraient, et seuls les contenus pourraient varier en fonction de ce qui aurait remplacé le groupe parental. Les images *psychiques* de la mère et du père sont une création par l'enfant à partir de ressources développées à l'interface de la maturation organique et des socialisations familiales. Que la loi phallocratique masculine — concentrée dans l'image du Père — soit d'origine socio-historique, en témoigne sous nos yeux le déclin de l'image du père dans le psychisme et dans la société.

Nous aurions aussi pu étudier Legendre comme un exemple du refus contemporain d'assumer, de « tenir » ensemble les deux termes de la contradiction autorité-démocratie. Ici, la démocratie est mise *out*, toute la place étant prise par l'autorité. D'où un avantage à Legendre sur ses contradicteurs, pour deux raisons. Il parle à partir de phénomènes qui ont toujours existé : le familialisme — ce qu'il nomme l'« institution généalogique de la société » — et le pouvoir social masculin ; et ces phénomènes, il les prend en compte dans leur forme médiévale, solide, inentamée, celle du haut Moyen Âge. Bien différemment, j'évoque, avec la démarche démocratique se prolongeant en la démocratie participative, un processus en chantier, incomplet, et difficile à vivre pour chacun ; il faut en permanence mobiliser le fond et le tréfonds de sa personnalité pour accepter de regarder en face la réalité objective et pour l'affronter dans un acte créatif, à l'inverse de nourrir sa subjectivité d'illusions et de promesses impossibles à tenir.

Ainsi, en appeler à la démarche démocratique revient à dire à nos contemporains, perdus au sein de contradictions et de conflits multiples, à eux dont les repères vacillent, à eux assoiffés de réponses et de certitudes : mettez à plat les contradictions et les conflits partout où ils se manifestent, apprenez à les gérer par une négociation qui soit le plus possible égalitaire. Pour être honnête, il faut encore aller plus loin et reconnaître que les techniques de mise à plat et de négociation restent pour une large part encore à inventer ou à perfectionner. Sur l'autre bord du fleuve, Legendre, lui, propose — et c'est son second avantage — d'en revenir à l'occultation traditionnelle des contradictions par l'autorité : on se soumet sans examen et sans discussion à la tradition, à la société généalogique comme projection chosifiée du schéma psychofamilial.

Bref, la démarche démocratique cherche à assumer les contradictions et les conflits, c'est là sa force dans le monde des réalités objectives. L'homme de l'autorité et l'homme de l'économique actuel vivent dans l'unidimensionnalité de leurs certitudes. Cette dernière position est plus confortable.

L'anthropologie « générale » chez Legendre

Pierre Legendre nomme « anthropologie dogmatique » son anthropologie générale. Il faut prendre les mots à la lettre. Dans son discours, les dogmes se donnent à voir dans l'extériorité des institutions et du langage, dans l'extériorité des « emblèmes » et des images sociales, dans la théâtralité des représentations du pouvoir, des rites, voire dans une esthétique des formes ; tous ces thèmes, très éloignés de l'intériorité psychique propre à la psychanalyse, reviennent de manière obsédante sous sa plume. Là où l'on pourrait croire à la présence, dans cette anthropologie dogmatique, de deux de nos universels empiriques (universels ici sans doute mais non empiriques car imprimés sur et dans le sujet par la société généalogique : « Le sujet se trouve parlé par avance [3] »), il n'en existe, si l'on peut dire, qu'un entier et la moitié d'un.

En effet, le langage chez Legendre est hégémonique : l'homme est défini comme le « vivant parlant [4] » et la société comme un Texte à lire. Mais le schéma psychofamilial, lui, n'est présent que dans son versant extérieur : l'inconscient a disparu, qui représente pourtant la vraie découverte freudienne, le langage étant pour Freud une propriété du préconscient [5]. L'œuvre de Legendre, comme celle de Lacan, apparaît comme prépsychanalytique. L'archaïsme, pour Legendre, l'emporte chez le sujet lorsque n'a pas été « inoculée à l'individu » par la société généalogique la loi « normative, celle de l'inégalité structurale entre parents et enfants [6] ». Là se situe, en effet, le versant extérieur du schéma psychofamilial. Plus précisément, comme j'ai essayé de le montrer ailleurs, l'autorité implique une différence infranchissable entre qui commande et qui obéit, l'autorité du premier procédant toujours d'une transcendance (Dieu, la société, la nation…), laquelle renvoie elle-même à l'irréversibilité de la différence des générations [7].

Je viens de parler d'une œuvre prépsychanalytique. En effet, les fantasmes inconscients de désir et d'angoisse ont disparu chez Legendre. Il ne sera jamais question non plus de l'apport le plus original de Freud, à savoir l'existence du conflit intrapsychique. Une telle réduction de la vie psychique au jeu de « un facteur et une moitié » est évidemment décisive quant à la conception du sujet.

---

3. *Ibid.*, p. 21, souligné par P. L.

4. *Ibid.*, p. 9.

5. « Le fait qu'un processus soit conditionné par la parole permet de conclure à coup sûr que ce processus est préconscient » (Sigmund FREUD, *Abrégé de psychanalyse*, PUF, Paris, 1967, p. 25).

6. Pierre LEGENDRE, *Sur la question dogmatique en Occident*, *op. cit.*, p. 26.

7. Gérard MENDEL, *Une histoire de l'autorité*, *op. cit.*, chap. 8, « Autorité et transcendance, ou le temps d'un avant la naissance ».

Le sujet humain est l'« animal parlant ». Comme chez de Bonald et Lacan, la parole nous fait homme : « La subjectivation est fondamentalement effet de discours entrecroisés à travers les montages de l'institution généalogique [8] » ; « Ce sont les paroles qui nous fabriquent » en « faisant loi pour le sujet [9] ». La fonction symbolique est « inoculée » par la société généalogique : « Je résumerai : l'appartenance au Texte se définit comme soumission qui marche [10]. »

Tel est le mot clé : la soumission. L'œuvre de Winnicott ne peut certainement que révulser Legendre, elle qui fait du sujet un être créatif parce que, à un moment précis de la petite enfance, il a pu se penser le créateur du monde qui, sortant des limbes de l'indifférenciation première, lui impose son altérité traumatique. Le sujet chez Legendre reste tout entier passif, soumis, créature de répétition. Il est ce sur quoi vient s'imprimer le sceau emblématique de la société généalogique ; il est défini comme étant la « pierre vivante de l'édifice social [11] ». À propos du sujet, nos deux conceptions non pas s'opposent, elles s'excluent. Au « sujet-pierre » — la pierre inanimée n'est pas seulement du non-psychique, elle est un hors-la-vie — répond ce que je nomme le « vif du sujet » dont le héros éponyme est Ulysse, l'« homme aux mille tours [12] ». Pour Legendre, l'institution généalogique est le « cadre du destin où vient se jouer de la vie à la mort l'être de tout sujet », elle est « le lange et le linceul du sujet [13] ».

Un point essentiel concerne l'archaïsme psychologique, mal absolu chez Legendre et concept utilisé par lui de manière globalisante. L'archaïsme représente pour moi trois plans qui apparaissent successivement et dont la structure est différente. Rappelons-les. Archaïsme 1 : l'indifférenciation première (avec des affects non seulement d'angoisse mais aussi de plaisir). Archaïsme 2 : les processus transitionnels. Archaïsme 3 : la partie constituée en premier de l'inconscient freudien (mère

---

8. Pierre LEGENDRE, *Sur la question dogmatique en Occident*, *op. cit.*, p. 28.
9. *Ibid.*, p. 32, souligné par P. L.
10. *Ibid.*, p. 48
11. *Ibid.*, p. 10.
12. Gérard MENDEL, *L'Acte est une aventure*, *op. cit.*, chap. 38, « Le sujet concret : "vif du sujet" et sujet-machinerie ».
13. Pierre LEGENDRE, *Sur la question dogmatique en Occident*, *op. cit.*, p. 32.

phallique, etc.). Legendre amalgame les archaïsmes 1 et 3. L'archaïsme est-il d'ailleurs chez lui spécifiquement humain ou bien représente-t-il un état biologique qui serait commun à l'animal et aux humains ? On ne sait pas bien. De même que l'inconscient se trouve réduit au préconscient, l'archaïsme paraît bien être ici une plongée vers l'animalité. On saisit alors les limites de l'herméneutique legendrienne. La prise en compte non seulement interprétative mais explicative des phases de la maturation du petit enfant permet seule la dissection plan par plan des trois niveaux de l'archaïsme, permettant la prise en compte de leurs effets ultérieurs si différents.

Des six universels empiriques que nous proposons, on retrouve chez Legendre, je viens de le dire, seulement le versant tout extérieur du schéma psychofamilial et le langage. Car la raison elle-même — raison *ratio* et rationalité instrumentale — se trouve réduite au *logos* traditionnel, au nom souvent prononcé par Legendre, et qui s'identifie pour lui à la reconnaissance (imposée) des places généalogiques posant une dissymétrie structurale. Il faut, écrit Legendre, renoncer « au poncif d'après lequel le message humain est le reflet du rapport à ce que nous appelons réalité objective ». Peut-on objecter que le positivisme, puisque c'est de lui dont il est nommément question, est très loin d'être le poncif intellectuel contemporain, la négation des faits étant au contraire aujourd'hui des plus fréquente. Ce message, loin d'être un simple reflet, est lié pour nous au rapport d'interactivité avec la réalité dans l'acte. Pur idéalisme philosophique, cette phrase que Legendre souligne tant elle est au cœur de son œuvre : « Cela signifie, pour la société comme pour l'individu : nécessité de tout ramener aux mots pour qu'il y ait des choses [14]. »

Problème et non mince : d'où viendrait ce langage si éminent, cette parole-tiers séparant le sujet (qui en naît) et l'archaïsme ? On comprend que, évitant ainsi les questions difficiles, cet auteur situe sa recherche dans la dimension de la seule interprétation, celle d'une herméneutique où les textes se renvoient l'un à l'autre, mais ne peuvent recevoir leur vérité ultime que d'une transcendance, qui se situe ici dans la théologie

14. *Ibid.*, p. 53.

médiévale [15]. Legendre propose « d'amender et de réaménager la notion de religion [16] », laquelle relèverait d'une « fonction de conservation dans l'espèce humaine ». Toute l'œuvre est en effet religieuse dans une perspective très passéiste, celle de la théologie du haut Moyen Âge.

La démocratie chez Legendre

L'impact de l'œuvre de Pierre Legendre tient à deux facteurs. Il est exact que, partout et toujours jusqu'à présent, le pouvoir social masculin, puis la loi phallocratique du Père ont servi de verrou bloquant la régression vers l'archaïsme mortifère qui livrerait le sujet à ses pulsions ; cet archaïsme étant par ailleurs toujours attribué culturellement aux femmes. Second facteur : l'intuition générale aujourd'hui de la perte progressive des valeurs traditionnelles, sans que de nouvelles valeurs, celles, par exemple, de la démocratie participative, soient devenues une force susceptible de suppléer l'actuel déficit.

Devons-nous alors rejeter la modernité pour revenir au Moyen Âge d'avant le XIIe siècle ? À chacun ses choix. Faut-il encore que les options soient clairement explicitées. Il est certes compréhensible (ou mieux : il est de bonne guerre) que Legendre ménage les sensibilités contemporaines et ne donne pas la liste de ce qui se trouverait rejeté. Dressons-la pour lui.

Exclue, la capacité à regarder un peu plus objectivement le monde. Exclue, l'égalité politique et sociale, en contradiction absolue avec l'inégalité foncière entre les générations si celle-ci devient le fondement de la société. Exclu, le grand mouvement contemporain qui a rebattu les cartes avec lesquelles se jouait le jeu de l'humain depuis son origine, exclue, donc, la nouvelle donne qui mène à l'égalité de la femme et de l'homme. Exclu, le droit d'assumer librement un choix sexuel. Exclu, le respect envers l'enfant, appréhendé avec ses ressources originales et qui sont à socialiser afin qu'elles fructifient. Exclue, cette réalité spécifiquement humaine dont il n'est jamais question chez Legendre, celle de la création, d'un pouvoir créatif. Créer, c'est

15. *Ibid.*, p. 53-54.
16. *Ibid.*, p. 101.

vouloir le monde autre qu'il n'est, c'est-à-dire inventer des solutions neuves aux problèmes nouveaux, à la mesure des difficultés objectives. Là réside une partie de la démarche démocratique.

Le système de pensée que développe Pierre Legendre exclut absolument la démocratie, remplacée par une société d'essence inégalitaire, structurée généalogiquement, et figée dans les rites de la répétition d'un noyau invariant et normatif. Seule la mise en scène théâtrale des formes peut historiquement varier, une théâtralité qui a pour fonction de fasciner le sujet comme l'alouette l'est par le miroir. Legendre ne doit guère apprécier un Jésus prêchant de quitter sa famille. C'est en effet sur la nouvelle religion, fort peu évangélique, d'un postchristianisme théocratique que paraissent ouvrir les huit livres de « Leçons » jusqu'à présent parus.

Il est de fait très peu parlé de démocratie dans le livre que nous venons d'évoquer et dans lequel Legendre ramasse sa pensée. Quand ce mot se trouve prononcé, il l'est sur le mode péjoratif. Qu'en est-il dit ? Ici encore, la confusion se trouve entretenue par l'association d'une exactitude (mais présentée de manière péjorative) et de deux inexactitudes. Ce qui paraît exact : « La Démocratie a pris statut de substitut laïque du divin dans la mise en scène des emblèmes fondateurs au nom desquels les systèmes normatifs de tradition ouest-européenne enseignent la vérité de tout lien ; autrement dit, elle a pris statut en tant qu'inscription dogmatique au lieu structural du Tiers [17]. » Exact, avec une réserve toutefois : la démocratie est à écrire sans majuscule sacralisante. Exact mais, contrairement à Legendre, nous pensons que la démocratie dans ses formes participatives (nous le verrons dans les chapitres suivants) peut contribuer à inscrire une limite par rapport aux archaïsmes mortifères 1 et 3. Dans le même mouvement, ce processus favorise une socialisation, mieux adaptée aux besoins de notre époque, de l'inévitable schéma psychofamilial. Au contraire de ramener à la théologie et aux pratiques du haut du Moyen Âge, la démarche démocratique facilite une évolution des croyances religieuses vers une image divine plus fraternelle que paternelle, plus soucieuse des droits et devoirs réciproques que de loi unilatérale.

17. *Ibid.*, p. 81, note 1.

Une réserve encore : il s'agit là du processus démocratique non comme « vérité », mais comme méthode de la désoccultation des contradictions et de régulation négociée le moins inégalitairement possible.

Deux inexactitudes sont à relever dans la phrase suivante de la même citation de Legendre : « Pour étudier ce versant du religieux non identifié dans la culture ultramoderne, la prise en compte de l'économie et du Management associé à la Démocratie, son discours de légitimation, s'impose [18]. » Primo, la démarche démocratique comme méthode perpétuellement en recherche s'oppose absolument à l'immédiateté de la révélation religieuse de ce qui serait la vérité. Secundo, loin que l'économisme mondial actuel soit « associé » à la démocratie, il constitue de nos jours, nous ne cessons de le dire, son pire adversaire, et bien davantage redoutable que l'autorité. Dans ce livre, nous avons été contraints de constamment tenir compte du « troisième larron » économique et de son idéologie. Cette dernière occupe trop souvent le terrain au fur et à mesure que fait retrait l'autorité traditionnelle. La tentative de légitimation du management par la démocratie représente l'une des grandes perversités de notre époque [19]. Nous sommes très loin d'avoir appris à gérer, si la chose même est possible, la contradiction aiguë entre démocratie et capitalisme mondialiste.

Si l'on voulait replacer le système legendrien dans une topologie des systèmes de pensée, on parviendrait à une formule simple : le *genos* médiéval contre le *ploutos* néocapitaliste. *Demos* — la démocratie — brille par son absence. Il est permis pourtant de penser, que, entre « le sujet-Roi autofondé, l'individu déstructuré de la modernité » et les « enfants d'un Texte », une place existe pour l'individu démocrate. Il est vrai que cette place n'est pas aujourd'hui occupée comme elle pourrait l'être.

---

18. *Ibid.*, p. 81.

19. Gérard MENDEL, *Une histoire de l'autorité*, *op. cit.*, p. 17, « Le néomanagement contemporain, ou l'autorité d'aujourd'hui mise à nu ».

17

La démocratie participative pallie dans une certaine mesure le déficit d'image paternelle

Voici quelques années, nous (le Groupe Desgenettes) avons été contactés par les éducateurs en difficulté d'un centre pour enfants autistes. Le directeur n'occupait pas sa place, fuyait ses responsabilités. Un éducateur, manifestement caractériel, profitait de la situation pour transgresser les limites de sa fonction ; il imposait sa présence brouillonne et agressive qui insécurisait les enfants et les éducateurs.

Quand l'institution est une famille

Que pouvions-nous proposer ? Élargissons le cadre du propos. Dans toute institution de travail où des rapports sur un mode très personnel existent entre la base et la direction, les dirigeants sont vécus peu ou prou, au niveau inconscient, comme des images parentales. En tout temps et en tout lieu, le schéma psychofamilial continue d'agir. La situation devient particulière dans ce que l'on peut nommer les « institutions psy ». Elles concernent les établissements dont les personnels sont fortement sollicités psychologiquement par leur travail relationnel avec les usagers : maisons de retraite, internats médico-éducatifs, etc. La personnalité profonde se trouvant requise, le schéma psychofamilial inconscient devient exceptionnellement mobilisé. Un effet de vase communiquant s'opère avec l'institution, alors vécue comme une grande famille.

Quand les usagers sont des enfants ou des adolescents, les personnels seront ainsi poussés à se vivre comme des parents protecteurs ; avec des vieillards, c'est l'enfant en soi qui sera réveillé. Dans les deux cas, des « idéologies défensives de métier » (Dejours) s'organiseront pour tenir à distance les vécus inactuels. Malgré tout, au long des années, à l'insu des acteurs, un véritable organigramme familial viendra doubler dans l'institution l'organigramme fonctionnel. Ce « familiogramme », pour lui donner son nom [1], contribue à la protection psychologique, s'il est structuré d'une certaine manière. Chacun doit pouvoir y trouver des repères et une place précise : les collègues et soi-même à l'intérieur d'un schéma de fratrie, le directeur dans le rôle « sévère mais juste » qui est celui du père dans la société patriarcale. À quoi tient la protection psychologique ?

Cette structure familialiste, sorte de filet protecteur, défend contre la régression psychoaffective profonde où risqueraient d'entraîner les usagers. Il existe un prix à payer pour cette nouvelle ligne de défense, à savoir un certain degré de déréalisation au niveau du travail professionnel. Objectivement, il ne s'agit pas en effet d'une famille, mais d'un établissement de soins. Une psychoaffectivité qui dérive par trop vers l'imaginaire familial, outre la surcharge psychologique dans les rapports interpersonnels, gêne le bon exercice technique du métier. L'affection ne suffit pas pour faire du bon travail.

Soulignons que c'est seulement dans les établissements psy, en raison du type particulier de travail, qu'un certain degré de familialisme social devient souhaitable, et même nécessaire. Partout ailleurs, les aspects négatifs l'emportent. D'ailleurs, aujourd'hui, les exigences de l'organisation du travail et les directions rien moins que paternalistes contredisent par trop le schéma psychofamilial pour qu'un vécu familialiste parvienne durablement à s'installer dans le réel.

---

1. Gérard MENDEL, « Le familiogramme institutionnel » (1997), reproduit *in Trois Textes sociopsychanalytiques*, Impatiences démocratiques, Arles, 2000.

La « loi comme père » palliant le déficit de la « loi du père »

Dans le centre de jour pour enfants autistes, le directeur, je l'ai dit, n'occupait pas sa place et ne pouvait donc représenter une image de père « sévère mais juste ». Dans la réalité objective, l'institution, de ce fait, fonctionnait mal. Subjectivement, les personnels et les enfants se trouvaient insécurisés pour une double raison : en raison des dysfonctionnements affectifs et à cause de l'absence du filet protecteur d'un bon familiogramme institutionnel. L'institution manquait objectivement d'un directeur responsable, et subjectivement il souffrait du manque d'un père. On ne pouvait espérer transformer la personnalité du directeur.

À défaut, alors, d'agir sur l'*image paternelle* on pouvait, pourtant, d'après notre expérience de ce type d'institution, intervenir au niveau de la *fonction paternelle*. Faute d'un père « sévère mais juste », il fallait introduire des procédures de fonctionnement qui s'appliqueraient strictement (la « sévérité ») et qui seraient claires, adaptées aux situations, compréhensibles par tous, équitables pour tous (la « justice »). Des procédures qui échapperaient à la confusion, à l'arbitraire, qui interdiraient les passages à l'acte, mais aussi qui permettraient à certains moments institutionnels l'expression des émotions et des vécus. Dans cet esprit, nous proposâmes la mise en place d'une réunion institutionnelle chaque trois semaines, régulée par un membre de notre groupe, avec des objectifs précis et un déroulement selon un ordre formel strict : ordre du jour, prises de parole équitables pour chacun, points de synthèse successifs faits par l'intervenant, repérage des contradictions et des blocages, rappel des discussions antérieures. Cette réunion serait d'information mutuelle, la prise de décision revenant au directeur.

L'expérience montre que, dans une institution psy, une telle procédure répétée au long des semaines sera intériorisée par les participants. Une certaine qualité d'ordre fonctionnel dans l'établissement vient renforcer en parallèle l'équilibre intérieur de chacun. La procédure « sévère mais juste » tend ainsi à pallier la défaillance de l'image paternelle. Là est le point important et sur lequel je souhaite insister, car il est le véritable aboutissement de ce livre : un élément fonctionnel de la réalité extérieure (modalité de fonctionnement et d'organisation, type de procédure, dispositif) peut, au plan de la psychologie individuelle, compenser, en partie au moins, le déficit d'image paternelle. Dans la période trouble que nous connaissons, trouble au double plan social et psychologique, il y a là une ligne d'avancée possible.

Autrefois, le psychofamilialisme patriarcal se projetait sur le monde extérieur, confortant le dieu-père, l'autorité des grands de ce monde, le patron paternaliste, le père-chef de famille. L'inverse se révèle aujourd'hui exact : le social peut, sous des conditions qui sont celles-là mêmes de la démarche démocratique, s'intérioriser et renforcer le moi.

L'« élément-tiers » désigne alors ce qui, dans la réalité sociale peut, fortifiant le moi, contribuer à la médiation intrapsychique d'avec les forces archaïques. Le social au secours du psychique... À y regarder de près, l'exemple rapporté plus haut apparaît d'une grande complexité et un peu différent de ce que j'ai dit. En effet, tout se passe « comme si » le schéma psychofamilial des acteurs s'était trouvé consolidé. Pourtant l'autorité du directeur n'en devient pas pour autant accrue. Ce que la procédure introduit est un *équivalent social* de la fonction paternelle dont le nom est utilisé ici seulement à titre métaphorique. De par le type de réunion que nous préconisions, c'est la psychosocialité des participants qui est convoquée et non pas leur personnalité psychofamiliale. Ils se sentent confortés dans leur rôle professionnel, dans leur métier d'éducateur et ses aspects techniques ; rien ne les conduit à une position affective plus marquée entre eux ou avec le directeur. Dans la suite, ce qui va dans le sens de cette interprétation, des demandes de formation complémentaire se feront jour, montant que c'est la dimension professionnelle qui a été touchée.

À quel niveau s'opère l'intériorisation de la procédure et du formalisme des échanges pendant la réunion ? Sans nul doute au niveau du préconscient, puisque l'objet de la concertation est pour chacun l'acte de confrontation à la réalité — l'acte professionnel de chacun par rapport à l'acte collectif de l'institution — et puisque la réflexion sur l'acte s'opère par le biais du langage. Il n'est pas exclu non plus que, dans notre culture restée encore très patriarcale par certains aspects, un tel renforcement du moi étoffe l'image paternelle psychique elle-même dans l'inconscient.

Les formes de l'élément-tiers

Reprenons brièvement les éléments-tiers rencontrés dans ce livre, en les situant par rapport à la démarche démocratique. Qu'elle s'opère spontanément ou par l'entremise d'un dispositif construit, la socialisation non identificatoire, puisque c'est d'elle dont il s'agit ici, crée les conditions de la formation de l'élément-tiers.

Parlons d'abord des formes apparaissant spontanément. Le mot de « socialisation » pèse tout son poids dans le terme de « socialisation non identificatoire ». Celle-ci intervient en effet toujours à l'intérieur d'un cadre social. Celui-ci est strict, formalisé, et donc contraignant, mais il n'agit démocratiquement sur les participants que dans les cas où il établit une égalité entre eux, sans délégation, sans ligne de commandement hiérarchique. Ces points, on l'a vu, différencient la démocratie participative des formes démocratiques représentatives appliquées au domaine politique, à l'ordre économique (comité d'entreprise...), à la société civile (la légalité républicaine, les associations loi 1901...). Les élections politiques respectent elles aussi l'égalité entre les électeurs, mais avec la finalité de choisir des délégués (députés...). Nous posons donc que, sous certaines conditions, la socialisation non identificatoire et la démarche démocratique participative se recoupent.

Quel est le cadre formel dans les formes de socialisation qui naissent spontanément ? Un club moto créé par des jeunes devra introduire dans ses statuts, et susciter chez ses membres, l'obéissance au code de la route. Ce code est ici le cadre social sans lequel il n'y aurait pas socialisation, mais formation d'une bande de motards, asociale, voire antisociale. On remarquera qu'il existait un code de la route dans l'Allemagne nazie. À partir du respect de ce code, une véritable socialisation non identificatoire se développait indéniablement, mais sans plus de rapport nécessaire à la démocratie qu'un code de la route n'en comporte par lui-même. Le respect du code socialise, mais la socialisation ne devient démocratique que dans un groupe égalitaire.

Observons alors les formes qui naissent non plus spontanément, mais à l'intérieur d'un dispositif construit. On a vu comment, dans un établissement scolaire, le dispositif d'expression collective des élèves (DECE) se déroulait en respectant

— quel que soit l'âge — l'égalité entre les élèves et avec le groupe catégoriel concerné, celui des enseignants. Par ailleurs, s'il n'existe pas de hiérarchie dans le groupe des élèves, il ne s'opère pas non plus de délégation de pouvoir : la transmission d'un message — qui concerne, rappelons-le, non le contenu global de la concertation collective, mais seulement ce que les élèves ont décidé de transmettre — s'opère par un compte rendu écrit, à propos duquel le régulateur n'introduit rien de son cru, en intervenant sur la forme et non sur le contenu.

Contrairement à ce que nous venons de dire des formes spontanées, tout dispositif construit de socialisation non identificatoire participe forcément de la démarche démocratique-participative. C'est là un point de première importance et qui demande explication. En effet, si le code de la route est politiquement neutre, il n'en va nullement de même pour la procédure du DECE. Le droit à l'expression libre d'individus réunis en groupe — sans pression ni sanction sur eux —, le droit à la transmission d'un message écrit qui sera nécessairement pris en compte par la hiérarchie, de tels droits impliquent l'existence d'une société démocratique. De plus, la forme même de la procédure — égalitaire, non délégative, non hiérarchique — spécifie la démarche démocratique-participative.

Une telle procédure avec des enfants n'est certainement pas aujourd'hui consensuelle, même à l'intérieur d'une démocratie politique et dans un État de droit. Beaucoup dépend de la position psychologique des citoyens concernés, dans leur rapport à l'autorité traditionnelle. Je dis bien : traditionnelle. Car le DECE, contrairement à ce qu'il pourrait sembler, n'empiète nullement sur l'autorité des enseignants, ni ne la diminue. Cette procédure civilise un peu plus l'autorité par rapport à la tradition, et la rend davantage acceptable et, à sa manière, socialisante. Avec le dispositif, l'école, au fonctionnement mystérieux pour l'élève et devant lequel il se sent impuissant, devient une entité où il trouve sa place, où il a son mot à dire sur l'acte (pédagogique) auquel il participe et sur le quotidien de sa vie. Dit autrement : un vécu en partie sur le mode de l'autorité archaïque, sans limitation, arbitraire, toute-puissante, sort des brumes du fantasme et devient une autorité moins écrasante. Il n'est plus besoin de se rebeller pour se sentir exister, il n'est plus nécessaire d'user de violence pour que les limites posées par l'institution apparaissent clairement. Le DECE ne procède pas d'un simple « effet de discours ». Il n'est viable que si les propositions raisonnables, argumentées et de l'ordre du possible sont prises en compte par l'établissement.

Le cadre social est ici constitué par l'ensemble des règles formelles de la procédure, qui sont, dans leur détail, en vérité assez complexes [2]. La présence de ce cadre — le régulateur est là pour le faire respecter — joue un rôle aussi essentiel dans la socialisation que les échanges entre élèves au cours de la concertation ; à ces deux rôles vient s'ajouter la communication, également formalisée, avec le groupe enseignant. L'élément-tiers est ici tout ce qui ainsi oblige la violence pulsionnelle et le narcissisme sauvage à emprunter les canaux d'une sociabilité construite. Vivre ensemble démocratiquement n'est jamais une opération spontanée.

Avec le DECE, nous retrouvons un élément sur lequel il a été insisté dans ce livre. Une institution complexe — elles le sont quasiment toutes aujourd'hui, établissements, entreprises, organisations, associations — ne saurait fonctionner seulement sur le mode de la démocratie participative. Le DECE prend place dans un établissement soumis à l'ordre hiérarchique et dans lequel existe même un processus délégatif pour les élèves, avec les délégués de classe. La démarche participative s'inscrit dans un ensemble ordonné selon un autre modèle. Selon le type d'institution et les contraintes « productives » auxquelles elle sera soumise, cette démarche pourra prendre une plus ou moins grande ampleur.

Ainsi, la démocratie participative connaît deux limites. Pas de démarche participative sans l'existence préalable de l'État de droit et de la démocratie politique. Pas non plus de participation démocratique dans une institution, sans l'armature d'une organisation hiérarchique, celle-ci pouvant être délégative (les associations loi 1901, les coopératives de production…) ou non délégative (entreprises économiques n'appartenant pas au secteur coopératif, les administrations, etc.). La seconde de ces limites pourra-t-elle être un jour dépassée ? Seul le temps le dira, avec l'évolution des esprits et de la société.

---

2. Claire RUEFF-ESCOUBÈS, *La Démocratie dans l'école*, *op. cit.*

D'autres formes de démocratie participative

Le DECE représente la réduction à deux seuls groupes de notre dispositif institutionnel habituel : il ne touche directement que la classe d'élèves et le collectif de ses enseignants, et non l'établissement scolaire en son entier. Notre dispositif habituel est plus complexe. À la Société des transports de Poitiers (STP), où il est en place depuis 1986, il concerne une douzaine de groupes, qui représentent l'ensemble de l'entreprise [3]. Dans une maison de retraite près de Nice où il fonctionne depuis 1980, les différentes catégories de personnels, les cadres, la direction, participent en six groupes [4]. Dans d'autres mises en place, le nombre de groupes dépend de la taille de l'établissement.

Dans les lieux sociaux très divers où nous intervenons, le cadre social que nous posons avec le dispositif est de même nature que dans le DECE, mais les actes et la réalité y pèsent d'un poids bien plus lourd. L'objectif essentiel du DECE est en effet la socialisation des élèves, les modifications concrètes de la vie de la classe ne constituant qu'un des moyens de celle-ci, le moyen principal étant la concertation intra-groupe. Il n'en va pas de même pour des adultes dans les institutions de travail. La socialisation liée au dispositif s'y opère avant tout par le constat d'une meilleure prise sur l'acte de travail (l'actepouvoir), et vient seulement en second rang de préoccupation. Les modifications concrètes du travail deviennent le principal moyen de la socialisation des participants. Là où, dans le DECE, la concertation intra-groupe produisait la socialisation, celle-ci intervient chez l'adulte au travail. Cette concertation intra-groupe est avant tout le moyen de modifier le contenu du travail, et c'est une telle modification qui permettra le développement de la psychosocialité.

On a vu précédemment que, dans notre corpus théorique, nous utilisons de manière restrictive par rapport à l'usage le terme de

---

3. Mireille BITAN-WEISFELD, Philippe ROMAN, Gérard MENDEL, *Vers l'entreprise démocratique*, *op. cit.*

4. Gérard MENDEL, « Itinéraire : sociopsychanalyse, intervention institutionnelle, psychosociologie du travail », *in* Yves CLOT (dir.), *Les Histoires de la psychosociologie du travail*, Octarès, Toulouse, 1996 ; J.-M. DE THILLOT, *Un outil de management de qualité : le dispositif institutionnel*, mastère en management de structures d'action sociale, Marseille, 2002.

psychosocialité, en le définissant comme étant le fait de liens sociaux ni familialistes ni archaïques. Cette définition est restrictive, car, au sens large du terme, il existe des psychosocialités familialistes ou archaïques : les membres des sociétés communautaires ou totalitaires vivent ensemble, coexistent socialement. Il n'est pas aisé pour nous de jauger avec précision la psychosocialité ainsi définie qui se développe au long cours à la faveur du dispositif.

Pour des raisons de méthode (ne pas mettre en avant un désir qui nous soit particulier, mais accompagner seulement le désir des groupes), nous nous interdisons toute enquête individuelle, toute observation au-delà de celle que permet notre présence régulatrice dans le dispositif. Nous constatons au long du temps la tendance générale à une participation plus nourrie ; l'agressivité diminue, la coopération se fait de meilleure qualité, les comptes rendus écrits deviennent plus élaborés. La participation reposant sur le volontariat, nous avons la preuve que la motivation reste soutenue au long des années. Cette participation dans la durée est en elle-même une évaluation permanente de notre action.

Nos constats portent plus loin. En effet, nous voyons se transformer certaines personnalités dont il nous avait été dit au départ combien elles se montraient pathologiques — agressives, ou bien caractérielles, ou paranoïaques... Les améliorations, parfois spectaculaires, nous paraissent dues au fait que ces personnes sont amenées à sortir de leur isolement défensif. Elles fonctionnent au sein d'un groupe très précisément défini par rapport aux autres groupes de l'institution ; elles n'ont plus à compter sur des défenses individuelles que sollicitait à l'excès leur isolement dans le travail ; elles peuvent maintenant trouver appui sur leur groupe d'appartenance et développer un langage commun avec ses membres par rapport à des intérêts semblables. L'angoisse diminue, une détente apparaît progressivement. Tout s'était passé antérieurement, comme si des tensions socioprofessionnelles — celles à l'intérieur de l'établissement — s'étaient, chez ces personnes, recodées complètement selon les modes névrotiques de la psychologie individuelle, majorant alors des traits personnels. À la surprise des autres participants, on voit se transformer des dysfonctionnements relationnels qui existaient souvent depuis des années.

À la différence des traitements psychologiques habituels, centrés, eux, sur l'individu, c'est ici le meilleur fonctionnement de l'institution, dans une action favorable sur les groupes homogènes de métier et en particulier sur le groupe d'appartenance dont fait partie cet individu particulier, qui amène chez lui des changements. Il ne nous est pas possible d'apprécier, au-delà de l'amélioration relationnelle, la profondeur du changement psychique. Il est peu douteux néanmoins que l'amélioration au long cours des rapports interpersonnels ne peut avoir que des effets bénéfiques sur la personnalité.

Dans les « institutions psy » où nous sommes intervenus, d'autres effets — parfois surprenants — sont apparus. Chaque fois qu'il est possible, nous instituons des groupes d'usagers. Dans un établissement pour débiles moyens où ils étaient placés durant la journée, nous avons vu évoluer ces adultes figés depuis des années dans leurs rituels routiniers. Au long des séances, les progrès de la verbalisation, la motivation grandissante à une réflexion sur leur vie quotidienne, introduisaient — par le biais des messages oraux transmis par le régulateur — un nouveau dialogue avec leurs éducateurs.

La mise en place du dispositif peut, dans ces cas, jouer un rôle socio-thérapeutique amenant à des changements psychologiques, limités certes, mais qui témoignent d'une vitalité psychique renaissante. Dans deux établissements de polyhandicapés, nous avons pu constituer un groupe témoin dans lequel se sont produites des évolutions certes restreintes, mais qui étonnaient les éducateurs. Dans la maison de retraite près de Nice dont il a été déjà question, le groupe des retraités très âgés que nous avons formé participe activement au dispositif ; les comptes rendus de leurs réunions et les réponses de la direction sont affichés en permanence sur un panneau mural et nourrissent les conversations.

Les évolutions sont plus immédiatement visibles avec la méthode psychomotrice Aucouturier, lorsque ses principes s'appliquent à des enfants ordinaires, à partir de l'âge de dix-huit mois. Nous avons pu ainsi observer les effets de la socialisation non identificatoire dans une garderie d'enfants en Italie, près de Venise, où nous sommes intervenus pendant deux ans et où le dispositif touchait l'équipe de direction, les éducateurs, et les cuisiniers.

18

Affronter le déclin de la société patriarcale

L'admiration, denrée rare dans nos sociétés

Dans un article déjà ancien sur la sublimation, je défendais la thèse que la création artistique — l'exemple choisi était la peinture — procédait nécessairement, dans les années d'apprentissage, d'une identification à un (ou des) maître(s) admiré(s). Leur image intériorisée venait occuper une position médiatrice entre le moi et les sources de l'inspiration, fantasmatiques et pulsionnelles, préœdipiennes et prégénitales (pour utiliser le langage de l'époque)[1]. Je dirai aujourd'hui que l'archaïsme parvient ainsi à être mieux canalisé et utilisé. Freud parlait d'un inconscient « poreux » chez l'artiste et qui introduisait une menace pour le moi.

Dans mon texte, la création procédait d'identifications réussies, à la différence de l'imitation, liée à un simple placage sur le moi. Cette perspective permettait en particulier de prendre en compte l'absence ou la disparition précoce du père souvent dans le passé familial des créateurs, l'identification paternelle se complétant alors sur cet autre mode. Celui-ci d'ailleurs ne nécessitait pas forcément la présence physique, mais pouvait s'opérer — le cas était fréquent — par l'intercession de l'œuvre. Barbey

1. Gérard MENDEL, « La sublimation artistique », *Revue française de psychanalyse*, septembre-décembre 1964, p. 729-808.

d'Aurevilly déclarait que toute son œuvre était sortie du *Réquisitionnaire* de Balzac.

Il devient alors intéressant de noter, pour rester dans le domaine de la peinture, que, à la mesure du déclin patriarcal de la société, le mode d'identification « paternelle » est allé lui aussi diminuant. On assiste dans la peinture moderne et, de manière évidente dans ce qu'on nomme l'art contemporain, à la disparition progressive de l'identification à des précurseurs ; la revendication devient celle de l'autoengendrement, seul capable, est-il dit, d'ouvrir sur la nouveauté absolue. Quoi qu'on fasse, il faut être le premier à le faire et, à la limite, seule compte la primauté.

Reprenons alors les volumes autobiographiques de l'avocate Gisèle Halimi (*cf.* chapitre 10). Ce qui s'y trouve décrit du rapport au droit et à ses textes entre parfaitement dans le cadre de la sublimation traditionnelle, telle que je viens de la définir. Ainsi, l'identification-intériorisation à un maître, ou bien à des œuvres et à des textes, construit un type particulier d'éléments-tiers. C'est pour se défendre de forces typiquement archaïques (la violence, la révolte, l'irrationnel) — Halimi l'explicite avec une belle intuition — que, dans son cas, l'acharnement d'apprendre se développe. On peut avancer l'hypothèse complémentaire que la sublimation a pu faire son chemin sous une forme traditionnelle parce que l'adolescence a été vécue au sein d'une culture patriarcale, la culture juive, et dans un pays, la Tunisie, resté relativement à l'écart de la modernité, dissolvante des traditions.

Une socialisation non socialisante chez l'enfant et l'adolescent

Plusieurs phénomènes importants et nouveaux se produisent chez l'enfant et l'adolescent contemporains, dans lesquels l'économie marchande joue un rôle particulier. Il faut d'abord rappeler que la scolarisation a radicalement modifié le rapport traditionnel de l'enfant au monde adulte. Autrefois, l'enfant était perdu au milieu des adultes. Avec l'école, c'est l'adulte enseignant qui se trouve noyé dans le monde des enfants.

Par ailleurs, un phénomène de grande ampleur apparaît aujourd'hui chez l'enfant scolarisé de nos pays. La « classe d'âge » acquiert un rôle socialisant nouveau et particulier qui devient presque aussi important que celui de la famille, et probablement supérieur à celui joué par l'école. Une publicité ciblée et habile découpe des classes d'âge chaque trois ans environ, selon les indications du marketing. L'influence s'exerce de multiples manières. Chez l'enfant encore petit, l'alimentation est visée par la publicité à la télévision et, dans les grandes surfaces, avec la présentation, sur des dizaines de mètres d'exposition, des produits les plus flatteurs au goût, excessivement sucrés et source ainsi d'obésité infantile.

Ce sera, l'âge d'après, l'habillement qui va jouer ce rôle, selon des modes précises et contraignantes et qui font loi, sous l'égide des « marques ». Il faudra, pour montrer qu'on est dans le vent, chausser telle marque de baskets, porter telle marque de polo, et que le pantalon soit de la forme voulue, la casquette avec telle visière, le petit sac à dos pendu à une hauteur précise et qui variera selon la mode. L'enfant puis l'adolescent sont enserrés dans un filet étroit de contraintes par la publicité (télévision, affiches murales dans les villes...), par les magazines spécialisés selon les tranches d'âge, par les « séries » américaines à la télévision, par le cinéma, la chanson, les modalités du loisir (les soirées dans les « boîtes »).

Le phénomène de « classe d'âge » est relayé au plus près par le « groupe d'âge » où l'on s'intègre, à l'école ou pour les loisirs. Pour être intégré dans le groupe, il faut se montrer conforme, dans son apparence (habillement, langage...) et dans ses manières. Transgresser le code que la marchandisation des rapports sociaux impose, c'est se vouer à rester à part, se sentir exclu et, donc, en profondeur, devoir affronter l'angoisse d'abandon. Autrement dit : le groupe d'âge et son code deviennent l'autorité à laquelle il faudra se soumettre pour éprouver un sentiment de sécurité dans sa petite communauté. On recherchera une identité dans l'identique (ceux de la classe d'âge) plutôt que par identification à l'adulte. Malgré eux, les parents deviennent complices, de peur que l'enfant ne « s'intègre » pas, qu'il devienne un asocial, un marginal. Ainsi, l'enfant et l'adolescent se trouvent aujourd'hui face à deux autorités, souvent contradictoires, celle de la famille et celle du groupe d'âge.

Le négatif d'une telle socialisation groupale, qui fonde un conformisme microcommunautaire aussi contraignant à sa manière que celui des époques autoritaires, est qu'elle limite la transmission intergénérationnelle des valeurs et des conduites. Les classes d'âge de la jeunesse tendent à s'enfermer dans le présent immédiat, à se couper de la culture passée. Peut-on, du reste, parler ici de socialisation alors que le « vivre ensemble » s'opère en dehors des formes et des logiques sociales ? La classe d'âge, le groupe d'âge, loin d'être amenés à réfléchir collectivement et de manière critique sur les conditions sociales qui, pour aujourd'hui et demain, leur sont faites, apprennent ainsi, par la force des choses, plutôt à vivre passivement et presque en parasites, moitié sur les parents (la « famille-frigidaire » près de laquelle on reste le plus longtemps possible, tel Tanguy, héros du film éponyme) et moitié sur la société, laquelle, en période de chômage structurel, fabrique des parkings d'attente (emplois jeunes, CES, voire RMI), largement déconnectés des enjeux sociaux. Les grands mouvements, étudiants et lycéens, qui reviennent périodiquement, permettraient alors d'établir une ligne de rencontre entre le ghetto adolescent et la société globale.

De nouveaux rites d'initiation

Dans les sociétés humaines, les rites d'initiation ont représenté un phénomène aussi constant et universel que la prohibition de l'inceste ou l'existence des structures de parenté. Moins étudiés par les ethnologues — qui ne savent pas trop qu'en faire —, ils revêtent à notre sens un caractère anthropologique majeur. Destinés à marquer profondément le sujet jeune — parfois même dans son corps, avec des incisions qui laisseront des marques reconnaissables —, ils constituent, parfois sur plusieurs années, un sas de passage institué par la société entre l'enfance et le monde adulte. Ils concernent toujours les garçons, moins constamment les filles.

Il est difficile de ne pas voir en ces rites l'expression d'une volonté de la société masculine de tirer un trait définitif entre un « avant » qui sera maintenant prohibé — le monde de l'enfance, de la mère, et de l'archaïsme — et un « après », le monde social des adultes avec ses contraintes, ses obligations, ses lois, ses privilèges. Si l'autorité trouve sa source dans la prolongation sociale de l'enfance et la soumission à de nouvelles figures parentales qui promettent de protéger contre les peurs primitives de l'enfance [2], alors, le rite d'initiation est, lui, un *concentré d'autorité.* Il s'applique durant la période pubertaire, jugule la poussée pulsionnelle et ses possibles effets, installe le sujet à la place socialement prévue pour lui. Au contraire du destin singulier qui, dans la modernité, est maintenant le nôtre, le sujet sera conditionné à suivre la voie prévue pour lui, par une présence double et permanente. Celle, physique dans les sociétés traditionnelles, de ses semblables de même statut ; et celle, immatérielle, mais tout autant puissante, du monde magique des esprits qui est aussi celui où continue de vivre l'âme des ancêtres. En chaque individu, l'horizontalité de la communauté et de sa chaleur affective se croise avec la verticalité du sacré. Doublement, l'individu n'est jamais exposé à l'angoisse abandonnique.

Jusqu'à récemment, les rites d'initiation se prolongeaient à l'intérieur de la modernité occidentale, avec toujours ce sens d'une entrée dans la société. Première communion catholique et bar-mitsva juive ; consécration des diplômes (certificat d'études ou baccalauréat) ; service militaire, enfin. Ils séparaient l'avant, celui d'une sortie progressive de l'archaïsme (« sept ans, l'âge de raison »), et l'après, celui d'une intégration non plus familiale, mais sociale. Aujourd'hui, les rites d'initiation ont presque complètement disparu. Pourtant on peut se demander si, dans nombre de cas, l'adolescent ou l'adulte jeune, face au vide social, ne cherchent pas à retrouver cette séparation d'un avant et d'un après et à se donner à eux-mêmes le sens de la limite. Là où la société se défausse, où l'autorité ne le protège plus, le sujet ressent la nécessité de marquer dans sa vie ce qui séparera, de manière visible, extérieure, un avant (l'enfance) et un après (l'âge adulte).

Les tatouages et les piercings ne sont pas sans évoquer les marques corporelles des rites d'initiation ; ils témoignent de l'allégeance à des microcommunautés et d'une demande de reconnaissance par elles, dans le prolongement des groupes d'âge précédents. Pareillement, certaines conduites à risque sont

2. Gérard MENDEL, *Une histoire de l'autorité*, *op. cit.*

des autorituels d'initiation, qu'elles se placent dans les « sports de l'extrême » ou dans des actes de la vie quotidienne. Il est plusieurs interprétations possibles, qui d'ailleurs ne s'excluent pas entre elles. On peut considérer ces conduites comme manifestant la volonté de transgression des normes et interdits sociaux, comme la revendication d'une liberté intégrale, l'affirmation de la propriété absolue de son corps. On peut aussi les appréhender comme l'expression du rapport à soi-même, la grande épreuve qu'on s'impose de jouer, entre vie et mort. Le jeu avec l'idée de la mort, commun à l'adolescence, se change ici en un pari qui, s'il est gagné, donne sens à sa vie, crée une identité nouvelle, celle d'un après : « Je suis celui qui a osé aller jusque-là. » Tel semble bien être le cas dans certains rodéos de voitures ou de motos, où l'on affirme sa témérité jusqu'à la limite extrême, et en présence de témoins. (À une autre époque, Graham Greene adolescent joua à la roulette russe au sein d'un petit groupe d'amis.)

De même que les rites d'initiation se prolongeaient sur des mois, voire des années, de telles conduites peuvent se répéter sur un temps long. Ce qui est recherché pourrait bien être l'assurance d'un contrôle sur sa vie, sur soi, la maîtrise des forces intérieures menaçantes et prêtes à envahir et à déborder le moi. Ces forces archaïques dont la société et son autorité ne vous protègent plus, le sujet les projette sur le monde extérieur dans un climat de grande violence, et il se donne la preuve qu'il contrôle la situation. Lors d'une nouvelle naissance, il marque la limite que ces forces ne franchiront pas. Dans la même perspective, on peut s'interroger à propos des hooligans des stades : ne souhaitent-ils, à leur insu, que la police — la société — pose une limite à leur violence, contrôle pour eux la violence incontrôlée en eux et qu'ils ressentent incontrôlable par eux-mêmes ? N'est-ce pas leur propre nature qui les effraie ?

La nécessité de nouvelles formes d'élément-tiers

Nul ne peut à lui seul verrouiller l'archaïsme en soi. D'une manière ou d'une autre, il faut que vienne de l'extérieur, ou que soit pris à l'extérieur, un appoint. Ce fut d'abord et partout, et aujourd'hui encore pour la moitié de nos contemporains, le « panoptique » communautaire, pour reprendre le terme créé par Jeremy Bentham dans son traité d'architecture visionnaire [3]. La communauté traditionnelle est la prison — et aussi le berceau chaleureux et vivant — où « l'on dispose de tout ce qui environne les hommes de manière à opérer sur eux l'impression que l'on veut produire [4] ». Tout se passe dans ce livre qui ouvre à sa manière la modernité contemporaine, comme si un pouvoir centralisé devait venir remplacer l'omniprésence et l'omnipotence de l'ancienne communauté affaiblie.

Deux siècles plus tard, nous vivons dans une société paradoxale qui associe les plus grandes contraintes publiques — dans le travail, dans la surveillance des villes (la police, les vidéos de surveillance dans les rues et les espaces publics tel le panoptique) — et la liberté privée des individus. Ces derniers se trouvent alors, à l'adolescence, dans la situation de devoir bricoler par eux-mêmes leurs propres rites d'initiation. L'allongement de l'adolescence — on évoque aujourd'hui sa continuation jusqu'à l'âge de vingt-cinq ans — paraît dû au chômage et à l'absence d'emplois stables. Dans cette période de la vie, laissée en jachère par la société, la nécessité est devenue évidente de nouvelles formes d'élément-tiers d'inspiration démocratique, c'est-à-dire de formes de socialisation dans lesquelles le sujet participe activement à la contribution de son moi.

Les possibles développements de la démocratie participative n'auront donc pas à se construire complètement sur le vide. Nous venons de montrer la variété des formes d'élément-tiers qui existent déjà. Ainsi le régulateur extérieur que nous proposions d'instituer momentanément pour certaines réunions de « Grenoble-Écologie-Autogestion » aurait représenté une variante nouvelle (chapitre 5). Mais elle ne prend un sens qu'en réponse au désir des participants d'échapper, à certains moments, à l'organisation de type hiérarchique.

Lors des réunions sportives, l'arbitre incarne très précisément ce que je nomme l'élément-tiers. De même que le régulateur du dispositif d'expression collective des élèves, l'arbitre ne

3. Jérémy BENTHAM, *Le Panoptique* (1786), tr. fr. avec un entretien avec Michel Foucault et une postface de Michelle Perrot, Belfond, Paris, 1977 (panoptique : l'on est vu de partout).

4 *Ibid.*

se comporte pas de manière arbitraire, au gré de son feeling, il applique des « règles du jeu » formalisées et précises et, comme le régulateur, il a reçu une formation. Il est à noter que, dans les textes concernant la socialisation de l'enfant et de l'adolescent, il n'est quasiment jamais fait état de l'importance des jeux sociaux d'équipe. Or il existe actuellement en France un million d'individus qui possèdent la licence de football. La plupart des parties amicales qui se disputent habituellement entre enfants et adolescents se pratiquent en dehors de la présence d'adultes et sans arbitre. Bien entendu, les règles du jeu sont venues des adultes, mais encore faut-il pouvoir se contrôler suffisamment pour les respecter, pour maîtriser en soi la violence pulsionnelle que développe le jeu. On pourrait considérer ici ces règles comme le cadre social qui est nécessaire à toute socialisation non identificatoire. Ce sont bien davantage ces règles que les jeunes intériorisent au long des années que l'identification à un joueur adulte.

Dans un tout autre contexte, le régulateur d'une Table Ronde exerce un rôle semblable à l'arbitre du match de football. Sa fonction consiste à partager équitablement, égalitairement, les temps de parole accordés aux orateurs à la tribune, à contrôler les dérives pulsionnelles, à donner la parole à la salle à égalité entre les demandeurs, quels que soient leurs statuts. On peut noter que la Table Ronde représente une forme de transmission du savoir relativement récente, que l'on peut considérer comme d'inspiration démocratique et même participative. Elle tranche nettement avec la conférence magistrale traditionnelle — héritage du prêche ecclésial autoritaire — qui, lorsqu'elle était suivie d'une discussion publique, limitait celle-ci aux égaux en grade du conférencier.

Que faire quand « le tissu social se désagrège » ?

L'avenir est incertain. Le lien social se délite. La démocratie est en panne. L'autorité n'est plus ce qu'elle était. L'économie nous propulse vers l'inconnu. Mais, nous dit-on, la contrepartie existe : l'individu se libère, il a le souci de soi. Est-ce exact ? J'ai devant moi l'argument des « états généraux de la psychiatrie »

(Montpellier, juin 2003), forme de rassemblement peu habituel dans la profession, à la mesure de son désarroi.

Les pouvoirs publics, dit l'argument, attendent maintenant des psychiatres qu'ils traitent le mal-être de nos contemporains. Eux, dont le métier est de soigner les maladies mentales, doivent « prendre en charge le malheur », soulager la « pesanteur existentielle », guérir la « pénibilité de vivre ». Les politiques de santé mentale tracent le chemin. Il faut se soucier moins de la « complexité de la psyché » ; il suffit pour instituer le bonheur de faire confiance à la biologie, aux médicaments de l'esprit. On n'est pas loin du *Meilleur des mondes*, d'Aldous Huxley, et du « soma », cet euphorisant capable de dissoudre la « pesanteur existentielle ».

Essayons de prolonger les questions que pose cet argument, bridé, on le sent, par l'équilibre à tenir entre les familles idéologiques qui se partagent la profession. Une équivoque, un flottement se font jour dans le texte. À un endroit, les « mutations sociales » sont affirmées être à l'origine du mal-être ; la ligne suivante, il est question seulement d'interrogations à ce sujet. Tantôt la « société », le « corps social » font pression sur les psychiatres, et tantôt ce sont les politiques de santé mentale. Très évidemment, ce n'est pas la « société » qui commande aux psychiatres de tranquilliser la « pénibilité de vivre », mais les experts, les administrations, les ministres (de gauche comme de droite), conduits par une certaine pensée.

Qu'en est-il de ce mal-être qui inquiète si fort les politiques ? Avançons qu'il s'agit simplement de la condition humaine, devenue difficile à vivre pour les individus quand « le tissu social se désagrège » (cela est dit dans l'argument). Ou bien, en effet, on essaie d'endormir la souffrance — et avec elle une part de l'humain —, ou bien on essaie d'en reconnaître les causes et d'y remédier. Seule, la seconde démarche est démocratique ; la psychologisation, la médication du « (mé) fait social » (cela aussi est écrit dans le texte) n'a rien de démocratique. Les psychiatres feraient bien de songer qu'il leur faudra aller plus loin que la plainte et se concerter, réfléchir, proposer, discuter avec les pouvoirs publics, et sans doute agir collectivement s'ils veulent se faire entendre. Telle serait, à leur niveau, la démarche démocratique. À chaque niveau, son ouvrage.

L'esprit du présent livre peut tenir en quelques phrases. Le tissu social, c'est évident, se défait ; comme lui, avec lui, le lien social s'effiloche. Malgré le consumérisme, l'individu contemporain se sent mal dans son époque et dans sa peau. Il doit, en effet, affronter presque seul des problèmes que la société, la religion, prenaient jusqu'à présent assez largement en charge à sa place, avec des réponses au « pourquoi » — le sens de la vie — et au « comment » — de quelle manière mener cette vie. Il existait des collectifs auxquels l'individu pouvait facilement s'agréger : la famille élargie, les solidarités professionnelles, les liens de voisinage, les appartenances syndicales, politiques… Il ne subsiste plus guère que les clubs sportifs et les sociétés de chasse. Quant aux associations, très nombreuses, leur fonctionnement repose plus sur la délégation que sur une vraie participation.

Ainsi, le lien social s'est affaibli. Ainsi, l'individu souffre. Et, troisième élément du paysage, la démocratie sous ses formes traditionnelles a toujours plus de mal à convaincre.

Une avancée vers davantage de démocratie participative pourrait être la réponse d'ensemble à ces trois déficits. C'est la thèse de ce livre. On l'a vu, les obstacles sont nombreux : la mauvaise volonté des tenants d'un pouvoir ; des procédures difficiles à mettre en œuvre ; et, au tréfonds de chacun, la subjectivité familialiste qui attend d'une figure parentale la solution miracle. Mais d'abord, il faut sortir du flou conceptuel dans lequel baigne aujourd'hui le terme de démocratie participative ; pouvant servir à tous les discours, ce terme ne signifie plus grand-chose. Sortir du flou nécessite de reconnaître des limites, un contenu, et de définir les conditions sous lesquelles elle peut fonctionner. Tel a été l'objet de ce livre.

Conclusion

Deux des trois thèmes de ce livre ne sont apparus dans leur importance qu'en cours d'écriture, et difficilement. Des résistances s'opposaient à leur approche. Il n'est pas inutile de les évoquer en conclusion dans la mesure où, probablement, le lecteur les a lui-même rencontrées. Quant au troisième thème, il était plus mûrement établi ; il concerne la puissance et le nombre des forces subjectives s'opposant à la démocratie. On ne vient à elle qu'en dernière extrémité (mais que faire si des peuples préféraient le choix de la mort plutôt que le risque d'altérer leurs croyances ?).

Sortir du cadre de la démocratie représentative

La première difficulté aura été de sortir du cadre qui traditionnellement définit la démocratie. Un long moment, l'auteur a cru que ce livre visait simplement une extension de la démocratie représentative à d'autres sphères que celle du politique. Une telle extension existe dans nos sociétés, qu'elle touche la dimension sociale (le droit d'association, par exemple, ou plus récemment le PACS) ou économique (les comités d'entreprise, la représentation syndicale...). Or, à l'arrière-plan constant du livre en cours, notre pratique d'intervention sociale, telle qu'elle s'établit depuis plus de trente ans ne recoupait pas la formule qui préside à cette extension, où deux principes commandent : le vote délégatif (la représentation) et une organisation hiérarchique.

Pour reprendre les exemples précédents, dans les associations loi 1901, un conseil d'administration est élu en assemblée générale ; dans la représentation syndicale en entreprise, les délégués ou les permanents syndicaux encadrent les adhérents et guident l'action. Très différemment, nous mettons en place un type d'organisation qui n'est ni délégatif ni hiérarchique. Ce que nous nommons, à la Société des transports de Poitiers (chapitre 9) et ailleurs, le « troisième canal de communication » vient s'ajouter au canal hiérarchique et au canal des instances représentatives (comité d'entreprise, etc.). La communication entre les groupes (les comptes rendus écrits) s'opère sans délégation : aucune hiérarchie ne s'installe à l'intérieur des groupes (les rôles de régulateur et de secrétaire tournent). Alors de quelle sorte de démocratie s'agissait-il là ?

Il fallait avancer jusqu'à l'idée que, à côté de la démocratie représentative et *s'ajoutant à elle*, existait la possibilité d'une autre formule démocratique. Pour faire simple, on pouvait la considérer comme entrant dans le cadre très général de la démocratie participative. Les problèmes n'en étaient pas pour autant résolus, et même ils se compliquaient. Ce qu'on nomme légèrement « participation », « démocratie participative », voire « management participatif », représente un ensemble si flou, si peu défini que, à force de brasser large, il ne signifie plus grand-chose. Or notre pratique — ce que nous avions mis en place déjà des centaines de fois, et dans les lieux sociaux les plus divers — était à la fois particulière et précise. Le concept d'actepouvoir lui donnait sa cohérence. Arrêtons-nous un instant pour illustrer ce point dans un cas particulièrement net.

L'actepouvoir

Au moment où j'écrivais le livre, notre groupe intervenait dans un type d'entreprise auquel nous n'avions eu accès qu'exceptionnellement. L'intervention touchait une partie significative (le service de recherche d'une multinationale privée, voir chapitre 9). Et là, plus encore qu'ailleurs, il apparaissait que l'usage du concept d'actepouvoir pouvait seul nous permettre de reconnaître si nous demeurions à l'intérieur de notre logique ou si nous en étions sortis.

Mais d'abord, au-delà des péripéties et des difficultés particulières de l'intervention, il était indispensable, si nous voulions nous repérer, de reconnaître les lignes de force qui commandaient à son déroulement. On pouvait retrouver quatre axes, auxquels s'ajoutait une composante de nature psychologique. Il y avait l'axe économique — axe majeur dans une entreprise recherchant un bénéfice maximal —, l'axe hiérarchique (le directeur, les chefs de service, l'encadrement intermédiaire), l'axe du dispositif mis en place, et enfin celui de l'intérêt de l'établissement. C'est, on va le voir, à partir de la prise en compte de ce dernier qu'on pouvait espérer instaurer un *modus vivendi* entre les forces agissantes dans les trois premiers axes.

Où se trouvait la difficulté centrale ? Elle tenait à un conflit (inévitable) entre l'actepouvoir des groupes spécialisés et de l'encadrement intermédiaire — actepouvoir qui se développait à la faveur du dispositif — et l'axe hiérarchique, représenté par le comité de direction. Comme toujours dans notre pratique, les divers groupes spécialisés et celui de l'encadrement intermédiaire se réunissaient seuls pour évoquer leur travail particulier, se communiquer (souvent pour la première fois) leur expérience et leur gestion des problèmes et, dans les comptes rendus écrits qui concluaient la réunion, demander des informations et présenter des propositions susceptibles d'améliorer la qualité du travail.

Indéniablement, ils s'appropriaient, ce faisant, du pouvoir sur l'acte de travail qui leur était commun dans le groupe, en réfléchissant ensemble sur cet acte, en devenant actifs et inventifs dans leurs propositions, en les argumentant à partir de leur expérience. Tel est l'actepouvoir : davantage de pouvoir sur un acte qu'on réalise. L'axe hiérarchique n'était pas directement touché par le dispositif mis en place, les décisions finales lui revenaient pleinement. De fait, il était largement bénéficiaire, dans la mesure où une foule d'informations lui parvenait en temps réel ; la durée des réunions avait plus que doublé par rapport aux prévisions.

Mais que la direction accepte ou refuse les propositions qui montaient vers elle, de toute manière il lui fallait les prendre au sérieux, mener une réflexion à leur propos et, en cas de refus, argumenter ses choix. Si la décision demeurait dans les mains de la haute hiérarchie, la communication intergroupes était ainsi devenue *égalitaire*, à la seule condition de respecter les règles de la civilité. La légitimité, si l'on peut dire, de la décision hiérarchique lui venait maintenant tout autant de la pertinence des arguments développés que de la position occupée. Il y avait là, en dépit des bénéfices, de quoi troubler fortement les représentants du sommet hiérarchique.

Là intervient le quatrième axe, celui de l'intérêt de l'établissement. Une partie de cet intérêt n'était connue que de la direction, celle qui touchait aux contraintes économiques (en particulier celles en provenance de la direction générale). Mais, en sens inverse, une partie de l'information à propos du fonctionnement de l'établissement, touchant aussi à son intérêt, n'était connue que par les groupes de spécialistes et par l'encadrement intermédiaire. Là entre en compte la composante psychologique que j'ai annoncée au départ. Certaines des réactions des chefs de service étaient inévitables car liées au poste occupé, mais d'autres découlaient d'une plus ou moins grande tolérance à la tension qui s'exerçait entre les axes. Au nom de l'intérêt général de l'établissement, la direction pouvait-elle accepter des règles de jeu inhabituelles pour elle ?

La situation n'était pas simple. Notre unique point de repère était celui-ci : tous les groupes disposaient-ils ou non d'une marge significative de pouvoir sur leur acte collectif ? On réalise ici l'intérêt du concept d'actepouvoir. Une réponse négative aurait signifié que nous étions sortis de la logique de notre dispositif. Quelles que soient les procédures mises en œuvre — et la nôtre n'est probablement pas la seule possible —, là, dans l'usage du concept d'actepouvoir, nous paraît se situer la pierre de touche qui permet de distinguer entre l'or (son degré de pureté peut varier) de la démocratie participative et les diverses espèces de pacotille qui usurpent le terme.

Le mot essentiel, et qui ne venait pas

Sans doute la plus forte des résistances intérieures a-t-elle concerné un mot, pratiquement non prononcé dans ce livre et pourtant essentiel. La démocratie participative, tout au moins à vue humaine, ne peut être que *consultative*. Or ce terme, parce qu'il s'oppose à « décisionnel », donne l'impression d'une modalité négligeable de pesée sur l'événement. Utiliser le mot, et même le penser, diminuait l'importance de la dimension envisagée. D'autant que, je l'ai dit, je ne faisais pas entrer le référendum dans cette dimension. Que restait-il alors, sinon, sur leurs lieux d'activité, la simple consultation des acteurs avec les diverses manipulations que l'on peut facilement imaginer et le peu de cas éventuel, du haut des appareils, des directions, pour les résultats de la consultation ?

Ici, la question des procédures devient centrale. Il n'y a rien de commun entre la « boîte à idées » de certaines entreprises où tout un chacun peut déposer un message, entre un « cercle de qualité » construit pour traiter d'un thème particulier sur une durée limitée, et un dispositif comme le nôtre, installé à demeure, intégré à l'organisation du travail et à l'intérieur duquel, trois à quatre fois l'an (parfois plus), se discutent les questions de fond du métier. Le double fait de l'homogénéité du groupe (sans la présence de l'encadrement) et de la communication indirecte entre les groupes (anonymat des personnes, possibilité de réfléchir longuement et à froid) distingue radicalement cette forme de consultation.

Imaginons alors que ce processus s'étende peu à peu à l'ensemble des lieux sociaux, de l'école à l'entreprise économique, des partis politiques aux syndicats, des associations aux maisons de retraite… Il ne s'agit là, dira-t-on, que de « consultation », l'ordre hiérarchique demeure, qui retiendra ce qu'il voudra dans ce qui lui est communiqué. Certes. Mais croit-on que, à elle seule, une « consultation » par vote, une élection soient nécessairement toujours plus conséquentes, alors que les acteurs restent souvent peu ou mal informés des enjeux réels et que les élus appliquent fort inégalement leurs programmes [1] ? Dans les procédures que j'ai en vue (ou d'autres qui partageraient une partie des mêmes objectifs [2]), les acteurs réfléchissent

1. Rappelons que, selon une enquête SOFRES (12-13 janvier 2003), 8 % seulement des électeurs français au plan des élections générales, et 23 % au plan des élections communales, ont le sentiment que leur vote peut influer sur leur vie de tous les jours.

2. *Cf.* Gérard MENDEL et Jean-Luc PRADES, *Les Méthodes de l'intervention psychosociologique*, *op. cit.* Voir aussi le difficile travail de Charles Rojzman dans les banlieues

sur des points précis, et qu'ils connaissent bien, de leur activité. Par ailleurs, dans notre dispositif, l'information ne fait pas que remonter vers la direction ou descendre d'elle vers les groupes : tous les comptes rendus sont transmis à chaque groupe, permettant ainsi à tous les acteurs de situer leur acte partiel par rapport à l'acte global de l'établissement et à sa situation dans la société.

Le fait décisif est ailleurs, rétorquera-t-on : les décideurs n'ont aucune obligation de suivre les avis de leurs administrés. Les choses ne sont pas si simples. Croit-on qu'une consultation sérieusement menée ne modifie pas les mentalités au long des années ? Au bout de cinq ans, les contrôleurs de la conduite à la Société des transports de Poitiers avaient déjà décidé de passer de la simple notation des conducteurs à un processus de « suivi-formation », en étroite collaboration avec leurs subordonnés. À l'inverse, dans les coopératives de production, où les dirigeants sont élus sur le principe « un homme, une voix », on ne sait que trop la désaffection progressive des coopérateurs, tout le poids de la gestion venant peser sur quelques individus, toujours les mêmes, dont l'usure psychologique a, dans certains cas, conduit à la cessation d'activité de l'entreprise, en dehors de toute raison d'ordre économique.

Par ailleurs, il n'est pas si facile pour une direction de refuser des propositions, quand elles sont sérieusement argumentées à partir de l'expérience du terrain, du travail, et qu'elles vont, j'y reviens, dans le sens de l'intérêt de l'établissement. La « consultation », telle que nous l'envisageons, s'intégrant à l'organisation et au fonctionnement, influe forcément à la longue à la fois sur les esprits et sur les formes de l'ordre hiérarchique. L'égalité de droit et de devoir — le droit à l'expression et le devoir de réponse — qui est à la base de la démarche participative, telle qu'envisagée ici, impliquerait sans doute, à la longue, des modalités de coopération de type nouveau, à partir du moment où il ne s'agirait plus d'un cas isolé mais d'une démarche plus générale dans les divers lieux d'activité où l'individu intervient. Mais là, nous entrons dans un autre domaine, qui est celui de l'imprévisible futur.

« sensibles » et qui vise au changement des mentalités par la confrontation des points de vue des acteurs sociaux (Charles ROJZMAN, *Savoir vivre ensemble. Agir autrement contre le racisme et la violence*, La Découverte, Paris, 2001).

La boucle refermée

Avec le thème de la démocratie participative se ferme pour moi la boucle que j'avais ouverte avec *La Révolte contre le père* (1968). Après Paul Federn — *La Société sans père* (1919) — et après Alexandre Mitscherlich — *Vers la société sans père* (1963) —, ce livre, sous un éclairage plus historique, rendait compte lui aussi du déclin de la société patriarcale. L'autorité paternelle avait beaucoup servi. Dans le ciel, le dieu-père donnait un sens à la vie des hommes, et même à l'après-vie. Sur terre, le chef-père exerçait un pouvoir considéré comme légitime. Dans la famille, l'autorité paternelle se trouvait confortée par les mœurs et les lois. Dans l'inconscient, Freud avait découvert le « complexe paternel ». Ainsi, tout était en ordre, bien rangé, assurant, dans la société comme à l'intérieur des âmes, le verrouillage relativement efficace des forces archaïques. Le système-père s'affaiblissant, on peut comprendre que, ici et là déjà, la toile de fond de notre société se déchire, le mur de soutènement se lézarde.

Ce livre vise plus large que la seule transformation des mouvements politiques et syndicaux existants. La démarche intéresse une grande partie sinon l'ensemble des pratiques et des lieux sociaux. L'école et la socialisation de l'enfant et de l'adolescent sont au premier chef touchées. Ce livre s'adresse donc aux acteurs sociaux, indépendamment des phénomènes de génération et qu'ils appartiennent ou non à des mouvements organisés. Il entend montrer l'existence d'une marge de possible dans la plupart des lieux sociaux où se joue l'existence de l'individu.

Mais aussi il affirme, preuves à l'appui que, tout au contraire de ce que propose le spontanéisme, il est nécessaire de saisir ce possible dans des formes instituées et très formalisées. Dans ces domaines, on improvise rarement des fonctionnements qui puissent durer. De plus, il faut savoir accepter les limites d'action qui accompagnent tout dispositif, toute procédure, toute règle. Le temps est le grand maître si l'on veut qu'évoluent dans le même mouvement les mentalités et les formes du lien social. Mais aussi des résultats, certes chaque fois partiels, doivent être rapidement obtenus, et le respect par tous des règles doit être strict. Cela étant, notre travail sur le terrain depuis plus de trente ans montre que des possibilités d'action existent dans un grand nombre de cas. De nombreuses réalisations participatives sur la base du volontariat ont été mises en place sur la longue durée, dans lesquelles personne n'est perdant.

D'autres pouront l'être demain, grâce par exemple aux « conseils de quartier », devenus obligatoires dans les villes de plus de 80 000 habitants depuis la loi de mars 1982 : même si leurs modes de fonctionnement sont aujourd'hui assez éloignés des dispositifs que nous mettons en place, ceux-ci peuvent certainement s'adapter aux objectifs visés et aux contraintes institutionnelles. De même, ces dispositifs pourraient jouer un rôle dans les « conseils de santé » que certains professionnels appellent de leurs vœux [3].

La démocratie n'est ni le privilège ni la propriété de la gauche politique. Il est exact pourtant que les étapes successives de la démocratie, les additions cumulatives — communes bourgeoises de l'an Mil, parlements régionaux, monarchie institutionnelle, liberté de la presse, droit d'association, suffrage universel, pour ne citer que certaines des principales étapes — ont été gagnées à chaque époque sur les forces conservatrices et socialement dominantes. Les dirigeants de la gauche politique et syndicale partagent donc une particulière responsabilité dans la panne de la démocratie depuis plusieurs décennies. Devenus conservateurs à leur tour, au moins sur ce point, en raison de positions acquises aussi bien dans la société que dans leurs formations, et qu'ils ont peur de perdre, ils n'ont pas su, pas voulu donner sa chance à l'individu social.

Il est vrai que d'autres causes nullement secondaires s'ajoutent, on l'a vu, pour rendre compte de la crise actuelle de la politique. La démocratie procède par additions successives. Pour que l'étape participative advienne — on n'en voit pas d'autre qui pourrait répondre aux enjeux actuels —, pour que les obstacles placés devant elle soient surmontés, il faudra sans doute que se conjuguent la forte pression des individus à l'extérieur et

3. Louis DUBERTET, « Les citoyens doivent participer aux choix de santé », *Le Monde*, 30 avril 2003 (Louis Dubertet est professeur de clinique des maladies cutanées à l'université Paris-VII, chef du service de dermatologie à l'hôpital Saint-Louis et directeur de l'Institut de recherches sur la peau).

à l'intérieur des organisations, y compris politiques, et une évolution doctrinale des formations de la démocratie représentative, elles-mêmes dramatiquement en panne de propositions face aux mutations présentes.

Table

III. LA SUBJECTIVITÉ
CONTRE LA DÉMOCRATIE

BUSSIÈRE CAMEDAN IMPRIMERIES
GROUPE CPI

Composition Facompo, Lisieux
Impression réalisée sur Cameron
à Saint-Amand-Montrond (Cher)
en août 2003.
Dépôt légal : septembre 2003.
N° d'impression : 033474/1.
Imprimé en France